高校转型发展系列教材

蒙台梭利教育理论及方法

苑海燕　主编

王　萍　卢丽华　副主编

清华大学出版社

北　京

内 容 简 介

本书是一本系统介绍蒙台梭利教育理论及其教具操作的专业书籍。从宏观上来讲可以分为两大部分：第一章至第六章介绍并探讨了蒙台梭利相关的理论，具体来说介绍了蒙台梭利生平及其教育的理论背景与基础，详细阐述了蒙氏教育的核心理念及教育内容，从比较教育的视角研究了蒙台梭利教育与其他经典学前教育体系的异同（包括瑞吉欧教育、光谱方案与陈鹤琴的幼儿教育体系），探讨了蒙台梭利教育在中国学前教育中的发展与应用；第七章至第十一章属于蒙台梭利教育的实践体系，对感觉、数学、日常生活、科学与语言五大领域的教育活动及教具操作方法做出了详细的介绍。

本书不仅适合学前教育专业学生做基础教材使用，也可供幼儿教师、家长、教育工作者和学前教育爱好者等阅读。

图书在版编目(CIP)数据

蒙台梭利教育理论及方法 / 苑海燕 主编. —北京：清华大学出版社，2017 (2025.7重印)
（高校转型发展系列教材）
ISBN 978-7-302-47981-9

Ⅰ. ①蒙⋯　Ⅱ. ①苑⋯　Ⅲ. ①儿童教育—教育理论—高等学校—教材　Ⅳ. ①G610

中国版本图书馆 CIP 数据核字(2017)第 207681 号

责任编辑：施　猛　王旭阳
封面设计：常雪影
版式设计：方加青
责任校对：曹　阳
责任印制：刘　菲

出版发行：清华大学出版社
　　　　　网　　　址：https://www.tup.com.cn, https://www.wqxuetang.com
　　　　　地　　　址：北京清华大学学研大厦 A 座　　　邮　　　编：100084
　　　　　社 总 机：010-83470000　　　　　　　　　　邮　　　购：010-62786544
　　　　　投稿与读者服务：010-62776969, c-service@tup.tsinghua.edu.cn
　　　　　质 量 反 馈：010-62772015, zhiliang@tup.tsinghua.edu.cn
印 装 者：三河市龙大印装有限公司
经　　　销：全国新华书店
开　　　本：185mm×260mm　　　印　　　张：17.25　　　字　　　数：399 千字
版　　　次：2017 年 8 月第 1 版　　　印　　　次：2025 年 7 月第 13 次印刷
定　　　价：48.00 元

产品编号：069744-02

前　言

神奇的蒙台梭利教育法曾经使智障儿童通过了20世纪末意大利为正常儿童设置的考试。1907年，蒙台梭利博士建立"儿童之家"，开始研究正常儿童，她的教学法对幼儿教育产生了深远的影响。

近几十年来，蒙台梭利教育法在我国得到迅速推广，很多幼儿园与早教机构都在大力开展蒙台梭利教育，因此社会早期教育市场急需一批掌握蒙台梭利教育理念与方法的教师。在这种社会大背景下，很多高校的学前教育专业都开设了"蒙台梭利教学法"这门课程。笔者就是负责教授这门课程的高校教师，在多年的教学实践中深深地感到很难找到一本合适教授这门课程的教材。首先，蒙台梭利本人的著作虽多，但大多数是以散文的形式来阐述其教育理念与方法的书籍，缺乏系统性，很难作为教材使用。其次，蒙台梭利博士写作的年代、写作的文化背景与当前中国的实际情况不同，因此很难直接选取作为教材。最后，我国已经出版的相关教材其少，其中中国蒙台梭利协会认证的系列书籍较权威，但价格不菲。上述原因促使笔者产生编写本书的想法。

本书在把握和继承蒙台梭利教育思想精髓的前提下，结合我国学前教育的实际，充分贯彻《幼儿园教育指导纲要》和《3～6岁儿童学习与发展指南》等国家权威文件精神，致力于蒙台梭利教育与中国本土的学前教育的融合。本书在系统阐述蒙台梭利教育方法和理论的基础上，详细介绍了蒙台梭利五大教育领域的教具操作方法与实践活动案例，注重对一线教师的实践指导性。

本书由沈阳大学师范学院苑海燕担任主编，负责全书大纲的拟定和书稿的统筹。本书的具体分工如下：万超负责编写第一章、第二章；王萍、祁晓萍负责编写第三章；卢丽华负责编写第四章；冯璐负责编写第五章；刘佳文负责编写第六章；苑海燕负责第七至第十一章的编写工作。

最后，编者要对本书中参考的诸多资料与研究成果的作者表示衷心的感谢。鉴于编者水平有限，书中难免存在一些疏漏，希望专家、学者、同仁给予批评指正。反馈邮箱：wkservice@vip.163.com。

编者

目　　录

蒙台梭利简介

【蒙氏格言】

1. 激发生命，让生命自由发展，这是教育者的首要任务。

2. 我听到了，我忘记了；我看到了，我记住了；我做过了，我理解了。

第一节　蒙台梭利生平简介

　　玛丽亚·蒙台梭利(Maria Montessori，1870—1952)是教育史上著名的幼儿教育思想家与改革家，是意大利历史上第一位女性医学博士。蒙台梭利于1907年在意大利"贫穷、黑暗、愚昧、悲惨"的罗马圣洛伦佐贫民区创办了"儿童之家"，建立了自己独特的幼儿教育理论和方法，引起了社会各界的强烈反响，以及许多教育家和心理学家的广泛讨论，促进了现代幼儿教育理论的发展。

　　1870年8月31日，玛丽亚·蒙台梭利(见图1-1)出生于意大利安科纳(Ancona)地区的希亚拉瓦莱(Chiaravalle)镇。她的父亲亚雷森德诺·蒙台梭利(Alessandro Montesson)是位杰出的军人贵族后裔，其思想保守、处事严谨，母亲瑞尼尔·斯托帕尼是一位博学多识的著名地质学家以及哲学家，她是虔诚的天主教徒，并且善良、严谨、开明。当时她并不受传统的"女子无才便是德"的价值观所左右，鼓励女儿发挥所长，与蒙台梭利如朋友一般，在蒙台梭利生命中扮演着鼓舞及支柱的角色。出生在这样的家庭中，蒙台梭利自小受到了良好的教育，养成了自律、自爱的独立个性。[①]

图1-1　蒙台梭利

一、求学经历

　　童年时期的蒙台梭利每天为穷人编织衣物，并且帮助邻居驼背的小女孩，此外，有一回父母发生口角，站在一旁的她便拖了一把椅子摆在父母中间，爬上椅子企图以自己的一双小手拉住父母的双手，让父母和好。[②]蒙台梭利一生为化解成人与儿童之间的冲突而奔波着，并被称为"和平的缔造者"，从这件事情中可见一斑。

---

① E.M.Standing. 蒙台梭利的生平及贡献[M]. 徐炳勋，译. 台北：及幼，1991：15.

② E.M.Standing. 蒙台梭利的生平及贡献[M]. 徐炳勋，译. 台北：及幼，1991：16.

1875年玛丽亚·蒙台梭利五岁，举家迁居罗马。1876年玛丽亚·蒙台梭利进入公立小学一年级就读。她对于学业并无野心，当看到其他同学因无法转到好班而忧伤的时候，十分困惑地说道："我真的无法了解此事，对我而言，每一个班都一样好。"[①]孩童时代的蒙台梭利也是一位自尊心相当强的孩子。曾有一位老师用略带轻蔑口吻提及她的眼睛，为了抗议，从此蒙台梭利就不再抬头看这位老师。这件事虽然微不足道，但是却不难理解，蒙台梭利特别强调，即使是最幼小的孩子也应该得到尊重。

蒙台梭利于1883年至1886年进入米开朗基罗技术学校。此后开始对数学产生兴趣，并决定以工程作为职业，然而当时一般的女子学校并无此专业，因此她必须进入男子技术学院学习工程学，在当时的社会环境中这是无法想象的事情，足以见得她的强烈意志和独立精神。此后，在1886年至1890年她就读于达文奇工业技术学院，最喜欢的学科为数学。

20岁时，她以优异的成绩就读于罗马大学，攻读数学、物理、生物、化学等课程，在学习的过程中对生物产生浓厚的兴趣，决定学医。这在当时是极不可思议的事，所以蒙台梭利遭到了很多反对，但是她凭借坚强的意志，排除万难，于22岁进入医学院就读，1896年毕业，成为意大利第一位女性医学博士。

【拓展阅读】

妇女解放运动者——蒙台梭利

她不仅以身示范走出当时父权社会里对妇女所设定的种种限制，更在她的著作《蒙台梭利教育法》中提及她对"新女性"新的诠释。

她会和男人一样，是个独立又有个性的人，一个自由自在的人，一个社会工作者，……她可以在这个经过革新、社会化的家里像男人一般主动地享受到尊重和安详。[②]

换个角度来看，对蒙台梭利而言，理想的两性之爱应该是：

不要以本位主义保证存在的满足感为目标，它庄严的目标是增强心灵，使之神圣，而在这种美和光芒中延续我们的种族。[③]

二、学习医学与教育学

蒙台梭利26岁获罗马大学医学博士学位，成为罗马大学和意大利的第一位女医学博士。随即在罗马大学附属医院任精神病临床助理医生，诊断和治疗身心缺陷儿童。由于工作环境的关系，她开始对低能儿童的问题产生了兴趣。蒙台梭利认为心智上的缺陷是教育

---

① E.M.Standing. 蒙台梭利的生平及贡献[M]. 徐炳勋，译. 台北：及幼，1991：16.

② Maria Montessori. The Montessori Method.Translated by Anne E.George，N.Y. Frederick A.Aniane：Stoke Company，1912：69.

③ Maria Montessori. The Montessori Method.Translated by Anne E.George，N.Y. Frederick A.Aniane：Stoke Company，1912：690.

问题而非医学问题。若能够对低能儿童施以特殊的教育，将能够促使他们的心智得到更好的发展。为了增进对智力不足儿童的研究，她深入研究和检验了伊塔德(Jean itard)和赛根(Edward Seguln)的教育低能儿童的方法，并实地去巴黎和伦敦参观和访问有关低能儿童的教育机构。1898年，她在意大利都灵(Turin)举行的教育会议上演说，并于罗马出版此演讲文《社会的不幸与科学上的新发现》。她强调：低能儿童不应该被排除于社会之外，应该与一般正常儿童一样享受教育的机会。这个全新观点引起了社会人士的极大共鸣，国立启智学校(State Orthopherenic School)因此而设立，蒙台梭利亲自主持学校达两年之久。

在启智学校的两年，她培养了一批善于观察、教育智力低能儿童的教师。在这些教师的带领下，低能儿童不但学会了读写，还成功地通过了正常儿童的考试。蒙台梭利尤其专注于低能儿童教育事务工作，为此她曾亲自走访伦敦与巴黎，以了解此类问题的处理方法。由于蒙台梭利在低能儿童教育上所取得的成就，使得她更加深信这种方法若用于正常儿童，会有更令人惊奇的结果。

带着实践中的发现，蒙台梭利于1901年重回罗马大学哲学系深造，学习教育学、实验心理学与人类学。1904年受罗马大学聘用讲授人类学课程。在意大利杰出人类学家赛吉(Gulseppe Sergi)的影响之下，蒙台梭利开始从事教育人类学的研究，并且到各个中小学进行了七年的调查与实践。

三、儿童之家的建立

罗马圣罗伦斯区(The Quarter of An Lorenzo)是一个以贫穷、犯罪出名的贫民窟。1906年，罗马改良建筑协会为了改善贫民窟的恶劣环境，将该区域进行改造提供给贫民居住，伴随着居民的迁入，其附带的儿童教育问题凸显出来。由此，建筑协会聘请蒙台梭利担任儿童教育所的筹建工作。1907年第一所儿童之家正式成立，不久之后第二所儿童之家相继成立。1908年第三所儿童之家——米兰儿童之家成立。

儿童之家中的教师是一群未经专业教师训练的人员，不受任何固有教师形态的制约，因此蒙台梭利的教育理念在儿童之家中得到了最大化的实施。儿童之家的环境具有如下特色：①塑造一个让儿童感到愉悦的环境，提供适合幼儿使用的家具，如小桌子、小椅子等，户外有足够的草坪及花圃让儿童种植花卉，享受阳光。②排除成人不当干预及教导环境。成人或教室保持中立的个性，没有先入为主的观念，让儿童能自由学习，通过观察了解幼儿的内在需要并适时提出协助。③提供特殊的工作材料(教具)让儿童使用。儿童通过这些材料，学会专注及分析能力。[1]

四、世界性的发展

1909年蒙台梭利的重要著作《蒙台梭利教学法》意文版(意文版名称为《应用于儿童

---

① Maria Montessori. The Secret of Childhood[M]. 王渝文，等译. 台南：光华女中，1993：156-163.

之家的幼儿教育之科学的教育方法》)出版，首个师资训练课程在罗马开课。此后，1910年帮助墨西哥的修道院为地震受灾儿童成立学校。蒙台梭利协会于罗马成立。1911年意大利与瑞士的公立学校经政府当局认可正式采用蒙氏教学法。巴黎成立蒙台梭利示范学校，英国也成立类似学校与蒙台梭利协会。美国第一所蒙台梭利学校设立，为安妮·乔治所创办。1912年美国麦克劳杂志以《在美国出发》为题长篇介绍蒙台梭利。《蒙台梭利教学法》英译本出版。英文版书籍的出版，以及媒体对于儿童之家发生的奇迹进行的报道，使得蒙台梭利的教育理论传遍意大利和全世界。许多访客无论是质疑的还是赞赏的都陆续到来，并且被自己的所见所闻而深深感动，蒙氏教育法在世界范围内传播开来。

为了让更多人真正熟悉她的教学原理，1913年第一届国际训练课程在罗马开课。当时的与会人士来自不同国家，至1913年止，这样的讲习会共举办了17届，除此之外，蒙台梭利还应麦克劳杂志之邀到美国演说，于卡内基大厅发表专题演讲。受邀至发明家爱迪生家中做客。

1914年荷兰儿童之家成立，其著作《蒙台梭利手册》出版，该书不仅是运用蒙台梭利方法和教具的指南，更是指导教师设计和制作教具的参考书。1915年，蒙台梭利第二次访问美国，并且在洛杉矶与圣地亚哥开设训练课程，第三届国际训练课程在美国旧金山开课。1916年在西班牙巴塞罗那开训练课程。1917年两册《高级蒙台梭利教学法》出版。访问荷兰，荷兰蒙台梭利协会成立。最后一次访问美国。1919年首次在英国开设训练课程，为期两月。之后，每两年前往伦敦开课一次。1922年被意大利政府任命为学校督导。维也纳成立儿童之家。1923年获英国达拉莫大学荣誉博士学位。

随着其影响力越来越大，1925年蒙台梭利的项目获得意大利政府的支持。次年，她前往南美洲阿根廷演讲，阿姆斯特丹成立了蒙台梭利中学，同年她在瑞士日内瓦的国家联盟中做了题为《教育与和平》的演讲。

世界上各国为了推广蒙台梭利教育，纷纷成立学会团体(Montessori Society)，这些学会均以国家为单位。自1929年国际蒙台梭利协会(Association Montessori International，简称AMI)成立后，这些学会就成为AMI的分会，并直接接受AMI的管理。1935年AMI本会迁至荷兰的阿姆斯特丹，由蒙台梭利担任会长，在蒙台梭利逝世前，AMI共举办了九次国际蒙台梭利会议(International Montessori Congress)。

1933年墨索里尼领导的法西斯党统治意大利，下令关闭所有蒙台梭利学校。蒙氏离开意大利，转而定居西班牙，国际训练课程也于巴塞罗那开课。1936年西班牙内战爆发，蒙氏转往荷兰，《童年的秘密》出版。模范学校与训练中心于荷兰的拉兰成立。国际蒙台梭利协会总部由柏林迁至阿姆斯特丹。

1939年蒙台梭利在印度开设训练课程，并且与甘地、泰戈尔会见。1939—1946年在印度有千名以上教师接受训练。同年，《大地的儿童》《青春期及青春期之后教育的改革》《大学的功能》等出版。此后，蒙台梭利对婴幼儿发展产生浓厚兴趣，于1944年以《生命的前三年》为题演讲。1946年出版《新世界的教育》一书。

1947年应意大利政府之请回罗马重组蒙台梭利协会。1948年《吸收性心智》《了解你的小孩》《发现儿童》等著作出版。1949年后，蒙台梭利一直居住于阿姆斯特丹AMI协会本部，此后，她一直奔走于世界各地从事讲学，在劳碌与奔波中，其子马利欧·蒙台梭利(Mano Montessori)一直在旁予以协助。1949—1951年连续三年被提名为诺贝尔和平奖候选人。1950年到北欧的挪威、瑞典演讲，获阿姆斯特丹大学荣誉哲学博士。被委任在意大利佛罗伦萨召开的联合国教科文组织总部演讲。1952年5月6日逝世于阿姆斯特丹，享年82岁。

【拓展阅读】

印在纸币上的教育家——蒙台梭利

《西方教育史》称蒙台梭利为"20世纪赢得欧洲和世界承认的最伟大的科学与进步的教育家"。她曾经两度被提名为"诺贝尔和平奖"候选人。意大利为了纪念玛丽亚·蒙台梭利，特意发行了印有玛丽亚·蒙台梭利头像的纸币(见图1-2)，以此来纪念她对教育界做出的贡献。

图1-2 印有玛丽亚·蒙台梭利头像的纸币

第二节 蒙台梭利的著作

玛丽亚·蒙台梭利是20世纪享誉全球的幼儿教育家，她所创立的、独特的幼儿教育法，风靡了整个西方世界，深刻地影响着世界各国，特别是欧美先进国家的教育水平和社会发展。蒙台梭利教育法的特点在于十分重视儿童的早期教育，她为此从事了半个多世纪的教育实验与研究。她的教学方法从智力训练、感觉训练到运动训练，从尊重自由到建立意志，从平民教育到贵族教育，为西方工业化社会的持续发展，提供了几代优秀的人才基础。终其一生，其代表作与重要的论文有很多，下面将主要的著作与论文摘录于此，为读者进一步了解蒙台梭利的教育理念提供参考和借鉴。

一、关于新生儿到3岁儿童的教育著作

(一)《童年的秘密》(The Secret of Childhood)

《童年的秘密》(见图1-3)是蒙台梭利对儿童观的深入探索和解答,是一本了解儿童发育和成长秘密的最生动的著作。在书中,蒙台梭利详细而生动地描绘了儿童的生理和心理特征,提出了儿童成长奥秘的革命性观念。它让世人了解到,儿童具有丰富的潜能,但儿童只有在一个与他的年龄相适应的环境中,他的心理才会自然地发展,并展现他内心的秘密。

(二)《发现孩子》(The Discovery of the Child)

本书又译为《儿童的发现》(见图1-4),本书的重要意义在于蒙台梭利总结了卢梭、裴斯泰洛奇、福禄贝尔等人的自然主义教育思想,形成了自己的儿童观,也就是"发现了儿童"。她认为儿童有一种与生俱来的"内在生命力",这种生命力是一种积极的、活动的、发展着的存在,具有无穷无尽的力量。教育的任务就是激发和促进儿童"内在潜力"的发挥,使其按自身规律获得自然的和自由的发展。

图1-3   《童年的秘密》   图1-4   《发现孩子》

蒙台梭利认为儿童不是教师和成人进行灌输的容器,不是可以任人塑造的蜡烛或泥块,而是一个有生命力的、能动的、发展的个体。因此,家长、教师和教育家应该仔细观察和研究儿童,了解孩子的内心世界,尊重儿童、热爱儿童,进而促进儿童智力、精神、身体与个性的综合发展。

(三)《有吸收力的心灵》(The Absorbent Mind)

《有吸收力的心灵》(见图1-5)是蒙台梭利的封笔之作,是集其教育理论与经验方法的大成之作。在本书中,蒙台梭利从儿童的心理生理特点出发,结合实践与经验,揭示出了大自然所赋予儿童的自发成长的力量,即"有吸收力的心灵"。该书体现的是蒙台梭利后期的一些教育思想,其中的一些理念至今仍深刻地影响着教育界,如人类自身的自然发展

的重要作用，孩子的知识是通过她所处的环境获得的，教育要和儿童的实际经验符合，这是一本了解蒙台梭利思想的必读著作。

二、关于从3岁到7岁儿童的教育著作

(一)《蒙台梭利早期教育法》(The Montessori Method)

此书是蒙台梭利博士的第一本儿童教育专著(见图1-6)，被译成20多种文字，是她对自己亲手创立的"儿童之家"的经验总结。正是这本书的问世，使她成为全球儿童教育理论与实践方面最有影响力的教育家之一。本书是蒙台梭利博士对她所进行的教育创新背后的理论原则的揭示，向父母、教师和教育管理者介绍了蒙台梭利方法的指导原则，传授了如何"让孩子通过自己的努力去自由地学习"。通过本书所介绍的方法，孩子能培养自己的秩序意识和逻辑思维能力。

图1-5　《有吸收力的心灵》　　图1-6　《蒙台梭利早期教育法》

(二)《蒙台梭利儿童手册》(Dr. Montessor's Own Handbook)

本书是在美国讲学访问期间，应对父母与教师的要求而写作的一本具有操作性的蒙氏教学手册类书籍(见图1-7)。该书向人们传授了"儿童之家"所运用的教具与技术，以及如何为孩子们提供"自我教育"的环境。在所有的"儿童之家"中，所有的教具都是统一的，蒙台梭利在本书中将各种教具的使用方式、教学方式等以简洁的方式传授给大家，并且介绍了何种教具适合刺激儿童的观察力、认识力以及判断力等。由于具有实际的操作性，该书的出版在美国产生了很大的反响，很多教育者以及家长采用该书作为自己教育孩子的参考书。

(三)《家庭中的儿童》(The Child in the Family)(见图1-8)

该书精彩地解释了父母应该如何通过为儿童提供有准备的环境、自我选择的活动来激

发儿童的发展。同时也启发父母应在最初打破自己对孩子的固有的观念，该书倡导一种教育思想——重新思考一切，从婴儿期开始让父母停止盲目地接受社会标准的教育模式。该书中大量的类比以及教育轶事，解释了孩子的努力发展是如何被镇压的。此外该书提供了一个视角，即孩子出了什么问题，儿童早期教育制度出了什么问题以及成人应该扮演何种角色去使得孩子受益。

图1-7 《蒙台梭利儿童教育手册》

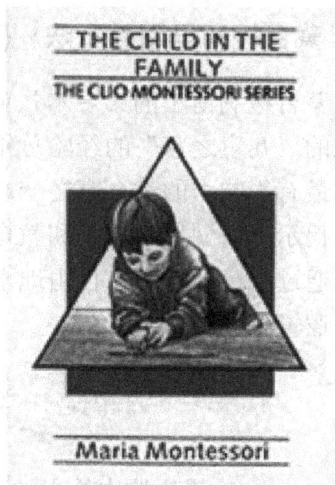

图1-8 《家庭中的儿童》

三、关于7岁到13岁儿童及青春期教育的著作——高级蒙台梭利教学法

高级蒙台梭利教学法(The Advanced Montessori Method)共两卷，包括《教育中的自发活动》与《蒙台梭利初等教具》。此书是《蒙台梭利幼儿教育科学方法》的续版，蒙台梭利为了将其教育理论扩展到7岁以上的儿童而撰写此著作。第一卷《教育中的自发活动》(Spontaneous in Education)着重论述在教育中必须珍视和鼓励儿童的自发活动，引导儿童在适当安排的教育环境中独立工作和独立思考，促进儿童思维、想象、情感、意志、道德的发展，培养儿童独立自主和主动精神。第二卷《蒙台梭利初等教具》(The Montessori Elementary Material)阐述应用教具帮助儿童学习阅读、语法、算术、几何、音乐、诗歌、美术(包括绘画)等方法，促进初等学校儿童的多方面和谐发展。

第二章
蒙台梭利教育的理论基础

【蒙氏格言】

1. 教育就是激发生命，充实生命，协助孩子们用自己的力量生存下去，并帮助他们发展这种精神。

2. 教育所要求的只有一项：通过孩子的内在力量来达到自我的学习。

第一节　蒙台梭利教育的时代背景

1870年到1914年被史学家定义为欧洲政治发展的"环球性冲突"的序幕。从意大利历史发展可以看出，在1870年9月意大利占领罗马而统一之前，意大利长期处于分裂的局面，一切法律、社会层面都有待检讨和革新。此外，欧洲各国为了扩展自己的权势，帝国主义以及民主主义高涨，而后欧洲区域性的冲突演变成第一次世界大战。蒙台梭利就是在这种动荡的时局背景下出生的。因此，蒙台梭利一生致力于化解成人与儿童的冲突，并企图通过儿童来实现和平教育，以达到人间有爱、世界大同的境界。在蒙台梭利的《有吸收力的心灵》中，我们不难看出该思想：

我们一直拥有高尚的理想和高超的标准，这成为我们教导下一代的主要内容，但是战争及斗争却不曾终止。如果教育仍然和过去一样被视为是知识的传递而已，那么人类的前途要有所改善，恐怕毫无指望。……如果援助和拯救将来到，那必定是来自儿童，因为儿童才是人类的创造者。儿童具有人所未知的能力，能将人类带往一个灿烂的未来。如果我们真的想要一个新的世界，那么教育就该以发展这些隐而为现的潜能为其目标。[1]

一、社会层面

意大利统一之后，虽然政治形态有所改变，但是社会结构却仍存在旧有模式，因工业需求，很多贫穷家庭的孩子仍需进入工厂工作，直到19世纪末，意大利仍然有大量的贫穷以及未受教育的人口。由于这种社会环境，意大利随处可见大量的贫困儿童，蒙台梭利出生在富裕家庭，但是却保持了悲天悯人的情怀，"儿童之家"的孩子们大多是较低社会阶

---

① 　Maria Montessori.The Absorbent Mind幼儿的心智：吸收性心智[M]. 许惠珠，译. 台南：光华女中，1989：28.

层家庭的子女。蒙台梭利在一所"儿童之家"的开学致辞中说道："去那些可怜悲惨的家庭看看吧！因为在恐惧及痛苦中，快乐、整洁、安详已经开始萌芽……孩子们也会有个自己的'家'。……我说到这里，是要你们明白，这间粗陋的小房间是多么重要，是真的很美。"[①]正是由于这种社会背景才引发蒙台梭利对于智力障碍儿童的关注，进而对正常儿童更完美生活的关注。

二、教育层面

意大利20世纪60年代的教育不是强制性的，因此全国仍有四分之三超过10岁的人口是文盲。[②]1977年后，义务教育法通过，儿童开始进入学校进行学习，其教育体系大致分为三个阶段：第一阶段是基础教育阶段(6～10岁)，第二阶段是中学阶段(11～15岁)，第三阶段是为入大学准备的高中阶段(16～18岁)，而没有进入高中学习的则接受职业训练。女子学校与师范学校并立，是为当时新的教育体系训练教师而设立的。当时公立学校几乎都是男生的天下，而蒙台梭利作为意大利第一个女博士在当时的教育体系中也是特立独行的。由此可知，当时受教育的对象以中、上层阶级的子女为主，并且女子受教育环境仍然存在很大的不公平，女子能够从事的工作也十分有限。蒙台梭利从小就生活在优渥的家庭环境中，她父母对于女子教育十分重视，这成为蒙台梭利日后发展的基础，但是即使她受到了良好的教育，仍然在就业中受到了一定层面的歧视。从当时的教育背景来看，蒙台梭利日后从事儿童教育也有着深深的时代教育因素。

三、哲学思潮

蒙台梭利教育思想的根本出发点是"儿童本位"的思想，而这种以儿童为中心的思想来自于19世纪新古典与浪漫主义学派，该观点属于"历史的，非理性的，统一的，有机的"。因此，反对机械主义，主张"塑造一个梦幻的乡土、原始的大自然环境；一个充满生命力与潜力的个人"。而这种哲学思潮源于法国大哲学家卢梭。[③]卢梭认为："人是万物的一部分，我们把成人视为成人看待，我们也应该将儿童作为儿童来看待"，而这种以儿童为中心的教育，后经巴斯道、裴斯泰洛奇、赫尔巴特、福禄贝尔等人阐述并践行，随着近代爱伦凯提出"二十世纪是儿童的世纪"口号而达到顶峰。就实践而言，真正将儿童中心思想应用到教育实践中的当属杜威与蒙台梭利二人。

四、宗教信仰

蒙台梭利出生于一个气氛浓厚的天主教家庭中，因此在家庭的教诲熏陶中，天主教的

① Maria Montessori. 蒙台梭利教学法.詹道玉，译.台北：崇文书局，1989：40-41.

② R. Kamar. Maria Montessori. A Biography.N.Y.：Putnam，1976：20.

③ 陈惠虹. 论蒙台梭利体系之感觉教育[D]. 华东师范大学博士论文，2006.

价值观深深地影响着蒙台梭利。在其著作中我们不难发现，蒙台梭利常将其信仰所获得的启示融入她的教育理念中，并将教育视为一项推动宇宙进化的工程。

天主教的重要教育原则之一就是将信仰与生活结合。而蒙台梭利是一个教育实践家，因此生活和宗教是不分离的，她认为将宗教融入儿童生活便是儿童喜悦的来源之一。因此在儿童之家中，田园工作和宗教教育是相结合的，也就是"让儿童亲手种植圣餐所需的小麦和葡萄，使儿童的宗教活动与田园工作的辛劳与欢乐结合在一起"。①儿童亲身经历了播种、发芽、成长、结果的过程，体会到了生命成长的喜悦，并且形成了对生命的尊重，而这种态度会根植于儿童的心灵中，内化为儿童对生命的敬畏。除了田园工作外，蒙台梭利还将感觉教育中对儿童敏锐听力的培养应用到宗教教育中。儿童在教堂内保持静默，当四周烛光静默时内心将朝向冥想世界。此外，蒙台梭利还十分重视环境教育，环境创设便体现出儿童感慕天主的空间，蒙台梭利认为学校中应该开设小祈祷室作为儿童以及成人进行祈祷的场所。由此可见蒙台梭利的思想中宗教教育的影子，虽然她没有用神学的思想解释教育理论，但是在其理论的字里行间，我们也不难看出宗教对其深入的影响。

第二节　蒙台梭利教育的理论根源

蒙台梭利的求学历程是非常丰富与多变的，从最初对数学的热衷进而转变成学习工程学，继而对生物感兴趣而不顾家人的反对遂决定改学医，之后回学校继续研究人类学与哲学，最后对低能儿童的问题感兴趣而与儿童教育结下不解之缘。这种迂回曲折的学习经历为其教育理念扎下了深深的根基，因此其教育理念涵盖了心理学、人类学、胚胎学、数学、生物学等观点。而就其理论体系形成的过程以及其著作的内容体系而言，我们不难发现，直接影响其教育理论的理论派别主要有生物学理论、实验心理学方法论、自然主义理论、缺陷儿童理论等。

一、生物学理论

蒙台梭利生活在19世纪末，此时是自然科学得到长足发展的时期，而且蒙台梭利本人也学医，所以除了达尔文的生物进化论以及孟德尔的遗传学说外，法国昆虫学家法布尔、荷兰生物学家德弗里以及法国医生、生物学家克雷尔对她的影响也很大。法布尔提出的"从自由环境中观察对象行为"是蒙氏教学特别重视"自由"之要素的根源；法布尔提出的"母爱是一种永久性保存之本能"也深深地影响着蒙台梭利对亲子之爱的推崇。此外，德弗里的"突变理论"对蒙台梭利敏感期概念的提出也有重要作用。克雷尔对幼儿教育之重要性的呼吁是引发蒙台梭利重视儿童"建构能力"的重要原因。

---

① Maria Montessori. The Discovery of the Child[M]. N.Y.：Ballantie Books，1972：29.

(一) 法布尔的生物学理论

让-亨利·卡西米尔·法布尔(Jean-Henri Casimir Fabre，1823年12月22日—1915年10月11日，见图2-1)，法国博物学家、昆虫学家、科普作家，著有《昆虫记》，该书在法国自然科学史与文学史上都具有重要地位，已被译成多种不同语言，《昆虫记》作者被当时法国与国际学术界誉为"动物心理学的创导人"。身为现代昆虫学与动物行为学的先驱，法布尔以膜翅目、鞘翅目、直翅目的研究而闻名，维克多·雨果称他为"昆虫世界的荷马"。

1. 科学生涯的发展

法布尔出身于农民家庭，从小的家庭生活十分困苦，做过中学教师，主要靠业余时间自学，花费了十二年的时间，先后取得了数学、物理学士学位，1855年，法布尔获得了巴黎科学院的博士学位。同时利用业余时间观察研究昆虫以及植物，发表过非常出色的论文，得到了达尔文的肯定。

1866年他当上了阿维尼翁勒坎博物馆的馆长，但后来由于其先进的教学方法引起了保守宗教人士的批评，被迫辞职而再次陷入困境。后搬到沃克吕兹省的塞里尼昂(Sérignan)，在那里买下一所房子与一块毗连的荒地，将园子命名为荒石园(普罗旺斯语：L'Harmas)，在那里专心观察、实验、著述，同年《昆虫记》首卷面世。后来他的学术观点以及文笔得到了大家的认可，还有人发起运动将他提名诺贝尔文学奖。法布尔以92岁的高龄，在荒石园去世。

图2-1　法布尔

2. 《昆虫记》

法布尔是第一位在自然环境中研究昆虫的科学家，他穷毕生之力深入昆虫世界，在自然环境中对昆虫进行观察与实验，真实地记录下昆虫的本能与习性，著成了《昆虫记》这部昆虫学巨著。法布尔的心中充满了对生命的关爱之情和对自然万物的赞美之情，他以人性观察虫性，他对昆虫的本能、习性、劳动、婚恋、繁衍和死亡的研究无不渗透着人文关怀，并以虫性反观社会人生，睿智的哲思跃然纸上。在其朴素的笔下，一部严肃的学术著作如优美的散文，人们不仅能从中获得知识和思想，阅读本身就是一次独特的审美过程。《昆虫记》(见图2-2)不仅仅饱含着对生命的敬畏之情，更蕴含着某种精神。那种精神就是求真，即追求真理，探求真相。这就是法布尔精神。如果没有那样的精神，就没有《昆虫记》，人类的精神之树上将少掉一颗智慧之果。

图2-2　法布尔的《昆虫记》

3. 法布尔对蒙台梭利的影响

法布尔深入昆虫生活的情境，用心观察他想了解的对象，并记录他们的生活习性，这种研究方法深深影响了蒙台梭利，她认为应该为孩子提供自由的环境，也使得她非常重视观察孩子的内心世界。具体来说包括以下两点。

● 母爱是被动得以存留的原因。

● 从自由环境中观察对象的行为，适应学生。

(二) 德弗里斯

1. 突变理论

德弗里斯(Hugo De Vries，1848—1935)是荷兰著名的生物学家，于1901年建立了物种的突变理论，为世纪之交的生物进化思想加入了新的活力，奠定了遗传学的基础。最使德弗里斯为人所知的是他在1900年春与德国的科伦斯和奥地利的切尔马克一起发现了孟德尔在35年前发表的《植物杂交试验》论文，因而被称为"孟德尔定律的重新发现者"。首先，他将不连续突变视为进化的重要显现，直接在进化论中导入了非连续性思想；其次，他以颗粒遗传思想来探讨突变的本质，开始了进化与遗传的有机交融；最后，他视突变为可用实验方法观察到的过程，实现了对进化现象实证性研究的最初尝试。以上思想决定了突变论在进化思想发展中的独特地位与作用。

【拓展阅读】

德弗里斯的月见草属研究

德弗里斯对月见草属的研究最为著名，前后历时16年之久(见图2-3)。

图2-3　德弗里斯的月见草属研究

1886年，他在荷兰北部希尔维萨姆城郊一块废弃的马铃薯土地上意外地发现了两株与众不同的红杆月见草类型，便将它们带回去种在自己的试验园里。他将两个突变体繁殖，在第一代和第二代中又出现了当时没有见过的新类型：小月见草、晚月见草和红斑月见草。后来在第五代还出现了巨型月见草。事实上，德弗里斯在野生地里和栽培园中先后发现过几十种月见草的突变种。这些突变种和原有种的性状出现明显差异，且都能纯一传代。

在对这些突变种进行认真的研究之后，德弗里斯提出了以下命题：①新的基本种可不经过任何中间阶段而突然出现；②从它产生的时刻起，新的基本种通常是完全稳定的；③就性状来说，大部分新类型恰恰相当于基本种，而不是相当于真正的变种；④基本种常常是在同一时刻内，或至少在同一段时间内，出现在大量个体中；⑤新的性状同个体的变异性之间，没有什么特殊的联系；⑥形成新的基本种的突变，是在所有的方向上发生的，所有的器官几乎在所有可能的方向上都会发生变化；⑦突变是周期性出现的。

1901—1903年，他撰写出版了《突变论》一书，集中地阐述了他的生物突变论思想。应当说，德弗里斯的《突变论》，已基本上包含了生物突变的基本原理，如突变的"偶然性""多向性""周期性""稳定性"以及突变频率等。

德弗里斯证明，达尔文强调的那种微小变异不是形成新物种的真正基础，物种起源主要是通过跳跃式的变异——"突变"来完成的。突变论解答了达尔文学说中许多使人迷惘的问题，回击了一些人对进化论的攻击，从而使达尔文进化论向前推进了一大步。同时，德弗里斯对月见草的研究，也开创了将实验方法应用于进化论研究的先河。

资料来源：http://blog.sina.com.cn/s/blog_445dac3b0101hn57.html.

2. 德弗里斯对蒙台梭利的影响

● 儿童的敏感期。德弗里斯从动物身上发现了敏感期，蒙台梭利发现，儿童也有敏感期，而且这是儿童发展的一个关键因素，如果错过了敏感期，再设法去训练弥补就为时晚矣。

● 突发的写字与阅读能力。蒙台梭利以自己的法则观察儿童，倾向本性和自发性的工作，最后会爆发出突发性能力，这个观念就是受到德弗里斯突变理论的影响。

(三) 卡雷尔

卡雷尔(1873—1944)是著名的法国外科医生与生物学家。1873年出生在里昂，1890年至1900年在里昂医院实习，1900年获得里昂大学医学博士学位，并且在里昂大学做了2年尸体解剖工作。1904年来到美国芝加哥大学工作，后来被派往纽约洛克菲勒医学研究院工作。此后在第一次世界大战的时候，他回到法国参与研究出用杀菌剂冲洗伤口、治疗创伤的卡雷尔-达金氏法。此后他回到洛克菲勒研究所工作，"二战"后他参加了法国公共卫生部的工作，此后一直致力于胚胎提取液的研究。1923年他设计了用卡式瓶培养提取液的方法。

卡雷尔对于医学与生理学的贡献还表现在有关血管缝合以及器官移植研究的突破性

进展，该研究使得他获得了1912年的诺贝尔生理学与医学奖。图2-4为瑞典1972年发行的卡雷尔纪念邮票。

卡雷尔认为，儿童阶段是一个不可忽视的生长发育最为重要且丰富的阶段，这个阶段应该被施与更适合且丰富的教育模式，如果浪费了这个阶段或错过了这个阶段，则是无法弥补的。这种儿童时期十分重要的思想对蒙台梭利影响很大，从蒙台梭利后来提出的敏感期概念中也可以看到卡雷尔的影子。

图2-4　卡雷尔

二、实验心理学理论

1879年心理学家威廉·冯特(Wilhelm Wundt，1832—1920)在德国莱比锡大学建立了第一个心理学实验室，心理学至此进入实验心理学阶段。之后欧美各主要资本主义国家的心理实验室广泛建立，心理学从思辨的哲学研究方式转变到以实验室研究为依据的科学，它采用实验统计的方法进行研究，并确立了以量的数据做说明的客观法则。从19世纪末到20世纪初，世界范围的儿童教育实验研究蓬勃发展，一些心理学家把实验方法运用到教育上，进行教育心理学研究，试图解决教育问题，改造传统的教育观念。这种运用自然科学或实验科学的方法，在意大利也结出了果实，成了蒙台梭利"儿童之家"实验的先声。

心理学史学界通常把德国生理学家和实验心理学家普赖尔(Wilhelm preyer，1842—1897)作为科学儿童心理学的奠基人，将其于1882年出版的《儿童心理》作为科学的儿童心理学诞生的标志，因为它在心理学史上是第一部用观察和实验方法研究儿童心理发展的比较有系统的科学著作。儿童心理学的出现使世界各地都掀起了儿童研究的热潮，1882年至第一次世界大战，是西方儿童心理学形成时期，即在欧洲和美国出现一批心理学家，开始用观察和实验方法来研究儿童心理的发展。两次世界大战之间，是西方儿童心理学的分化和发展时期，由于整个心理科学的发展，儿童心理学研究工作和著作，不论在数量或质量上，都有了飞速的发展，特别是受各种心理学流派的影响，不同观点、不同风格的儿童心理学呈现出一种分化和发展的趋势，蒙台梭利的儿童观就产生于这一时期。她的儿童观是以心理学特别是儿童心理学为理论依据的，更重要的是她运用科学实验方法，对儿童进行长期的观察和教育实验研究，对传统的教育观念和教育方法提出质疑，建立了自己新的教育体系——蒙台梭利法。

三、卢梭与福禄贝尔的自然主义学说

(一) 卢梭的自然主义思想

让-雅克·卢梭(Jean-Jacques Rousseau，1712年6月28日—1778年7月2日，见图2-5)，法国著名的启蒙思想家、哲学家、教育家、文学家，杰出的政论家和浪漫主义文学流派的开创者。卢梭不是一位儿童早期教育家，但他的思想影响了这个领域。作为一位在腐朽的法国社会中针砭时弊的哲学家，卢梭提出了当时社会阻碍人类顺于自身发展天性的观点。实际上，卢梭认为任何自然的、原始的事物都是美好的。所以他提出，如果儿童可以不受文明的人为羁绊而自由发展，他们将可以发展道德与善的本真潜能。

1. 自然主义教育

卢梭的自然主义教育的主要思想是"归于自然"(back to nature)。在教育上这种回归自然指的是人性中原始的倾向和天生的能力，因此只有远离喧嚣的城市社会的教育才最有利于保持人类善良的天性。卢梭还认为每个人都是由自然的教育、事物的教育以

图2-5　卢梭

及人为的教育三者培养起来的。只有三种教育形式圆满地结合才能达到预期的目的，但是人为的教育以及事物的教育是可以控制的，而自然的教育是不受人力控制的，所以只能使前两者趋向于后者，才能达到三者合一。

要求教育遵循天性，也就是要求儿童在自身的教育和成长中取得主动的地位，而不是受到成人的灌输、压制和强迫，教师与家长的作用只是提供更适合儿童发展的环境，以防止不良影响的发生，也就是卢梭所言的"消极教育"。

2.《爱弥儿》中的教育思想

卢梭的自然主义教育主要在其教育哲理小说《爱弥儿》中有所反映，自然主义教育的培养目标是"自然人"。按照其理论来说，这种"自然人"是与"公民"或者"国民"的概念相对应的。自然人是独立自主的人，他能体现出自己的价值；自然人是平等的；自然人是自由的。因此，自然主义教育的核心目标就是培养自然人。卢梭说道："大自然希望儿童在成人以前就像儿童的样子。如果我们打乱了这个次序，他们就成了一些早熟的果实，既长不丰满也不甜美，而且很快就会腐烂，我们就会造成一些年轻的博士和老态龙钟的儿童。"[①]

卢梭注意到了儿童天性的差异，指出儿童教育需要因材施教，他指出，每一个人的心灵都有自己的形式，必须按照该形式去指导他，因此作为教育者就必须了解孩子。卢梭还十分重视受教育者的实践行为，他认为重要的教育要身临其境，身体力行。他反复指出："我要不厌其烦地一再说明这一点；要以行动而不以言辞去教育青年，他们在书本中学不到他们从经验中学到的那些东西的。"[②]

在《爱弥儿》一书中，他提出了一个儿童分阶段的教育思想，即从自然法则序列出发，强调实施阶段性与顺序性的教育。具体来说，过程如表2-1所示。

① 卢梭. 爱弥儿[M]. 李平沤，译. 北京：商务印书馆，1978.
② 卢梭. 爱弥儿[M]. 李平沤，译. 北京：商务印书馆，1978.

表2-1　卢梭的《爱弥儿》分阶段思想

阶段	身心方面特点	教育基本任务	教育要求
婴儿期的教育 (0~2岁)	不会说话，体弱无能；虽能活动，有感觉，但不成熟，更没有思考能力	以身体的养育和锻炼为主。他认为良好的体质是智力发展的基础，反之，虚弱的身体使精神也随之衰弱	"多给孩子以真正的自由。"卢梭还认为，教育不在于教师教给孩子些什么，而在于指导孩子怎样做人
儿童时期的教育 (3~12岁)	孩子在这个时期理智还处于睡眠状态，他们"不能接受观念，而只能接受形象"。必须锻炼他的身体、他的器官、他的感觉和他的体力	发展儿童的外部感觉器官，使其获得丰富的感觉经验。认为感觉是智慧的工具，训练感觉和身体器官，为理性活动打好基础	尽量给儿童以活动的机会，让他们亲自去接触和研究周围一切事物。他说，对于儿童来说，"他周围的事物就是一本书"
青年期的教育 (13~15岁)	身体已变得强壮有力，感官也发展良好，并且有了强烈的好奇心	发展智育	智育(知识学习)与劳动教育
青春期的教育 (16~20岁)	"暴风雨和热情的时期"，这个时期应该回到城市	学会做一个城市社会中的自然人	接受道德教育和宗教教育

3. 卢梭思想对于蒙台梭利教育的影响

卢梭对于后世的影响是无法磨灭的，是具有启迪意义的。正如列宁所说："判断历史功绩，不是根据历史活动家没有提供现代所要求的东西，而是根据他们比他们的前辈提供了新的东西。"首先，卢梭对于儿童年龄阶段的划分理论，揭示了教育要考虑到儿童的年龄特征，不同时期应给与适应的教育等思想成为蒙台梭利关键期理论的奠基性思想。其次，卢梭的自然主义思想中充满着对儿童的热爱，他要求尊重儿童、用积极的教学方法来教育儿童，教育与生活联系起来并且在自然界中进行的教育是更适合的教育等思想成为蒙台梭利尊重儿童、热爱儿童，并致力于研究儿童的思想基础。最后，卢梭提倡实施自然主义教育，反对压制、灌输，主张给儿童自由，这也成为蒙台梭利开发智力障碍儿童教育的理论基础，并进一步促使蒙台梭利提出自由与纪律的辩证思想。

(二) 福禄贝尔的自然主义思想

福禄贝尔(Friedrich Wilhelm Frobel，1782—1852)是德国著名的教育家，现代学前教育的鼻祖，他创办了世界上第一所幼儿园(kindergarten，儿童的花园)，被称为"幼儿园教育之父"，并且他的教育思想至今仍影响着世界各国学前教育理论发展。其代表作主要有《人的教育》《慈母曲及唱歌游戏集》《幼儿园教育学》。

1. 福禄贝尔的主要经历

福禄贝尔幼小的时候就随着父亲生活在乡村中，他的父亲是当地正统路德会的牧师。福禄贝尔受到宗教的影响，这从福氏教育中神所创造的大自然与人类心灵的关系中可以看出。福禄贝尔10岁去小镇的舅舅家住并开始感受到家庭的温暖，此后的十年他在当地的国民学校上学，15岁时，他不再继续上学而成为林务官学徒，培养了对于大自然的热爱，18岁他进入耶拿大学哲学科学习数学和植物学，但由于没钱缴纳学费而中途退学，后来回到家乡从事土地测量、见习林务员等工作。

1805年福禄贝尔到瑞士参观裴斯泰洛奇的学校，他对裴斯泰洛奇的教学方法推崇备至，认可其教学方法的启发性与非死板性。福禄贝尔从瑞士回来后到模范学校教书，自己招收了40多名儿童(9～11岁)，他按照裴斯泰洛奇的方法进行教学，带领儿童走进大自然，通过亲自栽培植物来培养儿童的爱心，并且教给儿童用图画的方式获得点、线、面的关系，以及立体的关系。这种自然式、发现式的教育方法获得了大家的好评。1826年他出版《人的教育》，该书集中了福禄贝尔的主要教育思想。

2. 教育思想

1) 游戏的重要性

福禄贝尔认为游戏是幼儿的本能，尤其是活动本能，因此对于儿童的教育不能以束缚、压制的模式展开，而应该顺应儿童生长的本性，满足其生长的需要。这种顺应自然的教育就像园丁顺应植物生长的本性，提供适宜的温度、日照、肥料等而帮助植物更好地生长。这种顺应本心的教育能使得人本性中神性得以唤醒。

因此，福禄贝尔十分重视游戏以及手工作业的重要性，而知识的传授只是附加的部分，应该在游戏的过程中穿插其中，教师最重要的作用则是设计各种游戏，准备各种教具，其中最著名的当属"恩物"(见图2-6)。此外游戏环境的设置也十分重要，他主张幼儿园要设置花坛、菜园和果园等。

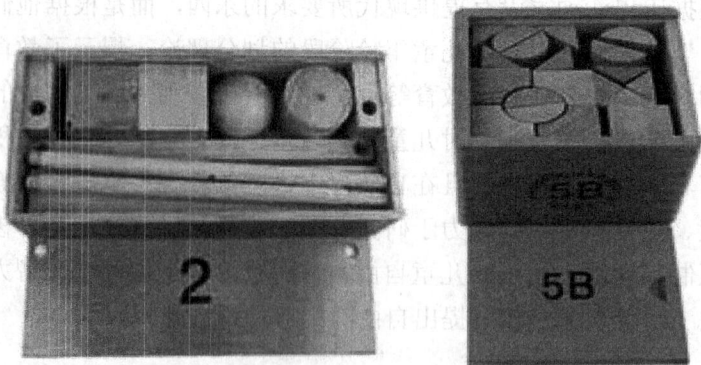

图2-6 福禄贝尔的教具

2) 人性教育

人性教育由几个基本的原理构成，其一，自我活动的原理，即让儿童自己决定自己的行动，成人不加干涉，让儿童借此来认识自己以及发现自己。教师的任务在于为儿童提供更多的教具，让儿童通过自我操练与游戏发现自我的潜在力量。其二，连续发展的原理，他认为人类的成长是连续发展的，就如同卢梭所提到的"教育乃从受胎同时开始"。

3) 劳作教育

福禄贝尔认为人的劳动和生产活动是连续发展的关系，他认为人的劳动、生产，不只是维持衣食住行，而是要把隐藏于内部的精神、神性表现出来，为了认识自己而劳动和创造则是更重要的。每个人应该会使用自己的力量以及神的力量过好自己的生活，不应该懈怠或轻视劳动。福禄贝尔认为对儿童更要从早期开始勤劳劳作的教育，他提倡儿童每天应该至少有一或两小时专心于劳作教育，若是忽略了劳作教育则会阻碍儿童不断发展的能量。因此在其创办幼儿园的同时就十分强调劳作教育。

(三) 福禄贝尔与蒙台梭利教育思想的比较

1. 理论的相同之处

蒙台梭利与福禄贝尔都受到了卢梭的影响，反对传统教育对儿童身心的束缚压迫，反对外因论，信奉性善论与内发论，都主张以儿童为本，要求认真研究儿童的特点，并实施适合儿童发展的教育，强调教育应遵循自然以及自由活动的重要性。此外他们都十分重视童年时期的教育，重视童年生活对人的影响。倡导建立专门的幼儿教育机构以及培训大量合格的幼儿教师来从事相关工作。他们也都有受到了强烈的宗教影响，在教育理论中都具有神秘的色彩。

2. 理论的不同之处

在理论基础上，福禄贝尔以德国古典唯心主义哲学为基础，同时受到宗教的影响，因此他往往从神秘主义或神学色彩出发来论述人的发展和教育问题，故许多观点充斥了符号及迷一样的象征哲学意味。而蒙台梭利虽然也受到了宗教的影响，但其教育理论主要以近代科学、哲学及心理学，特别是生物学、生理学为基础，其宗教唯物主义色彩远较福禄贝尔尔为轻。

此外，在儿童心理发展观上，二者虽然都强调"内发"，但是蒙台梭利更强调通过主体与环境的相互作用来促进儿童的发展，福禄贝尔更倾向于个体成长的复演说。在教育内容和方法上，福禄贝尔强调"游戏""恩物""作业"的价值，而蒙台梭利则更强调"工作"的教育价值，也就是自动教育、感官训练、实际生活练习等。在教学组织形式上，福禄贝尔强调集体教学，而蒙台梭利强调个别教育。在教师的作用问题上，福禄贝尔认为教师是"园丁"，负责"恩物"的演示和指导，而蒙台梭利认为教师是辅助者和指导者，教师的作用更为被动。在教育对象上，福禄贝尔认为幼儿园应招收中产阶级的子女，实行半日制，而蒙台梭利认为幼儿园应该招收贫民子女，提供食宿，实行全日制。

虽然蒙台梭利很多教育理论不同于福禄贝尔，但是不可否认的是福禄贝尔的思想确实对于蒙氏教育的提出有着很大的奠基作用。

四、伊塔德与赛根的理论

伊塔德和赛根是19世纪训练心理有缺陷儿童的著名人物。蒙台梭利最初工作于医院，并致力于智障儿童的治疗与教育，因此为了找到一种更适合智障儿童的教育方法。蒙台梭利认真研究了法国医生伊塔德和比利时赛根的教育思想与治疗方法。甚至她亲自翻译伊塔德和赛根的著作，并且亲手抄写以加深理解。

(一) 伊塔德的训练理论

伊塔德(Jean Marc Gaspard Itard，1775—1838，见图2-7)是法国杰出的耳科医生，也是第一位从事聋哑与心智迟钝儿童教育的专家。他曾担任法国聋哑研究所所长。伊塔德曾在1900年对一个早年被丢弃后在森林中长大的"狼孩"(男孩亚维农)进行治疗，并发表了实验报告。伊塔德是第一个采用个别教育的方法对特殊儿童进行教育的人，在课程设计上以儿童为中心，他被誉为"特殊教育之父"。

图2-7 伊塔德

1. 亚维农的治疗过程

伊塔德受洛克和卢梭等人教育思想的影响，在经过5年耐心、系统的训练后，伊塔德使野孩亚维农的行为表现有了巨大的改进。

亚维农被抛弃在一个森林里，在大自然中长大，人们以为他早就已经死了，但是他奇迹般地活了下来了。他赤裸身体，以野果子为食，多年后被猎人带回了人类社会，这时的他不会说话，智力严重低下。当时的医生都断定他不可能再接受教育并融入人类社会了。

伊塔德相信教育是万能的，他信奉爱尔维修的理念："没有人的工作，人就不能称其为人。"他有针对性地采用治疗有听力缺陷儿童的办法来治疗亚维农，他制定了专门针对亚维农的教育方案，分为社会生活和智力教育两部分。先引导亚维农融入社会生活，再进行智力教育。为了教育亚维农，伊塔德进行了大量的细致耐心的令人钦佩的工作，充分满足他的需求，给他爱。伊塔德还提到，亚维农不会像正常孩子一样走路，他只知道奔跑；当他带着亚维农上街时，他也只能跟在后面跑。亚维农开始不会说话，只会大声喊叫。这时候伊塔德认为需要做的是通过展示社会生活的方方面面去诱导亚维农，不断地吸引他注意新生活，用新生活的魅力去感染他、征服他，而不是限制他、强迫他。任何让亚维农觉得是负担和折磨的行为都可能让他表现出抗拒和排斥，教育结果就会适得其反。[①]

伊塔德对亚维农的教育没有采用任何强制手段，而是通过展示社会生活魅力的方式来逐渐吸引他，感化他，改造他，并且经过五年左右的系统训练，取得了巨大的成功。伊塔德的亲切关怀和爱抚最终感动了野孩子亚维农，使他热泪盈眶，从此不再沉溺于单纯的大自然的乐趣，更多的时候他开始渴望人的关爱。有一天他离开伊塔德偷偷跑到乡下，但后来还是心甘情愿地回来了，并显出一脸懊悔的样子，因为伊塔德为他准备了好吃的饭菜和温暖的小床。

尽管后来的实验结果不是那么尽如人意，亚维农到30岁死的时候也没有成为伊塔德理想中的人，后期的状况甚至有所恶化，但是伊塔德在驯化野孩的一系列尝试与宝贵成果，开创了智力教育的先河，开启了人们研究特殊儿童教育的热潮，为特殊教育的发展做出了贡献。

2. 伊塔德的理论的主要特点

1) 对智障者的人文关怀

在特殊教育史上，伊塔德是有目的、有系统地教育残疾与智力低下儿童的第一人。

---

① 伊塔德与野孩子亚维农[EB\OL]. [2016.12.1]. http://www.pingguolv.com/xinli/15312.html.

他不仅提出了阶段性的目标(如社会适应、智力开发)，并且提出了独创性的教育方法，进行了有计划的尝试，并获得了较好的效果。在对待特殊儿童教育的过程中，他以惊人的恒心、毅力、耐心以及忘我的工作，树立了一种新的乐观主义教育信念，这对后人对于残疾与智力障碍儿童的教育是极大的鼓舞。

2) 肯定婴幼儿期的智力发展关键期作用

伊塔德所提出的语言和智力发展在婴幼儿时期尤为关键的观点，是现代特殊教育早期干预的思想基础。当代心理学家普遍认为，婴幼儿时期是智力发展最为快速的时期，若早期发展过程中缺少智力刺激，儿童将永远达不到本来应有的水平。美国心理学家斯科特(J. P. Scott)在1968年提出的关键期是"情况的少许改变可导致巨大影响的时期"的观点，既反映了许多人的共识，也从心理学的角度印证了伊塔德的观点。从蒙台梭利所提出的敏感期，以及有吸收力的心灵等概念可以看到伊塔德关键期的影子。

3) 揭示了智力障碍教育的可能性

伊塔德的有关亚维农的教育在客观上反映了智力障碍儿童的教育的可行性，当时在亚维农被带到人类社会的时候，精神病学家们纷纷断定亚维农是重度白痴。在所有人都宣告亚维农在教育上"死亡"的时候，伊塔德仍然顽强地对其实施教育与训练。虽然由于亚维农错过了语言关键期，口头语言的发展毫无进展外，他在其他领域的学习都是十分有进步的，尽管最后亚维农也没有完全像正常人那样生活，但是这个实验是具有划时代意义的。伊塔德的卓有成效的实验向我们证明智力障碍儿童教育的可能性与有效性。

4) 心理干预与实验方法的创新

伊塔德率先将医生观察病人的方法特别是观察神经系统病人的方法应用于观察特殊儿童，这是一项前所未有的壮举。伊塔德使用的奖励、惩罚、间隔、强化、消退等方法，比现代心理学正式提出行为矫正技术早了将近两个世纪。伊塔德在其两份报告中详细叙述了他在教育与训练中所采取的方法，这可以看做实验心理学的最初尝试。

伊塔德善于吸收同时代的哲学家、医学家、教育家等的思想与理论，并且不断创新地应用到自己的教育训练实践中。他的方法不仅影响到了他的学生赛根，而且还深深地影响了19世纪整个特殊教育界。

(二) 赛根的训练理论

爱德华·赛根(Edouard Seguin，1812—1880，见图2-8)生于1812年1月20日的法国克拉姆西的一个杰出医生的家庭。赛根是伊塔德的学生、受到伊塔德的鼓励，他献身于智障的研究、调查与治疗。他继承了伊塔德的事业，提出"生理教育法"，主张对身体有残缺和智力落后的儿童进行感官训练，充分发挥他们的生理功能，促进其智力和个性的发展，1839年赛根创立了一所智力教育学校，1846年出版了《智力障碍以及其他障碍

图2-8　赛根

儿童的精神治疗、卫生保健和教育》。这是关于智力障碍儿童教育训练最早的论著。1866
年出版《智力障碍及其生理治疗的方法》。也许伊塔德和赛根的教育思想和方法影响了蒙
台梭利。她认为这就是"科学的教育学"的先导。

1. 赛根的教育理论的发展

赛根最初在巴黎的 Collège d'Auxerre学习医学，1837年他开始治疗、训练智力障碍
的儿童，并且几年后教学效果逐渐显现。1839年他创立了第一个智力障碍训练学校。在教
育的过程中，他发现某些障碍来自神经系统的问题，而这可以通过电信号和感官来训练。
通过这种训练模式他相信儿童可以逐渐控制自己的神经系统以达到障碍的治愈。1844年，
巴黎科学委员会认可和赞扬了该教育方法的可行性。

1848年欧洲革命后，赛根来到美国继续他的工作，并且创立了智力障碍的学校，他参
观了很多依据他自己的理论所创立的学校，并且继续推行他自己的理论。1860年他搬到纽
约，并且收到了纽约城市大学授予他的内科医学博士学位。1866年他发表了《通过心理学
方法的智力障碍治疗方法》(Idiocy and its Treatment by the Physiological Method)，该书中
强调了自我治愈、独立发展的重要性。赛根成为美国医疗学会智力障碍分会主席。

2. 赛根的教育特色

赛根的教育方法受到乌托邦思想的影响，如圣-西蒙等。他努力帮助那些具有精神问
题的儿童走向一个更完美的社会。他被视为特殊教育的领跑者，赛根相信所有的人，尽管
由于有先天性的缺陷以及严重的其他问题，仍能具有学习的能力。他的工作表明，通过训
练教育(包括运动、身体感觉、运动协调等)可以使特殊儿童发生很大改变，并且能够融入
社会。总结起来赛根教育方法的特色有：井然有序、由具体到抽象、由感觉到知觉、由注
意到模仿、由观察到比较、由被动到主动层次的接受和学习。

赛根相信智力障碍的儿童是可以被教育与训练的，在其著作中他写道：

很少有人能够完全难以治愈，很少有人能够完全无法开心以及健康，超过30%的智力
障碍儿童可以被教育去遵守法律和道德准则，并且能够具有良好的秩序能力，有良好的感
觉。超过40%的人有能力在友好的控制之下融入普通人的生活，有能力理解道德与社会交
往，有能力像普通人那样工作。25%到30%的人与普通人的标准越来越接近，直到他们与
普通人无异(Seguin 1866)。①

(三) 伊塔德与赛根的思想对蒙台梭利的影响

在蒙台梭利的著作中，对伊塔德与赛根的思想极为推崇，并且以伊塔德与赛根的继承
者自居。具体来说，伊塔德的思想对蒙台梭利的影响主要有以下几点。②

(1) 教师应该扮演"观察者"的角色，"教的少、观察多"是蒙氏教学法的特色，而
这样的观点正是由伊塔德以观察者的身份等待学生自发表现所获得的启示。

(2) 伊塔德在训练野童由野蛮进入文明的缓慢过程中，必须自己去适应学生才能让他

---

① http://www.newworldencyclopedia.org/entry/Edouard_Seguin.
② 许慧欣. 蒙台梭利儿童与教育[M]. 台南：光华女中，1980：87-89.

逐渐步入新生活。这样的观点使蒙氏深信，教育要获得改善就必须以"儿童为中心"。这样"学生中心"的论点，正是蒙氏教学法的精神所在。

(3) 蒙氏认为，人不仅是生物的产品，同时也是社会的产物，因此她十分重视社会生活，主张通过社会环境的交互作用使人格正常发展。这种对社会生活的重视，正是伊塔德对野童的教育目标之一。

(4) 鼓与铃在人类风俗上，代表着战争的"恨"与宗教的"爱"。伊塔德以一系列等级的鼓与铃来区分噪音与乐音的方式，深获蒙氏的肯定，因此以"音感钟"(musical bell)来训练儿童的音感之构想由此产生。

此外，伊塔德在袋子内装入栗子与橡子以训练儿童的触觉认知能力，这种训练方法，可说是蒙台梭利感觉教育的雏形。

赛根作为智力障碍教育的践行者，其对于蒙台梭利的影响较伊塔德来说更为强烈与深刻。蒙台梭利亲自研读他的著作，并且动手誊写以便于抓住其主旨思想。蒙台梭利认为赛根的"以个别研究为基础，根据生理学和心理学现象的分析法以构成教育方法的生理学方法，必须运用在正常儿童身上"之呼吁，犹如"旷野中先知的呼声"[①]，由此蒙台梭利特别坚信在特殊儿童身上实施教育的可能性。

综合蒙台梭利的著作以及其他学生的说法，赛根对蒙台梭利的影响主要有：

(1) 要成为一名优秀的蒙台梭利教师，必须做好两项预备工作，第一种是外在的教学环境的准备，第二种是内在的精神上的准备。具体来说，教师必须先做好精神上的准备，先要有谦卑、仁爱的心，让自己有吸引力，并且有责任去唤醒脆弱、疲倦的心灵，引导学生，使他们能掌握生命的力与美。而其"精神准备"观点来自赛根的"心理"思想。她曾经说过："那种我们称为鼓励、满足、爱、尊敬从仁的心灵凸显出来了，而我们付出得愈自在，便愈能使周围的生命得到更新，蓬勃有生气。"[②]

(2) 蒙台梭利非常重视感觉教育，并且在感觉训练的基础上发展其他领域的教育，而这种推崇感觉教育的理念可以说是源自赛根对智力障碍儿童的训练。赛根的训练方式是从肌肉的触觉开始的，最后进入概念的教育。

(3) 赛根主张"让儿童在感觉教育的基础上整理出秩序来"的观点也深刻地影响着蒙台梭利感觉教育的设计。如带插座圆柱体、粉红塔、棕色梯、长棒、平面几何嵌图等皆具备秩序的概念，儿童只要会操作教具是可以从中体会出前后关系的。此外，教具学习的三段式教学法：命名——根据名称分辨物品——经由物品——记忆名称，便是直接沿用赛根的教学方法。

---

① Maria Montessori. The Montessori Method. Translated by Anne E.George.N.Y.：Frederick A. Stoke Company，1912：41-42.

② Maria Montessori. The Montessori Method. Translated by Anne E.George.N.Y.：Frederick A. Stoke Company，1912：37-38.

第三章
蒙氏教育的核心理念

【蒙氏格言】

1. 儿童的一切教育都必须遵循一个原则，即帮助孩子身心自然地发展。

2. 教育就是激发生命，充实生命，协助孩子们用自己的力量生存下去，并帮助他们发展这种精神。

第一节　儿童观

儿童观是人们对儿童的总的看法和态度。它是教育的依据，教育者所持有的儿童观直接影响到他们对儿童的教育理念、教育方式、具体教育行为等，继而直接关系到儿童能否更协调、更理想地发展，或者能否避免儿童成长过程中的某些不足或遗憾。蒙台梭利认为，培养儿童的独立品格首先要改变的是成人对于儿童的态度，不要把孩子当作洋娃娃看待。如果成人总是习惯性地伺候孩子，是非常危险的，这将抑制儿童自发的、有益的活动。

从历史发展角度来看，西方儿童观的演变主要经历了古典时期的小大人说，中世纪的原罪说，现代儿童观以卢梭(1712—1778)、杜威(1859—1952)等为代表，当代的儿童宗教观以蒙台梭利(1870—1952)、皮亚杰(1896—1980)等为代表。小大人说把儿童看成缩小的成人，是成人的预备；中世纪的原罪说源于把人看成是生而有罪的，故儿童自然是有罪的，是需要加以鞭笞和惩戒的。卢梭时代发现了儿童的价值，认为儿童是独立意义上的人，提倡一种"儿童中心"的儿童观，使对儿童的尊重和教育发生了前所未有的变革，乃至当代，在蒙台梭利、皮亚杰、马修斯等人的推动下，儿童几乎成为一种宗教。他们呼吁"以儿童为师""向儿童学习"。[①]

因此，蒙台梭利致力于打破原有的教育传统，去寻求了解孩子和爱孩子的新方法，总结了卢梭、裴斯泰洛齐和福禄贝尔等人的自然主义教育思想，集当时生物学、人类学、心理学和教育学等学科之大成。加之她在观察儿童、研究儿童基础上的创造性发现，提出了全新的、独到的、给人们以重要启迪的儿童观。

心理发展具有敏感期，儿童的发展有阶段性，儿童通过工作实现自我的发展。重视儿童个性的发展和培养是蒙台梭利早期教育思想的核心。

---

① 黄耘.基于儿童立场的文本阅读与教学[J].广西师范大学学报：哲学社会科学版，2009(5)：104-107.

一、儿童是独立的个体

康纳尔指出："蒙台梭利一直致力于提供这样的学校环境：儿童能够独立于成人而成长，能自由地做他们自己的事情，按自己的步伐前进。"[①]蒙台梭利的教学计划就是引导儿童通向独立的道路。她认为："儿童不做，就不知道应该怎么做。"因此，必须使儿童做他力所能及的一切事情，使儿童通过自己的努力能把握自己和环境。通过独立自主的学习，其所设计的材料能做到自我指导，自我校正，并取得对自身成就的满足。因此她说，儿童教育目标应是"帮助儿童心智的、精神的和身体的、人性的自然发展"。

蒙台梭利强调培养儿童的独立性与自主性，是以她的儿童发展观为理论基础的。她受卢梭、福禄贝尔、裴斯泰洛齐、柏格森、麦独孤等人及宗教的影响，提出儿童不仅具有肌体，还有一种强烈的、天赋的内在生命潜力，这"是一种难以捉摸的东西"，像"生殖细胞"一样，规定着个体发展的准则。这种生命潜力正如种子埋入土壤中能发芽一样，促进着个体的发展。随着个体的发展，这种生命潜力就渐渐呈现出来。即"孩子之所以生长，并非由于给予营养，由于他呼吸，由于他被置于适宜的温度条件下；儿童成长是由于其内部潜在生命在发展，是由于生命的胚胎按照遗传决定的生物学规律发育。"[②]因此，儿童的生命力是促进儿童发展的根本原因。生命力是由遗传得来，那么遗传就是儿童发展的第一位因素。她进一步指出，人的生命潜力和动物的本能有着根本的区别。其一，幼小的动物几乎一生下来就能依靠本能独立生活，而刚出生的婴儿什么本领也没有。人的潜能是在生活中逐渐显现出来的，是通过人和环境的交往，通过经验而表现出来的。其二，动物的本能具有种的同一性，即同一种动物有相同的本能，而人的潜能是各不相同的。人的潜能的表现对儿童来讲，就表现为自发的冲动，这种冲动又通过自发活动表现出来。"活动是生命必不可少的部分。"儿童的发展是通过肌体的自主活动实现的。这些难易不同、种类不同的活动，使儿童的潜能逐一呈现出来。

二、儿童具有潜在生命力

蒙台梭利认为儿童存在与生俱来的"内在的生命力"(或称"内在潜力")。它是一种积极的、活动的、发展着的存在，具有无穷无尽的力量，它是儿童自我成长发展并形成独特心理的内在源泉的基本动力。她主张儿童不是成人和教师进行灌注的容器，不是可以任意塑造的泥，不是可以任意刻画的木块，不是父母和教师培植的花木或饲养的动物，而是一个具有生命力的、能动的、发展着的活生生的人。正是这种潜在生命力的分化和发展使儿童逐渐出现各种心理现象并形成复杂的心理现象系统。

蒙台梭利把潜在生命力分化发展并使儿童形成复杂心理现象的过程比喻成宇宙从虚无到创造出天体万物的过程。她把人的心理或精神比喻成广袤的宇宙，把人的各种心理现象及行为能力的逐渐分化比喻成宇宙星云的诞生，把人的心理现象系统的形成比喻成包罗万

---

① [澳]W. F. 康纳尔. 二十世纪世界教育史[M]. 长沙：湖南教育出版社，1991：230、237.
② 蒙台梭利. 蒙台梭利的幼儿教育的科学方法[M]. 任代文，译. 北京：人民教育出版社，1993：114-115.

象的天体万物的状况。她认为人生来并不具备其他动物所具有的固有能力和行为方式。但是人生来具备能使自己适应环境并发展自身的潜在生命力,这种潜在生命力在儿童出生以后就如同虚无的宇宙中会诞生各种星云一样不断地分化。如分化出语言的星云、适应环境的能力的星云、创造力的星云等。分化而成的各种心理现象如同星云逐渐形成天体一样的复杂心理现象系统。总而言之,蒙台梭利把人的心理现象从无到有、从不完备到完备、从零乱到有系统的过程,用从虚无—星云—宇宙的天体形成过程做了贴切的解释和说明。蒙台梭利非常重视潜在生命力在儿童身心发展中的重要意义,把它说成生命发展的原动力。

蒙台梭利指出,教育的任务是激发和促进儿童的"内在潜力"的发现,并按其自身规律获得自然的和自由的发展。教育家、教师和父母应仔细观察儿童、研究儿童、了解儿童的内心世界,发现"童年的秘密",揭示儿童的自然发展进程及规律性;热爱儿童,尊重儿童个性,在儿童自由和自发的活动中,帮助儿童智力的、精神的和身体的、个性的自然发展。她还说,要启动蕴藏于儿童身上的这种潜在能力,必须为儿童提供有准备的环境,保证它分化和发展的自由,并把家长和教师的爱作为润滑剂来滋润它。如果不能做到这一点,则潜在生命力就不能很好地分化和发展。表现在个体身上就是心理发展出现障碍,难以形成健康的心理。

三、儿童具有心理或精神胚胎期

蒙台梭利认为人有双重胚胎期。双重胚胎期的第一期是在母亲体内的生理胚胎期,它是人和动物所共有的,是由一个细胞分裂为许多细胞,然后形成各种器官发育成胎儿的过程。第二期是心理或精神胚胎期,是出生以后一年间形成最初心理萌芽的时期,是人类所特有的胚胎期。蒙台梭利认为,儿童自出生到能够掌握表明人类特征的独立行为和语言,大致需要一年左右的时间。这段时间它经历着和生理胚胎的形成发展同样的路线。从出生时的精神空白、一无所有,经过吸取外界刺激和信息不断地积累,形成了许多感受点,同时也形成了心理活动所需要的器官,然后发展成一个心理或精神胚胎。有了心理或精神胚胎才有以后儿童心理的发展。蒙台梭利认为与生理胚胎的发展相同,心理或精神胚胎的发展无论其质量还是数量都以一种令人惊异的速度发展着。每个幼儿的心理或精神胚胎各不相同,而且更为重要的是如同生理胚胎需要在母亲的子宫内才能生产一样,心理或精神胚胎的形成也需要一个特殊的环境,这个特殊的环境既要为心理或精神胚胎提供精心的保护,更要为心理或精神胚胎提供足够的养料,尤其是各种刺激。

蒙台梭利特别强调儿童的学习室(教室)的设置,包括系统的刺激物——按照物体属性的类别设计各种系列的分等级、层次的程序教学教具材料,以便儿童自由选择和独立操作,自动练习和自我教育,从而获得知识技能和发展各种能力。蒙台梭利十分重视家庭环境和社会环境的影响,要求父母、成人改变对待儿童的错误观念和行为,呼吁社会关心儿童、保护儿童的权利,废除一切压制儿童个性和情感、摧残和折磨儿童身心的种种方法和手段,让儿童的"内在潜力"得以充分展现和发展。

四、儿童心理发展是"潜在生命力"在适宜环境中的自然表观

在蒙台梭利看来，儿童具有"潜在的生命力"——这种潜在的生命力正是儿童心理发展的原动力，它的分化就是儿童的心理从无到有，从不完备到完备，从零乱到有系统地发展，而要启动儿童身上的这种"潜在生命力"，成人必须为儿童提供"有准备的环境"，并用自己的爱作为润滑剂来滋润它。儿童具有生理和心理双重胚胎期——人不仅有和动物共有的由一个细胞发育成胎儿的过程的"生理胚胎期"，更有独有的从出生时的"精神空白"到1岁左右形成和发展了许多心理感受点和器官的"心理胚胎期"，而"心理胚胎"的形成和发展也需要一个特殊的环境——既进行保护，又提供养料的"有准备的环境"。

五、儿童具有吸收性心智

"吸收性心智"是一种内在的助力。蒙台梭利认为，这种内在助力会驱使儿童"潜意识"地从外界环境中吸收各种印象，就如同照相机的感光底片一样将外界的印象全部摄入，然后内化成自己的东西，也就是从无到有不停地探索、快速积累、储蓄。而这种潜意识的吸收到三岁以后，则发展为有意识的吸收。儿童在"吸收性心智"驱动下学习，速度十分惊人，为以后的智力发展奠定了基础。

蒙台梭利认为，儿童具有吸收性心智。这是一种受潜在生命力驱动的儿童所特有的无意识地记忆、吸收环境并加以适应的能力。吸收性心理在使儿童形成特定体质的同时，更重要的是使儿童形成了特定的心理面貌。儿童正是通过吸收性心理的作用，才能够适应当地的自然环境及文化氛围，无论生活在哪个国家和地区都不能例外。不仅如此，蒙台梭利更认为吸收性心理，还让儿童吸收了与自己的双亲、家族、教师等的社会关系，吸收了社会环境中的有效成分，并形成了自己的心理。

六、儿童是成人之父

蒙台梭利儿童观中有"儿童乃成人之父"的观点。她认为儿童是未知力量的拥有者，儿童中隐藏着未来的命运，隐藏着人性的秘密。只有儿童才能揭开人类发展之秘。儿童不是事事都依赖成人的呆滞的生命，或是一个需要去填充的容器。儿童创造了成人，不经历童年，不经过儿童创造就不存在成人。

蒙台梭利的教育方案是建立在对儿童内在的发展潜能和能够通过自发、自动的活动来进行自我教育的信念之上的，因而主张给儿童以充分的自由，反对成人的强制性干预。蒙台梭利认为：教育者头脑中应该具有的关于儿童发展的理想形象是"具有完全人格的儿童"。"适度的教育只有一种，那就是尊重儿童成长的自然速度的教育。"蒙台梭利每次在演讲时，总会讲这么一句话："Help me to do it by myself"(请帮助我，让我自己做)。一般父母对子女呵护得很仔细，什么都帮他们做得好好的；看起来是父母的爱心，实际上却抹杀了许多孩子自我成长的机会。让我们来听听幼儿说："我听到了，但随后就忘了；

我看到了，也就记得了；我做了，我就理解了。"[①]

"儿童是成人之父"，我们应当"向儿童学习"。然而，很多时候成人的言行限制了孩子的思维和想象，成人的主观想法剥夺了孩子自主的权利。我们现在要做的，是要尽力让更多的孩子成为天才。只有这样，我们才会对每个儿童心存景仰之情，无论做什么事情，都会让孩子自己选择，充分发挥孩子的想象力和创造力。我们周围，充满了问题儿童，更充满了问题大人。但我们可以肯定，问题儿童是问题大人造成的。而问题大人的问题也是他们从儿童时形成的。问题大人在有意识和更多的无意识中继续造就新的问题儿童和问题成人。

七、儿童心理发展存在敏感期

"敏感期"一词是荷兰生物学家德费里斯在研究动物成长时首先使用的名称，是指生物在其发育阶段所具有的一种特殊敏感性。原本是人们在研究生物发展过程中发现的现象。蒙台梭利把敏感期的观点引入教育中。对儿童发展敏感期的论述是她对于"儿童观"的杰出贡献。她认为儿童心理发展存在敏感期，所谓敏感期是指每个孩子在成长过程中的某个阶段，会对外在环境的某些刺激产生特别敏锐的感受力，以至影响其心智的运作或生理反应，而出现特殊的好恶或感受，这种力量的强弱，我们称之为敏感力。

蒙台梭利指出："儿童心理发展不是偶然发生的，也不是由外界刺激引起的，而是受短暂的敏感性，即受与获得某种特殊品质密切相关的暂时的本能引导。儿童在他的敏感期内，学会自我调节和掌握某些东西，这就像从内部射出来的一束光，或者就像电池一样提供能量。正是这种敏感性，使儿童以一种极其强烈的程度接触外部世界。此时这种敏感性使儿童轻松地学会每一样事情，对一切都充满了活力和激情。"

儿童敏感期因人而异(在同一年龄的个体，敏感期的变化也有差异)。作为一名教育工作者要认识敏感期，把握敏感期出现的年龄，还要考虑每个儿童的个体差异。根据蒙台梭利对儿童的观察与研究，可以归纳出以下九种敏感期。

(1) 语言敏感期(0～6岁)。2个月左右幼儿就开始吸收语言，他所获得的语言是他从周围环境中听到的。当他说第一句话时，并不需要为他准备任何特殊的东西。在蒙台梭利看来，语言能力的获得和运用，是幼儿吸收性心智的表现，也是智力发展的外部表现之一。

(2) 秩序敏感期(0～4岁)。从出生的第一年就出现一直持续到四岁。这是幼儿的一种内部的感觉，以区别各种物体之间的关系，而不是物体的本身。

(3) 感官敏感期(0～6岁)。孩子从出生起，就会借着听觉、视觉、味觉、触觉等感官来认识实物，其中两个月是视、听、味、嗅、触等感觉训练的最佳期，六个月是多种食物口味和学习咀嚼的最佳期。三岁前，孩子通过潜意识的吸收性心智，吸收周围的事物，3～6岁则通过视觉、听觉、触觉、嗅觉等感知认识周围环境中的事物。因此，蒙台梭利设计了许多感官教具。

---

① 蒙台梭利. 蒙台梭利幼儿教育科学方法[M]. 任代文，译. 北京：人民教育出版社，1993(1)：30-32.

(4) 对细微事物感兴趣的敏感期(1.5～4岁)。幼儿在2～3岁时会表现出对细节的敏感，他的注意力往往集中在最小的细节上。这表明幼儿的精神生活的存在，以及幼儿和成人具有两种不同的智力视野。

(5) 动作敏感期(0～6岁)。孩子3到4个月是翻身能力发展的最佳期，7到8个月是爬行能力的最佳期，11到12个月是独立行走能力发展的最佳期。

(6) 社会规范敏感期(2.5～6岁)。两岁半的孩子逐渐脱离以自我为中心，走入群体活动。这时，成人与孩子应建立明确的生活规范，日常礼节，使其日后能遵守社会规范，拥有自律的生活。

(7) 阅读书写敏感期(3.5～5.5岁)。如果孩子在语言、感官肢体等动作敏感期内，得到了充足的学习，其书写、阅读能力便会自然产生。此时，成人就给孩子提供阅读书写的机会。

(8) 数学敏感期(3～4岁)。孩子会对数字概念如数、数字、数量关系、排列顺序、数的运算、形体特征等突然发生极大的兴趣，对它们的种种变化有着强烈的求知欲，这标志着孩子的数学敏感期到来了。

(9) 文化敏感期(6～9岁)。蒙台梭利指出幼儿对文化学习的兴趣，萌芽于三岁，但是到了六至九岁则出现探索事物的强烈要求，成人可在此时提供丰富的文化信息，以本土文化为基础，延伸世界文化。

八、儿童心理发展具有阶段性

蒙台梭利认为儿童的心理发展是连续性和阶段性的统一。儿童在连续不断的心理发展过程中存在着阶段性，处于不同发展阶段的儿童有着不同的心理表现。

蒙台梭利认为儿童发展可分为三个阶段：0～6岁为幼儿期、6～12岁为儿童期，12～18岁为青春期。

第一阶段(0～6岁)是儿童各种心理功能形成期，也是儿童个性形成的最重要时期。这一阶段最基本的特征是出现了一个又一个敏感期。这一时期又分为两个阶段：0～3岁的幼年前期和3～6岁的幼年后期。

幼年前期(0～3岁)即心理胚胎期。这个阶段是儿童无意识的成长与吸收阶段。儿童通过感知觉和活动探索周围环境，吸收外界刺激，同时学习所处文化的语言。情绪与智力发展的内在结构则由"敏感期"与"吸收性心智"等功能来完成。在这个时期，儿童在无意识之中把眼睛所看到的、耳朵所听到的、自己身边所发生的一切事物作为一个总体吸收下来。这一阶段的儿童表现出无穷的精力与兴趣。

幼年后期(3～6岁)即个性形成期，是个性形成期阶段。儿童逐渐从无意识转化为有意识，幼儿逐渐有意识地吸收各种知识，慢慢产生了记忆、理解和思维能力，并逐渐形成各种心理活动之间的联系。儿童在内心逐渐形成秩序与服从的观念，并且发展出现实世界的模型，为创造力与想象力的发展打下基础。在进行分类对比同时，儿童将前期获得的感觉经验提炼，通过活动将过去吸收的经验带入意识中，获得最初的个性心理特征。

第二阶段(6～12岁)是儿童心理的相对平稳发展时期。这一阶段是儿童有意识学习的阶段，也是儿童增长学识和艺术才能的阶段。他们开始要求扩大活动的范围，从更广更深的角度认识世界，具有了一定的抽象思维能力，产生了道德意识和社会责任感。6～9岁的儿童已可以运用自己所掌握的各种知识与艺术上的技能，发展自己的生活文化和能力。9～12岁的儿童已准备好以开放的心灵去吸收世界的各种知识，此时，他们会～拼命地吸收环境中的一切事物。不同的是他们能自主性地学习，而且不再受限于身旁环境的范围，他们的触角可以延伸到社会生活的各个领域，碰到的机会将会影响他们一生对智能方面的兴趣。

第三阶段(12～18岁)是儿童身心经历巨大变化并走向成熟的时期，儿童在这个年龄阶段进入青春期，此时的青少年身处巨大变化的时期，对事物和事情有了自己的理解，将选择日后自己一生的努力方向。这时对他们可以像对成人一样进行文化知识和社会知识的教育。

蒙台梭利还指出，儿童心理发展具有连续性，即不仅指一个阶段内儿童内部的增加是连续的，而且指两个相邻阶段之间质的变化是连续的，相邻两个阶段之间的变化并无明显的分界线，而且这个连续性贯穿儿童发展的始终。儿童的发展是一个连续的、不断前进的过程，前一个阶段的充分发展是后一个阶段的基础，后一个阶段的发展是以前各个阶段发展的积累和延续。不同的阶段特征需要不同的"土壤"和"气候"条件，需要不同的环境和教育引导。蒙台梭利要求在儿童心理不同的发展时期，成人应该为儿童提供不同的环境，帮助儿童获得最佳发展。

九、儿童心理发展通过"工作"实现

蒙台梭利认为儿童的发展主要有两种形式，一是深受福禄贝尔及其追随者推崇的儿童的游戏，二是她所谓的儿童的"工作"，而无论是游戏还是"工作"都具有愉悦身心、促进儿童发展的双重作用。两种活动的着重点是大不相同的：工作重点在于促进孩子的发展兼愉悦孩子的身心，游戏的重点在于愉悦兼发展；工作是有准备的，有导师指导的活动，游戏是在有或无准备的环境中进行的。如果说一个可以促进儿童发展的活动从开始到结束的流程可以表示为：兴趣—开始操作—出现专注—获得发现四个阶段，那么具有这个流程的前两个阶段即对某一活动产生兴趣并开始进行操作就可以被称为游戏，而具有这个流程的全部四个阶段的特征，即在对某一活动产生兴趣并开始进行操作的基础上，对该活动表现出专注并最终有所发展才可以被称为"工作"。蒙台梭利认为，虽然游戏和"工作"是两种相对独立的活动形式，但工作包含了游戏。正是在这个意义上，蒙台梭利对儿童的游戏和"工作"进行了具体的区分，她把儿童日常的玩耍和使用普通玩具的活动称为游戏，而把儿童在"有准备的环境"中自发地选择和操作活动材料并经由专注于活动而有所发现和发展的活动称为"工作"，从而推导出她关于儿童心理发展是通过"工作"而不是通过游戏实现的论点。

蒙台梭利认为儿童的"工作"遵循着自然的法则，她通过对儿童的观察和研究，发现了儿童"工作"所遵循的一些自然法则。这些法则包括如下几个。

(1) 秩序法则。大自然赋予儿童对秩序的敏感。因此，教学的节奏和日常生活必须是可以预料的，教具必须有秩序地组织，教师对儿童的行为指导必须准确而且精确。秩序是纪律的一种，纪律必须通过自由而获得，纪律必须是积极主动的，而不是静止不动、被动的和屈服的。要达到良好的纪律，指望惩戒和说教是徒劳的。真正的纪律来自工作，在孩子们非常热衷于某件工作的特定时刻，他们的激情、高度集中的注意力、细心和耐心、毅力和持续性、自动性和创造精神，都是纪律的充分体现。

(2) 自由法则。蒙台梭利把自由看作人类与生俱来的权利，自然在赋予儿童生命的同时也赋予了儿童自由。所以，她认为儿童在工作中会根据自己的需要自由地选择工作材料，自由地选择自己喜爱的工作。蒙台梭利认为让儿童自由选择"工作"可以使儿童工作更专心，并可以增强他们的自信心，同时，可以帮助儿童建立自我纪律与自我控制。因此，蒙台梭利主张应该充分尊重儿童的自由，允许他们自由地选择教具"工作"以及"工作"时间的长短和"工作"速度的快慢。

(3) 专心法则。由于儿童的"工作"是他们自己自由选择的，他们对"工作"必然有着浓厚的兴趣，这种对"工作"的浓厚兴趣会导致儿童对"工作"的专心。蒙台梭利曾观察过一个3岁女孩的专心程度，当这个3岁女孩操作工作材料时，蒙台梭利便让其他的小朋友在她附近唱歌、走动，但小朋友们的活动丝毫也没有干扰到小女孩的工作；后来蒙台梭利将她连同她坐的椅子一起搬到桌子上，当她被抬起的时候，她的手仍然抓着工作材料并把它放在膝盖上，等到被放到桌子上她又继续专心地"工作"。蒙台梭利认为有了专心以后才会有儿童的不断"工作"和对工作材料的重复练习。

(4) 重复练习法则。蒙台梭利通过对儿童的观察和研究发现，儿童在其各种能力发展的敏感期内，对于能够满足其内心需要的"工作"都能专心致志地反复进行，直至完成其内在需求的"工作"周期。

第二节　蒙台梭利的教师观

教师观即教师的教育观念，是教师对教师职业的特点、责任、角色以及科学履行职责所必须具备的基本素质等方面的认识。它直接影响着教师的知觉、判断，进而影响其教学行为。

蒙台梭利的教师观可从以下几个方面来研究。

一、教师的角色

作为蒙台梭利教育观的三大核心理念之一的教师观，强调在教育活动中，教师是环境的提供者、观察者、示范者和支持者，在一定程度上改善了传统教师与儿童之间的关系。在自由教育和自我教育原则支配下，师生关系由直接交往而变成教师—教具—儿童的关系。儿童成为教育活动的中心和主体。正是从这种教师观出发，蒙台梭利把"儿童之家"的教师称为"导师"，而不是"教师"。因此，在蒙台梭利的教育方案中，教师所具备的角色包括以下几种。

(一) 教师是幼儿自由活动的观察者

蒙台梭利认为观察是教师应具有的必备素质，蒙台梭利指出："生命本身在运动，为了研究它，探索它的秘密，指导它的活动，就必须观察它，不带先入之见地去了解它。"[①]

蒙台梭利指出："教师是儿童活动的观察者和指导员。幼儿教师应是一位观察者，他必须以科学家的精神，运用科学的方法去观察和研究儿童，揭示儿童的内心世界，发现童年的秘密。"她认为，在教育实践活动中需要教师用大量的时间带着问题去看，观察应是幼儿教师必备的素质。教师在教育活动中，应当将自己定位在一位"被动"的观察者，只有这样他才能耐心地等待而不会粗暴地去干涉儿童的各种活动，使儿童能够自动地将其内在需要显示出来。自由活动是儿童内在生命力的外部表现，教师只有通过观察儿童在自由活动中的行为表现，一方面观察儿童是否对材料感兴趣、兴趣的持续时间等，另一方面还应观察儿童在活动中的精神状况，包括儿童的面部表情、情绪变化等，才能真正了解儿童的精神，并揭示其内在的秘密，从而给予儿童适时、适量的帮助。

蒙台梭利认为幼儿教师在教育过程中，应当将自己定位于一名"被动的观察者"，即作为观察者，要学会被动观察。被动在这里的含义是对儿童的各种自由活动采取耐心和等待。跟随儿童，而不是简单地干涉、阻止儿童正常的自由活动。这样，才能使儿童能够自动地将其内在需求凸显出来，这种不加干涉的观察，强调幼儿行为的自由和自动。在蒙台梭利看来，自由活动和自我教育是儿童应当享有的基本权利，幼儿教师应努力成为儿童权利实现的保障者。"教学必须严格遵照最大限度地减少教育者的积极干预的原则。"

同时需要认识到，教师观察者这一角色不是自然生成的。有学者指出："观察幼儿是任何人都能学会的一种技能，但这种技能不是与生俱来的，很少有人是天生的观察者。"[②]

蒙台梭利认为，教师的观察能力需要培养，它需要在幼儿教师师资培训上，采取一系列有效的措施加以训练，包括观察能力的提高、科学的观察态度的养成和强烈的观察欲望的激发等。因此，要扮演好观察者这一角色，首先，教师要形成正确的观察态度，重视观察在教育中的作用。我们的教育对象是活生生的个体，每一个体因受先天和后天诸多因素的影响而形成了发展上的个性差异，需要教师通过认真观察去加以了解发现。其次，教师要掌握正确的观察方法，在实践中切实提高观察水平。教师可以通过先观察某个儿童的表现，之后再同时观察若干儿童，并将他们的行为表现进行对比来提高观察能力。教师还可选择适合自己的记录方式，或做现场笔记，或写工作日记，甚至借助于一些先进的工具设

---

① 任代文.蒙台梭利幼儿教育科学方法[M].北京：人民教育出版社，1993.
② 谈心.观察幼儿：幼儿教师专业发展的关键[J].当代学前教育·教师成长，2009，(2)：22.

备。记录是一项长期、烦琐的工作，贵在教师的坚持，以此养成良好的观察记录习惯，从而了解评价儿童，引导支持儿童奠定良好的基础。再次，教师之间应加强交流。由于不同教师的观察角度和侧重点不同，教师之间应互相交流对儿童的观察结果，从而全面了解儿童的身心状况，同时提高自己的观察能力。

(二) 教师是幼儿活动环境的创设者和管理者

蒙台梭利认为儿童具有"吸收性心智"，这是一种受"潜在生命力"驱动的儿童特有的无意识吸收环境中的信息，并将自己塑造成适应当地环境的人的原动力。外部环境对儿童的身心发展很重要。正如蒙台梭利所说："无疑，环境是生命现象的第二因素，它可以促进或阻碍生命的发展，但绝不能创造生命。"[①]她认为，"儿童利用他周围的一切塑造了他自己"，因此她强调教育要符合儿童发展的"内在需要"，"教育的基本任务是使每个儿童的潜能在一个有准备的环境中得到自我发展的自由"[②]。

蒙台梭利指出，教师的职责是给儿童提供适宜的"有准备的环境"，即创造有规律、有秩序的生活环境；提供有吸引力的、美的、实用的设备和用具；允许儿童独立地生活，自然地表现，使儿童能意识到自己的力量；丰富儿童的生活印象，促进儿童智力的发展，培养儿童社会性行为。教师应成为这一"有准备的环境"的创设者和管理者，让幼儿在教师为其创设的"有准备的环境"中进行自由活动、自我教育，而教师则给予"被动"的观察、研究和必要的指导。

在当今的幼儿教育过程中，蒙台梭利所主张的教师应是幼儿活动环境的创设者和管理者的角色的内涵更富有时代性。作为幼儿教师，首先，在环境的创设上要考虑教具玩具的投放、活动室环境的布置、区域的划分等因素，为幼儿提供适宜自由活动、自我教育的物质环境。一个好的物质环境会引导儿童纠正自己的错误，并为儿童的主动学习提供支持。其次，更应注意心理卫生环境的营造。教师在创设环境的过程中，不应仅仅关注物质环境，更应重视精神环境；不应只停留在环境创设的表面形式上，还应考虑环境创设的质量，要在精神上为幼儿营造一个舒适、安全、温馨、宽松的环境，特别是要将心理卫生渗透到教育教学领域中去，以促进幼儿心理的健康发展。

(三) 教师是幼儿权利实现的保障者

她认为，儿童的发展源自人的无限的生命力，儿童的发展过程就是儿童"内在潜力"得以不断展示的过程。因而教育的首要任务就是要发现儿童的"内在潜力"，并激发和促进其按自身规律获得自然的和自由的发展。蒙台梭利在继承前人教育思想的基础上提出了要让儿童得到"自由活动"和"自我教育"的教育主张。

所谓自由活动，是指让儿童个性自然发展，使儿童的天性得以自我表现。自由是儿童感觉训练和智力发展的必要条件。所谓自我教育，是指儿童根据自己的兴趣、需要和能力

① 任代文.蒙台梭利幼儿教育科学方法[M].北京：人民教育出版社，1993.
② 任代文.蒙台梭利幼儿教育科学方法[M].北京：人民教育出版社，1993.

去自由选择、独立操作、自我校正等以进行自我学习，获得自我成长。自我教育是儿童成长的内在需要，儿童在自我教育的过程中能获得自我实现的最大快乐。在蒙台梭利看来，自由活动和自我教育是儿童在发展中应该享受的基本权利，教师应努力成为儿童权利实现的保障者。[①]

为此，在教育实践活动中，幼儿教师应注意做到以下两点：首先，幼儿教师应当明确教育的首要任务是激发儿童的生命，让生命自由发展。幼儿教师不应过多地干涉和不恰当地介入幼儿的自由活动当中，教师的"教学必须严格遵照最大限度地减少教育者的积极干预的原则"[②]。其次，幼儿教师要积极创设有利于幼儿进行自由活动的、安全的、舒适的"有准备的环境"，并让儿童在"有准备的环境"中能够自由地展现自我，自然地发展儿童的个性。幼儿教师务必明确儿童在现代教育中有哪些具体的权利以及如何有效地保障儿童权利的实现。

(四) 教师是幼儿内在心理的研究者

21世纪对教育、对幼儿教师提出了新的挑战。面对具有幼稚性和未成熟性的幼儿，幼儿教师要做一个幼儿心理的研究者：应当具有不断探究和创新的意识。在关注儿童身体发展的同时，还要关注儿童心理和情感的发展，学会"探明秘密"，成为一名幼儿心理的研究者。

蒙台梭利认为，一个优秀的幼儿教师应当是一个科学工作者。不仅要学会观察，而且必须在观察的基础上进行实验，必须用科学的方法研究幼儿的欲望。幼儿教师的研究不是凭空想象的，而是扎根于儿童中间，与观察紧密联系在一起，即观察研究，这种研究是通过对儿童自由活动的"被动"观察得到种种信息，来研究儿童的真实生活，儿童的精神状态、儿童的内心，以及他们的各种欲望、各种表现等，进而探究儿童的"内在秘密"使之在自主活动中健康成长。蒙台梭利还认为，0～6岁是儿童各种心理功能的形成时期，也是幼儿表现出特定的良好倾向的敏感期，为了使儿童身心获得健康发展，教师必须通过系统地研究自我，使自己内心做好准备，成为一个自我反思者，深切体察儿童发展的差异性和敏感期，使因材施教真正落到实处。

蒙台梭利认为，研究幼儿对教师来说不仅要具备科学家的态度和品德(耐心、克己、谦逊、有思想)，还要具备"圣人"的精神。因为她所接触的是"人"，要为生存的人类服务。

(五) 教师是幼儿自我成长的指导者和支持者

蒙台梭利认为："所谓教育，不是教师及家长自上而下的教导，而是协助儿童自下而上的发展。"[③]她经常告诫教师，不应当以自己的智慧代替儿童的智慧，也不要做儿童的

① 任代文. 蒙台梭利幼儿教育科学方法[M]. 北京：人民教育出版社，1993，211.
② 卢乐山. 蒙台梭利的幼儿教育[M]. 北京：北京师范大学出版社，1985，120.
③ 市丸成人，松本静子. 蒙台梭利教育的比较研究与实践：上卷[M]. 赵悌行，译. 台北：新民幼教图书股份有限公司，1993：262.

仆人，替他们盥洗、穿衣、喂饭……应当引导儿童自己去进行这些活动，发展他们的独立性。

因此，蒙台梭利将教师称为"指导员"，也就是说，教师在儿童的自由活动和自我教育的过程中扮演着指导者的角色。她认为，尽管儿童的发展是通过吸收周围环境的信息而实现的，但是如果缺乏教师的引导和协助，儿童的发展将难以实现。这就要求教师的工作除了要作观察、研究，还应进行指导、引导和示范。教师作为指导员的角色主要体现在：事先做好准备。教师应仔细考虑每种教具材料是否完整无缺，是否整洁、美观、有秩序，必要时对教具材料加以修补。同时教师自己也要做好准备，因为"自己也是环境的一部分，而且是最有生气的一部分"。[①]

教师的"支持性引导"还主要体现在以下几个方面：一是解释和示范。出示材料时教师要给予必要的解释，用词要做到简单、明了、准确；在儿童开始接触教学用具但还不会使用时，教师在鼓励儿童使用的前提下，可以做一次示范操作。二是支持和帮助。蒙台梭利指出，教师不仅应在适当的时候进行教授，而且要了解儿童的探索、疑问和突然的发现；教师还应向儿童及时提供新的材料，帮助他们开展新的"工作"，支持和保护学习的权利。她说："必须把教育理解为对儿童生命的正常扩充与发展给予积极的帮助。"[②]三是禁止和纠正。蒙台梭利认为儿童的自由是相对的，要以不损害集体利益，不冒犯或不干扰他人为限度。因此，教师有责任维护班级的良好纪律，阻止不良行为的出现。对幼儿超越自由限度的行为，如冒犯打扰他人等要予以禁止和纠正。

蒙台梭利将教师称为"指导者"，不仅是文字上的变动，更主要反映了教师进行的工作是幼儿学习活动的一部分而非主体，"在生命的创造和发展中，教师只是做一些辅助性的工作"，而"这些工作又是必不可少的"。"辅助性的工作"表明了教师在教育活动中的角色不是主体，而是为了儿童的自我建构服务的。[③]

(六) 教师是家庭和幼儿园双向合作的联络者

蒙台梭利主张学校教育和家庭教育的目标应当相一致。为此，她在"儿童之家"的章程规则里，对家长配合幼儿园教育(即家长应承担的义务)做了明确的规定，如家长必须按时送孩子入园、孩子的衣着必须整洁等；家长在教育方面要与教师密切配合，母亲每周必须去"儿童之家"一次，与教师交谈，向教师提供孩子在家中的表现，听取教师的有益建议等。幼儿教师应当成为家、园双向合作的联络者，这是由幼儿园肩负着为家长服务的使命所决定的。幼儿教师必须时常与幼儿的父母及生活的社区联系沟通，通过这种联系，有助于澄清家长与社会的一些错误的、老旧的教育观念，使学校与家庭、社会形成一种同向的教育合力，共同促进儿童身心的健康成长。

① 卢乐山. 蒙台梭利的幼儿教育[M]. 北京：北京师范大学出版社，1985：123.
② 任代文. 蒙台梭利幼儿教育科学方法[M]. 北京：人民教育出版社，1993.
③ 周静. 浅谈蒙台梭利教育活动中教师的角色定位[J]. 学前课程研究，2007(4)：42.

二、教师应具备的能力与素质

1. 必须懂得教育的原理和教学法

蒙台梭利是一位实践家，也是一位教育家。她将理想化为方法并付诸实践，又用观察的方法帮助孩子找出了教育的根据点。一个老师如果不明白用观察的方法去发现孩子，对孩子的指导就会变得机械，而造成不合理、无效果的干预行为，甚至对孩子造成伤害。懂得原理和方法的老师，在指导儿童学习的"工作"时，会深知"它"其中的目的、程序与启、导之间的变化；她会懂得孩子内心的意识和学习的能力及自然的限制；还会知道对于什么年龄、什么心态的孩子应该给他什么东西，而予以正确地指导，才会有效地帮助他们正常发展，提高其发展的潜能。

2. 必须懂得如何操作使用教具

教具能让孩子获得智力和体能上的开发。教具的使用需要教师适当地提示。所以教师是教具和孩子间的媒介。教师不仅能"简易、客观地示范教具的使用方法，还能随时观察孩子对此项教具的反应，以决定启发他继续操作或诱导他暂时停止。示范教具时，教师要轻声细语、动作轻慢而利落等，只有这样，才能让孩子明明白白地领受，高高兴兴地"工作"。

3. 具有为幼儿设计适合其成长的综合素质

蒙台梭利认为，教师要有耐心地观察孩子，关心他们的需要，具备能根据观察所得，设计出适合孩子成长环境的综合素质，还要保证维持所提供环境的完整性。

4. 具有对幼儿耐心、爱心的优良品质

教师要用爱心和耐心去关注和启发儿童，以保持儿童的学习兴趣，防止见异思迁。有爱心、耐心、高度教育修养的老师，才能使孩子的智力与体能得到有秩序、有层次的发展。

5. 教师必须具备科研能力

联合国教科文组织有关部门在1979年的一份文件中指出："在当今，从教师在'教育体系'中的作用看，教师与研究人员的职责趋向于一致。"因此，科研能力是教师的又一必备素质。所谓科研能力是指在教育教学保育工作的同时，从事与教育、教学及保育相关的课题的实验、研究及创造发明的能力。科研能力对幼儿教师的长远发展提出了跨越式的要求，要求幼儿教师刻苦学习、钻研业务，不断学习新知识，探索教育教学规律，不断跟进教育教学方法，提高教育教学质量和科研水平。教师把幼儿在参加教育活动中发生的各种行为记录下来，通过研究分析，找出干扰幼儿正常活动，致使幼儿发生偏差的因素，并及时对幼儿的偏差行为进行修正，及早阻止和杜绝幼儿的早期不良行为和习惯。

三、蒙台梭利十分重视教师的培训

蒙台梭利认为，教师应该接受专门的训练，熟悉心理学的原理和方法，从精神上做好准备，并掌握教育的方法，熟悉教具的性质和使用，了解怎样观察和指导，成为适宜的环

境的保护人。

蒙台梭利主张3～7岁儿童的教育应以活动为主，而非以灌输知识为主。儿童在教师的指导、关心、鼓励、启发、诱导和帮助下专心致志于自我活动，从活动中获得实际知识和经验，促进身心协调发展。显然，教师作为观察者和指导者的任务与工作，与传统的幼儿学校相比，不是轻了，而是更重了；教师的地位和作用不是降低了，而是提高了。更为重要的是，改变了旧学校教师与儿童之间的关系和课堂气氛，儿童的精神解放了，他们的"内在潜力"得以充分展现和发展。儿童学习到的知识不是少了，而是更多、更活、更全面和更有用，儿童的能力受到了全面的发展。

第三节　蒙台梭利的教学观

蒙台梭利所倡导的教育理念是"教育不是为上学作准备，而是为未来生活作准备"。其教育的核心目的是帮助儿童的生命自然地成长和完善。具体来说就是让儿童获得身体、意志、思想的独立，达到人格、心理、智力、精神的完善。

一、蒙台梭利的教学原则

蒙台梭利认为，在幼儿的教育中，要注意以下两条原则。

(1) 自由的原则。根据蒙台梭利的儿童观，幼儿的内在冲动是通过自由活动表现出来的，他能根据自己的特殊爱好选择物体进行活动。"科学教育学的基本原理将是学生的自由，允许个体的发展和儿童天性的自由表现。"幼儿有充分活动的自由并不意味着他可以为所欲为。蒙台梭利认为，幼儿必须在自由的基础上进行肌肉训练，肌肉训练不仅有助于幼儿的身体发育和健康，而且有助于幼儿动作的灵活、协调和正确，还有助于锻炼幼儿的意志和发展幼儿之间的合作关系。

(2) 工作的原则。蒙台梭利认为，使幼儿身心协调发展的活动就是"工作"。如果儿童能全神贯注地工作，说明这种工作能满足他内在的需要。这个过程就是幼儿生理和心理实体化的过程。这不仅使幼儿得到了心理上的满足，而且也使得他获得了独立的能力。

蒙台梭利教学法有两个要素：一是环境(包括教具与练习)，另一个是准备这个环境的教师。对于教室环境必须具备6个子要素：自由的理念；结构与秩序；真实与自然；美感与气氛；蒙台梭利教具；能使儿童拥有的生命内在发展模式充分地发挥其作用。

在蒙台梭利教育中教师被称为"启导员"，其所做的工作是为儿童准备环境，具体地讲：一是确保儿童有自由活动的机会；二是为儿童提供适合的有秩序的教具；三是为儿童提供帮助，引导教具操作和活动的展开。

二、蒙台梭利的教学内容

蒙台梭利教学法的内容涉及五大领域：

(1) 日常生活训练(包括照顾自己、照顾环境、基本动作、社交行为、教室常规)；

(2) 感觉教育(包括视觉、听觉、触觉、味觉、嗅觉)；

(3) 数学教育(包括数概念建立、数的运算)；

(4) 语言教育(包括书写的准备，字母、笔顺的练习，简单的单词、短语)；

(5) 科学、文化类教育(包括音乐、美术、地理、历史、动植物等知识和能力)。

这些内容是在自由的环境中，以教具、有明确的智力目标活动，以及儿童的兴趣为基础提供并展示给儿童的，不是以强迫灌输让儿童去学习。

三、蒙台梭利的教学环境设置

1. 有准备的环境

有准备的环境是蒙台梭利教育的基本术语之一，也是蒙台梭利教育的核心。

其主要内容如图3-1所示。

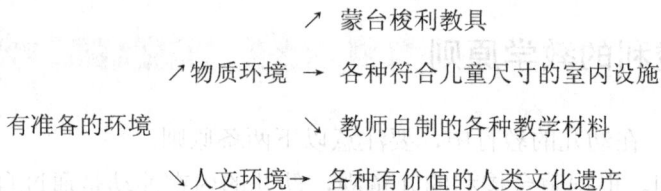

```
                                    ↗ 蒙台梭利教具
                     ↗物质环境 →  各种符合儿童尺寸的室内设施
   有准备的环境                   ↘ 教师自制的各种教学材料
                     ↘人文环境→  各种有价值的人类文化遗产
```

图3-1　有准备的环境

2. 教学环境的设置要求

(1) 环境必须提供符合儿童自由操作的各种活动材料，这些材料是真实、可操作的，并且是符合儿童发展节奏和步调的，随着儿童的发展不断更换的。

(2) 环境必须是有秩序的、舒适的，对儿童有吸引力的，同时也必须是能保护儿童，能体现与成人世界相联系的。

(3) 环境应该是一个特殊的、区别于成人世界的环境，这个环境是可以保护儿童的。蒙台梭利说："这种环境充满着爱的温暖，有着丰富的营养，在这种环境中所有的东西都倾向于欢迎它，而不会对它有伤害。"

(4) 环境应该是可以让儿童自由发展的，在这个环境里应该尽可能减少障碍物，使儿童能在环境中找到发展他自己所必需的工具。

(5) 环境应该是有秩序的，在这样的环境中，儿童能安静而有秩序地生活，减少生命力的浪费，有利于正常的发展。

四、自由和自主的教学方法

蒙台梭利认为"我们必须采用以自由为基础的教育方法去帮助儿童获得自由"。前一个"自由"是指活动的自由。在蒙台梭利看来，只有自由的环境经验才能使人具有发展的可能，因此在蒙台梭利教室里，儿童可以自由选择教具、选择活动，自由决定工作时间，自由进行人际交往，没有人为的比赛和惩罚。后一个"自由"是指独立自主的人格。蒙台梭利认为，儿童天生就能够以直接且积极的方式追求独立，而成长就是向更高层次的独立不断推进，因此"教育介入的首要形式，必须以引导孩子向独立自主的方向发展为目标"。

常规教育伴随着幼儿的幼儿园生活产生。常规教育以鲜为人知的方式默默地异化着幼儿的日常生活，借助各种细微的管理技术完成了对儿童的管理与控制，利用铃鼓、韵律、注视、口令甚至儿歌来完成，使儿童"听话"，蒙台梭利对压抑儿童自由发展、自动发展的教育进行了猛烈的抨击。她认为这种教育缺乏自由，普遍不适合成长中的儿童。在一种不友爱而受压抑的环境里，儿童将变得奴性十足，他们必须一动不动，必须被动地服从教师。他们被禁止相互帮助，承受奖励和惩罚对自己的约束，被迫遵循一个与其发展过程关系甚微的教学计划，在这种环境中禁止自由操练、禁止选择作业、禁止沉思、压抑所有的情感，排除一切可能来自丰富知识的外部刺激。还制定出一整套"威胁、监视、惩罚、命令和禁止"的方法，以压制儿童天生的"顽皮性"。她主张通过自由、作业培养儿童的秩序。

阅读链接   **说蒙台梭利教学法**

对三四岁的孩子来说，理解"1111"这个数字的确比较难，但是当你把由1000颗珠子穿起来的立方体、由100颗珠子穿起来的正方形、由10颗珠子穿起来的一根小棍和单个1颗珠子放在一起时，孩子就能很容易理解"1111"到底代表多少。抽象的数的概念变得形象易懂。比如把10颗珠子一个接一个地摆好，就构成了一根棍；把10个这样的棍排在一起，组成一个正方形，正好有100颗珠子；把10个正方形叠加起来，组成一个立方体，它一共有1000颗珠子……如此，孩子就能轻松地明白乘法的内涵。还可利用它玩加法、减法、除法等游戏。三角形组合板，包括二三十块等边三角形、直角三角形、锐角和钝角三角形，直观地让孩子了解了三角形的种类，并由它们拼出正方形、长方形、平行四边形、梯形、菱形、六边形等形状。此外，还有体积组、活动字母箱、排音字母板、触觉板……总之，任何一套教具，玩法都能变化无穷。在游戏过程中，孩子们饶有兴趣地接纳了枯燥的概念，活学活用。这当然比机械地教孩子学习更能激发他们的兴趣和热情，使之保持旺盛的求知欲。

蒙氏教育在重视早期智力开发的同时，也注重生活能力的培养。开设日常生活课程，使孩子在掌握一些生活技能之外，发现自身的能力和增强自信。它在充分尊重孩子的前提下，将秩序与自由完美结合，孩子可以自己决定玩什么，玩多久。可是，这种自由是有条件的，孩子必须遵循一定程序。蒙氏教育的原则是以孩子为中心，尊重其人格尊严和成长过程，从促进儿童身心发育角度去设计教学，为孩子一生奠定智慧与品格的良好基础，培养自主、持续的学习和工作习惯。

蒙氏倡导"生活即教育"。家长首先要注意规范自己的生活方式和行为准则，因为言传身教的作用，往往胜过对孩子说一千道一万。

蒙台梭利理论的核心是"发现儿童"。作为家长，要在最短的时间内发现自己的孩子，针对他的个性采取相应的手段，营造轻松、活泼、愉快、有趣的家庭环境，帮助他健康地成长。家长要明白，蒙氏教育是培养孩子全面素质的全程教育计划。蒙氏科学幼教虽有丰富的教具，但目的并不是教会孩子如何使用教具，而是借助教具的操作，协助孩子建构完善的人格。

1. 感性第一

父母应尽量给宝宝提供多元感官刺激，有意识地训练宝宝的视觉、听觉、嗅觉、味觉、触觉和语言能力。蒙氏教具中有色板、触觉板、重量板、温觉板、味觉瓶、嗅觉筒、音筒等，在家中我们也能找到与之类似的物品。比如把赤橙黄绿青蓝紫几种不同颜色的纸放在一起教宝宝辨认，进一步找到同一色系几种红、蓝、黄等物品放在一起让宝宝认，帮他把不同的名称和相应的颜色对应起来；给宝宝两个同样的瓶子，一个是空的，一个装少量的水，让他感觉其中细微的差别，懂得轻重的概念；在宝宝面前放冷、温、热三杯水，指导他触摸，感知冷热的不同；酸甜苦辣的东西不妨让宝宝用舌头尖舔一舔……

用身边的事物教孩子学习分类、配对、排序。比如把几种形状不同的小塑料瓶混在一起，由宝宝按照相同形状、大小、高矮、粗细、颜色给它们分类；由高及矮或由粗到细排列；买两套完全相同的卡片，教宝宝学着配对。如果还想简单，可以把水果、蔬菜像苹果、梨、橘子、香蕉、西红柿、扁豆、黄瓜放在一起和宝宝做上述训练，也能收到同样的效果。当然，最好一次只做一种训练，待孩子完全掌握后再做另外一种。

2. 自己动手

蒙台梭利教育强调让孩子动手，满足其好奇心。我们都有这样的体会：一件事听过之后，没过多久就忘了；如果是看到的，便容易记住；如果再亲自做一下，就更容易理解了。对幼儿来说，亲自"做"的效果远远胜过对他说什么、让他听什么。

在孩子对某种东西最感兴趣的时候，给他创造"玩"的条件，并给予正确的指导，收获是巨大的。在日常训练中，父母可以为孩子设计多种活动，比如洗碗、洗手帕、择青菜、刷鞋、擦桌子等。这些对年幼的孩子来说，有着强烈的吸引力，因为它们让孩子有机会模仿大人。再如玩水游戏，可以把没用的小瓶子、罐子、碗、勺等给孩子当工具，由他们自由地倒来倒去，空瓶子浮在水面，装了水的沉到下面，在反反复复中，孩子的手眼协调能力得到发展。当小孩聚精会神地从事某种工作，可慢慢增强他的注意力。当孩子井然有序地遵照活动的程序进行时，他能学到对细节的注意力。最后，在他要开始另一个活动之前，父母引导他结束上一个工作，由此，他会养成良好的习惯。

动手的过程锻炼了动脑，同时能发展手眼脑的综合协调能力。市场上的玩具数不胜数，与其一样一样买回家，不如父母和孩子一起动手制作玩具，既经济又能激发孩子的思维能力、想象力和手的活动能力。前面提到的蒙氏三角形组合板，就可以用硬纸板做成，然后再用彩笔涂上不同的颜色；可以自制实物卡片，父母在不同颜色的纸上画出小汽车、书包、杯子、小房子、袜子、梳子、球等物品的形状，教孩子小心地剪好，随后在上面写上中文、汉语拼音和英语单词，有形、有文的卡片就做好了；还可和孩子一起做布娃娃、给娃娃缝衣服……在享受"过程"的乐趣中，加深了孩子的印象。

3. 给宝宝自由

在家里，父母给宝宝营造一个温馨、宽松的环境。玩具尽量放在低处，让孩子随手就能拿到，可随意取舍；图画、挂图等给孩子看的东西，挂在孩子视线所及处。尊重孩子，不轻易打断孩子的话，即使孩子说得慢或出错，也耐心听完，然后用正确的语言复述示范。和宝宝交谈时，最好坐下或蹲下，与孩子的高度相仿，使他感到父母和自己是平等的。孩子学习过程中出错时，家长尽量创造机会让孩子自己纠错，而不是急于指出孩子的错误。尽量少说"你错了"或"你做得不对"。给孩子相对独立的空间，让他们自己投入地玩……

父母还应引导孩子多交朋友、创造条件请小朋友到家里来或带孩子到别人家去，在与人交往中培育孩子的合作精神。这比单纯的智力开发更能使孩子受用终生。

(资料来源：育儿网)

五、蒙台梭利教学理念的特点

1. 以儿童为主

反对以成人为本位的教学观点，视儿童为有别于成人的独立个体，为孩子打造一个以他们为中心，让他们可以独立"做自己"的"儿童世界"。

2. 提供充分的教具

孩子是靠感官来学习的，早教中心提供给孩子的良好刺激愈多就愈能激发其内在潜能。蒙台梭利教室为孩子提供了丰富的教材教具(包括自然的、人文的……)，以诱发孩子自我学习的乐趣。

3. 不"教"的教育

反对传统以教师为中心的填鸭式教育，主张提供良好的学习环境，丰富多彩的教具，从日常生活训练着手，让儿童主动去接触、学习、研究，形成智慧。

4. 把握敏感期的学习

0～6岁的儿童，在不同的成长阶段，会出现对不同事物的偏好倾向，也就是所谓的"儿童敏感期"。蒙台梭利幼教法强调掌握儿童的"敏感期"，顺应儿童的敏感期学习，同时给予孩子恰当的引导，就会获得最大的学习效果。她说："正是这种敏感期，使儿童用一种特有的强烈程度去接触外部世界。在这时期，他们对每样事情都易学会，对一切充满了活力和激情。"而人的智力发展正是建立在幼儿敏感期所打下的基础上的。

5. 教师居于协助引导的地位

教师必须放弃传统的自以为是的教育方式，而是以蒙氏教师为"启导员"的角色，了解和认识孩子的深刻的心灵世界，从旁适时地给予儿童协助与引导，让儿童成为教育的主体，使他们开动脑筋、挖掘潜力。

6. 完全人格的培养

蒙氏科学幼教的最大目的就是协助孩子正常化。通过环境的设计、教具的操作，使孩子一步步建构完善的人格。

总之，工作对于幼儿来说是极有帮助的，有助于协调和控制他的肌肉，能使他发现自己的潜力，有助于培养他的独立性和意志力，能使他在生命力不断展现的神秘世界中练习自我并进一步完善自我。

第四章
蒙氏教育的教育内容及教具分类

【蒙氏格言】

1. 教育体系是以感官为基础，以思考为过程，以自由为目的的。
2. 儿童对活动的需要几乎比食物的需要更为强烈。

第一节 蒙台梭利教育的目标

蒙台梭利教育法之所以能够在全世界产生重要影响，被各国的学前教育界所推崇，关键在于她在总结卢梭、裴斯泰洛齐、福禄贝尔等人的自然主义教育思想的基础上，形成了自己革命性的儿童观念，她利用第一手观察资料和"儿童之家"的实验，提出了一系列有关儿童发展的规律，在此基础上，构建起了其独特的幼儿教育目标体系。蒙台梭利对幼儿教育目的、教育哲学和儿童观的阐述是我们在实施蒙台梭利教育时必须遵守的原则。

蒙台梭利认为幼儿教育的目标不应该是以预先设计、选择好的课业学习来填塞孩子，而应该是激发每个幼儿学习的内驱力，希望儿童在有准备的环境中，通过自由操作教具，锻炼手部精细动作和大肌肉动作，为幼儿更好地适应未来生活积累最直接的经验。

蒙台梭利的教育目标为：运用科学的方法，创设适宜的环境，激发儿童的"内在潜力"，使之获得自由的展现和自然的发展，培养其成为具有"独立、自主"精神和善于工作的人。

从蒙台梭利对一些问题的解释中，可以看出她所做的一切都有自己的理由、意图和目的。她的教育目的具体包括如下几个层次的目标。

(1) 蒙台梭利教育将培养独立、自主、有责任感、懂得关怀别人并有学习能力的孩子视为终极目标。蒙台梭利多次强调儿童通过手脑的动作练习，不仅获得知识、技能，更要促进其独立性、自律、责任感、注意力、意志、自尊心以及道德行为……塑造儿童的整个个性，达到全面发展。蒙氏教育要紧密配合儿童当时的水平和年龄特点，使他们在现阶段得到全面发展，并帮助他们在现有的基础上不断向前发展。

(2) 蒙台梭利教育把培养幼儿的完全人格作为一个重要目标。据此，蒙台梭利提出幼教的最大目的不是让孩子为将来学习做准备，而是协助孩子获得自然的正常化的生活。正如蒙台梭利所言："即便是对那些非常幼小孩子的教育，我们的目的不应是为他们上学准备，而是为了他们的生活。"她说："儿童的工作是创造他将来要成为的人。""形成个人是为了建立一个健康的社会。"蒙氏学校日常生活的内容必须反映儿童所在的社会的文化背景，包括生活秩序、习惯、行为规范、道德风尚、人与人的关系等。蒙氏教育要立足现在，考虑到未来。她说："假如儿童时期各种积极的品质得以发展，将来在成人社会中的邪恶会得到控制。反之，假如在儿童时期没有学会控制自己的行为和意志，没有形成健全的人格，成人后总要依赖别人的支持和引导，就不能成为独立的人。儿童如果常常情绪低落，缺乏自信，将来遇事很容易气馁，屈服，缺乏(正义的)反抗。如果儿童在家庭和学校里总是顺从(没有理由的或不公平的服从)就会使他成人后屈服于命运。如果儿童在小的时候就有解决问题的能力和自信，在他一生中都可以不断发展和更新他们的认识。"

(3) 蒙台梭利强调幼儿教育的实施必须要赋予孩子足够的尊严感。蒙台梭利教育法主张摒除奖惩制度，采取尊重孩子的方式，培养孩子正在萌芽的尊严感。蒙台梭利坚信，任何人都不应该由他人来对其进行教育，而应该是由自己教育自己，否则的话，教育是不可能完成的。因为，真正意义上的教育不仅仅指他在课堂上所用去的几个小时、几年中所获得的东西，更重要的是一个人本能的好奇心及其对知识的渴求，从内心驱使、激发他不断地教育自己，并在这个过程中获得足够的自信和尊严感。

(4) 蒙台梭利教育尤其关注孩子内在心智的成长。蒙氏教育强调采取尊重孩子内在需求的方式，让孩子适时、适性地成长，短期内不易察觉成果，但却会在某一时间点以爆发的力量彰显出孩子内在心智的成长。蒙台梭利教育非常尊重儿童发展的自然法则，强调儿童的敏感期和吸收性心智等问题，要求成人为儿童创设"有准备的环境"，让儿童在一个高度自由、和谐的环境中，心智与体能都得到充分发展。

(5) 蒙台梭利教育主张尊重孩子的成长步调。蒙氏教育强调不要设置课程表和上下课时间，以使孩子能够专注地发展内在的需要。蒙氏教育的目的不仅为幼儿当前的学习和发展，并要为下一阶段学习的需要做准备。即为小学时期用语言、文字、数学等抽象的学习方式做准备。例如，很多蒙氏教具都是以10为单位的，手的抓握姿势、动作的方式方法、逻辑顺序等是为书写和认字做准备；计算教具的练习是为小学的数学教学做准备。强调培养幼儿的学习兴趣、注意力、坚持性、自学能力、探索的头脑……都是在小学学习所需要的。

(6) 蒙台梭利教育的核心目标是希望儿童在有准备的环境中，通过自由操作教具，锻炼手部精细动作和大肌肉动作，为幼儿更好地适应未来生活积累最直接的经验。蒙台梭利教育提出顺着孩子敏感期学习的特征，使其得到最大的学习效果。因此，她根据幼儿各阶段生理、心理发展规律，精心设计了一整套教具，孩子在教具操作过程中"玩"的同时，不仅能获得丰富的知识，开发内在潜能，还培养了孩子有步骤、有次序的思想及做事方法。

蒙台梭利特别强调教育的整体性。认为每个阶段的教育目的和方法都是整体的一部分。任何阶段的成功和错误都会影响到孩子以后的发展阶段。

第二节　蒙台梭利教育的内容及教具分类

蒙台梭利教育内容涵盖的领域较广，她认为要做健全人格的人，仅有广博的知识是不够的，还要通过自发性的学习，学会正确处理生活事务，正确认识自己和他人，懂得如何适应社会。蒙台梭利将其教育的内容大概分为以下几大领域，并设置了相应的教具用以训练儿童获得相应的技能。

一、蒙台梭利教育的内容

蒙台梭利教育包含感官教育、数学教育、语言教育、日常生活教育和科学文化教育五大领域的内容。教师通过创设环境，提供蒙台梭利教具，采用独立观察和引导等方法来对儿童实施教育。

(一) 感官教育

感官教育的意义在于促进各种感觉器官机能的感觉敏锐性，儿童通过与环境的互动，用自己的感觉从中摄取对自己的发展有价值的事物。儿童与外界事物相互作用的过程，感官得以训练，从而养成好的观察、思考的习惯，为儿童良好人格的形成奠定基础。人类和外界的沟通联系需要通过感官这个桥梁，它对人类的感知和判断力有重要的影响，也是人类一切活动的基础。因此，感官教育对儿童心智发展产生不容忽视的作用，也是蒙台梭利教育内容中不可缺少的并且也是最有特色的部分。

蒙台梭利的感官教育包括视觉、触觉、听觉、嗅觉和味觉等感官的训练。蒙台梭利旨在通过视、听、触、味、嗅等感官的练习，增进儿童的经验，让儿童在考察、辨别、比较和判断的过程中扩大认知范围，为智力的进一步发展提供坚实的基础。为此，蒙台梭利设计了16套感知觉教具，每套教具突出一个具体的概念或感觉。

(1) 视觉练习的教具有各种几何图形板、几何体、颜色板、圆柱体组、粉红塔、长棒等，儿童可以进行识别物体量度、形状和颜色的练习。视觉训练帮助幼儿提高视知觉能力，鉴别大小、高低、粗细、长短、形状、颜色及不同的几何形体。

(2) 听觉练习的教具有发音盒、音感钟等，儿童可以进行辨别音高、音响和音色的练习。听觉训练帮助幼儿区分声音的差别，使他们在听声的训练中不仅能够分辨音色、音高，还能培养初步的审美和鉴赏能力。

(3) 触觉练习的教具有立体几何体、触觉板、温度筒、重量板、布盒等，儿童可以进行辨别物体光滑程度、辨别物体冷热程度、辨别物体轻重程度以及辨别物体大小、长短、厚薄和形体的练习等。

(4) 味觉练习的教具有味觉瓶、嗅觉瓶，主要用于识别不同味道的练习。

(5) 嗅觉练习的教具有嗅觉筒，主要用于提高嗅觉灵敏度的练习。

这些练习都遵循了从简单到复杂，从具体的经验到相对抽象的意识的发展顺序。通过训练幼儿的观察能力、分类能力，以及注意力的培养，蒙台梭利希望使幼儿成为更加敏锐的观察者，促进和发展他们一般感受的能力，并且使他们的各种感受处于更令人满意的准备状态，以完成诸如阅读、书写等复杂的动作，也为将来进行数学的学习打下基础。

(二) 数学教育

蒙台梭利数学教育的内容和方法是提供给幼儿如何学数、练习思考、归纳结果的极佳途径。蒙台梭利为了构建幼儿数学教育的秩序与精确性,她将数学思考模式的内容分为:数学前准备、1~10的认识、十进制的计算与记忆、连续数、四则运算、分数。

蒙台梭利主张数学教育应从感官教育训练着手,养成观察、分析的能力以及专心和秩序的习性后,再借着数学教具和教学活动并运用GPS(序列、配对、分类)的教学方法,循序渐进地将抽象的符号,通过教具重复操作,让幼儿获得数和量的概念,再进入四则运算中,培养其逻辑思维的意识。

在算术教学方面,除了运用感知觉教育的教具外,蒙台梭利还设计了一套算术教学的教具,用于儿童的算术练习。例如,儿童可以通过运用金色串珠、数字卡片等来认识十进位的基本结构。

蒙台梭利数学教育从连续量的认识开始,然后才进行分离量的认识。蒙氏数学教育的内容有所扩展,涉及0的概念,进位系统练习。借助砂数字板、纺锤棒与箱、零的游戏等让幼儿充分了解1~10或0~10的数量、数字与数词三者之间的关系;借助赛根板、100板、100和1000串珠链等让幼儿认识连续的数;借助乘除板进行100以内的乘除计算;借助加龙减龙游戏进行连加、连减及加减混合运算;借助金色串珠系统和邮票系统进行万以内加减乘除及进位、退位练习,引入了分数、平方、立方的概念等。

(三) 语言教育

语言教育的主要内容包括:听觉练习、口语练习、视觉练习、语音练习、文字与阅读。蒙台梭利认为,语言的学习应顺应自然发展的原则,孩子在语言交往的过程中就能自然地习得母语。蒙台梭利语言教育主要通过创设某些适宜的语言环境来逐步培养幼儿听、说、读、写的能力和习惯,而不是简单的识字课程。通过安静游戏、猜猜我是谁、指令接龙、声音与图片的配对等活动来练习听觉;通过练习发音、朗读古诗、看图说话、续编故事等练习口语;通过描摹砂字母板、打洞粘贴字母、描摹姓名、记录菜单等练习书写;通过阅读与绘画、名称三步卡的配对、组字练习、圈字活动等练习阅读。

(四) 日常生活教育

日常生活教育是蒙台梭利教育中的重要内容,其目的是让儿童在参与生活实践的过程中,通过日常生活的体验获得一些生活技能,开始学习把注意力集中在一项活动中,学习按照顺序来做每一件事情,通过自我指导来获得独立性。

所谓日常生活教育或日常生活练习以实际生活活动为内容。儿童在日常生活练习中从事一些家务活和其他一些适合于儿童身体的事情,参与周围的文化生活,从而巩固儿童从家庭到教室的过渡。例如,与伙伴交往、待人接物等日常礼仪教育(像如何打喷嚏、递交物品、道歉、怎样倾听他人谈话、怎样使用礼貌用语、如何观看他人工作、如何参与他人的工作、如何打断他人的工作、敲门的方法、开关门等)。

"孩子的智慧在手指尖"，通过基本动作训练，如抓、舀、捏、剪、夹、倒、转等小肌肉练习，在照顾自己、照顾环境、照顾他人中掌握一些生活技能，从中智力也得到发展。蒙台梭利说："日常生活的练习是最有效的体操，日常生活的环境足以使各种运动更加熟练。若能以智慧活动、运动肌肉活动做好日常生活中的每一个动作，即使只是进行日常生活的活动，也能达到体操的效果。卷地毯、刷鞋子、洗盆刷碗、铺床叠被、准备饮食、开关抽屉及门窗、清扫卫生、排列椅子、收窗帘、摆放家具……通过力所能及的工作而活动手臂、强筋健骨。"这些日常练习不只是单纯的运动，还是每个人在成年之后必须从事的工作或劳动。孩子发现成人能做的事自己也能做，从中发现了自己的能力和潜力，对自己充满信心，能逐步形成独立性、专注力、动作协调、秩序感，增强独立生活能力，成为生活的小主人。

日常生活教育可以概括为如下几方面的内容。

(1) 照顾人。包括儿童的自我服务即照顾自己和照顾他人。

(2) 照顾环境。即让儿童学会照顾身边的生活环境，主要包括家务应用练习和照顾动植物。

(3) 社会关系练习。主要是让儿童学习如何待人接物，如何做到礼貌和优雅。

(4) 分解和控制动作。蒙台梭利认为，手是儿童最主要的老师，儿童可以借助双手去进行经验学习，把潜意识的学习转化为有意识的吸收学习，这样不仅能使孩子的心智显现出来，更能使孩子的生命和环境进入新的关系。为此，她将分解和控制动作练习看作有助于儿童的发育和健康，有助于儿童动作的灵活和协调，也有助于儿童锻炼意志和养成合作精神的活动。同时，她还设计了专门的器具，如攀登架、绳梯、跳板、摇椅等，来对儿童进行肌肉练习；设计了有音乐伴奏的走步、跑步和跳跃练习以及徒手操，来锻炼儿童的肌肉力量，发展儿童的节奏感。此外，蒙台梭利还通过儿童的自由游戏，让儿童在玩球、铁环、棍棒、手推车等过程中得到肌肉的锻炼。

(五) 科学文化教育

蒙台梭利科学文化教育遵循从笼统到具体的原则，在教育内容上从宇宙万物开始。即进入蒙台梭利科学文化教育，首先要做的是让孩子了解我们周围的一切，包括我们自己都处于宇宙之中，茫茫宇宙，浩瀚无垠。也就是说这所有的一切都属于科学文化教育的内容。具体可分为：动物、植物、地理、历史、天文、地质、自然现象及科学实验等。每一个类别在教学中也都要从大的概念开始逐步细化。如对植物的认识，就要从认识整株植物开始，了解一株完整的植物各个部分的名称：根、茎(干、枝)、叶、花、果实等，然后进入植物细部的介绍。通过蒙台梭利博士精心设计的半抽象的嵌板及图像卡片，了解相应事物各部分的名称及结构等。如认识花。首先要在班级或园内养花，并让孩子参与管理，让孩子在自然的状态下获得相关的经验，然后再引导孩子有意识地观察花，描述花的特征，之后再运用花的嵌板，学习花各个部分的名称——花萼、花冠、花蕊(雄蕊、雌蕊)，接下来还有蒙台梭利博士专门设计的三段卡可以引导孩子自己巩固复习。

动物教育包括脊椎动物和无脊椎动物及其相关内容。在脊椎动物里孩子要接触鱼类、鸟类、哺乳类、爬行类和两栖类。

地理包括自然地理：天空、陆地、海洋、自然形成的地形地貌等。人文地理：七大洲、四大洋及每个洲中各个国家的名称、首都、国旗、著名建筑、风土人情、民俗习惯等。

天文包括太阳系的介绍、八大行星的认识、月相、星座及日食、月食、流星雨等天文现象和人类的宇宙探索等。

蒙台梭利试图通过对幼儿的科学文化教育培养幼儿爱科学的情感，同时培养幼儿的好奇心、求知欲以及学习民族文化，形成民族自豪感。

二、蒙台梭利教具的分类

(一) 蒙台梭利教具设计的基本原理[①]

1. "孤立化"原理

孤立化原理简单来说是指局部从整体当中分离出来。但是，二者之间紧密相连，"整体"是由各部分组成的。倘若"整体"得以发展了，构成"整体"的"部分"也会同时发展。

蒙台梭利从"部分"角度出发，把教育内容划分为五类，将它们从整个体系中分离出来，这样有助于各领域的重点能够得到最好状态的发展。把这五部分综合的时候，就能够起到全面发展的作用，促使儿童的身心全面发展。

蒙台梭利主要是从感觉刺激、单一对象、任务难度、概念定义、环境因素这五方面着手对孤立化原理进行阐述。[②]

首先，感觉教育又可划分为触觉、听觉、视觉、嗅觉、味觉这五个方面，在进行感官练习的时候，要对每种感官进行单独训练，才能真正促进各感官的敏锐性。例如，对触觉感官的训练，可以把其他的感官进行隔离，再用教具进行相应的刺激，有针对性地促进相应感官的敏锐性以及灵活性。

其次，儿童在幼儿时期各方面的机能发展还不完善，只能适应简单的刺激。这就使得教育者在对儿童进行教育的时候，需要把儿童的刺激对象孤立开来，使其逐一接受刺激。感官教具的设计主要针对儿童的某个感官中的某种机能进行训练，促使儿童的注意力能够全部放在教育和训练的某个点上。蒙台梭利教具有个显著的特征是通过某个感觉点来吸引幼儿的注意。针对一种感知能力进行训练，通过排除干扰，能够使幼儿得到清晰明确的感觉，提高和完善幼儿各方面的能力。每套教具都是唯一的，如一套色板和触觉板等。

再次，困难度孤立化原理是指在教学过程中，老师需要按照由易到难的工作安排给不同的儿童，一种教具只能发展儿童某种方面的具体能力，而不是多个方面的多种多样的能

① 官晓清. 蒙台梭利教具及其使用方法研究[D]. 福建师范大学教育学硕士学位论文，2013.

② 张红兵. 蒙台梭利教育理论概述[M]. 北京：北京理工大学出版社，2007.

力，以保证儿童某个方面的一种具体能力得到充分有效的发展。教育者需要将高难度的工作分为几个部分，由易到难，逐一递进，才能提高儿童的积极性。

同时，概念孤立化是指儿童思维的发展仍处于单线性，抽象思维发展还不完善，不能进行复杂的思维活动并阐述出来。所以，在教学过程中，采用三阶段法让每个孩子知道每一种事物的正确名称并将事物的正确名称作为单独的概念孤立地强化。

最后，环境的孤立化是指将孩子从嘈杂的环境中孤立出来，使得儿童能够集中而专注地把注意力转移到正从事的活动中。当一个儿童在全身心地"工作"的时候，要保持安静，不要去打扰他，让他尽可能地沉浸在"工作"的喜悦中，这样也有助于自律的形成。

2. "自我纠正"原理

蒙台梭利认为儿童可以凭借自己内心的发展进行自我教育并达到自然发展的目的，所以她所设计的教具本身蕴涵"自我纠正"的功能。蒙台梭利指出在教具创设时，需要考虑如何把该原理跟教具相融合，儿童在工作的时候可以自己把握进度以及调整步骤，根据所出现的情况及时做出调整，最终使活动顺利进行。儿童通过对蒙台梭利教具的操作，可以达到自我教育的目的，她曾说"这套教具的教育意义正是在于错误的发现和纠正，这种自我改正引导孩子把注意力集中在一个刺激上"。[①]每一种教具所具有的功能是能够提醒儿童在活动过程中的正确与否，从而使儿童根据教具的提示和指引就可以得到应有的学习和发展。

通过教具的自我纠正功能，儿童无须老师的指导，只需要通过细心地观察、对比分析、改变思路，就能改正错误。蒙台梭利教具的自我纠正功能能够培养儿童独立思考的能力，同时可以帮助儿童从成人的庇护中解放出来。例如，插座圆柱体组是由依次递减的10个洞穴以及刚好插入的10个相对应的圆柱体组成的，它们一一配套，不能有错，若是操作错误就会剩下一个圆柱和一个洞穴。粉红塔、棕色梯、长棒等其他教具也是如此，若操作有误儿童即可知道错误的地方。通过直接感知到现象就可以提示幼儿操作方法有误，教具的这种特性帮助幼儿达成自我教育的最有效方法。

儿童自主地选择教具，在自主学习的过程中，因儿童感觉不敏锐或是判断失误等原因而出现操作不当的现象是极其正常的。蒙台梭利教具的这个功能，可以让儿童在操作的过程中，及时发现和纠正错误，同时，让他们学会判断、学会操作以及合理地利用教具。在儿童与材料对话的过程中，可以提高他们自学的能力以及精确的辨别能力，克服困难的勇气以及提升信心。儿童可以充分地利用蒙台梭利教具的"自我纠正"原理，通过自身的摸索、实践，及时调整自己的进度，进而摆脱对教师的依赖。最终，儿童自己就可以通过跟教具的交流，及时调整自己的方法，培养儿童缜密的思维能力。

3. "趣味性"原理

教具本身要符合儿童内心发展的需求，要充分考虑到儿童的兴趣问题。教育者在创设教具的时候需要考虑这一条件，尽量去寻找儿童的兴趣点。例如，在教具的颜色、形状等方面多下功夫，创设出来的教具能够在第一时间吸引儿童的眼球。儿童在0～6岁的

---

① 任代文. 蒙台梭利幼儿教育科学方法[M]. 北京：人民教育出版社，2001.

时候具有很强烈的吸收性心智，所以教具设计成功的首要标准就是要引起幼儿的关注。蒙台梭利的教具颜色明亮，色泽朴实干净，能使幼儿注意力集中于教具本身。例如，儿童在工作的时候，教具颜色应该呈现一致性，让儿童一眼看出这是同一组教具。

同时，无论是水平还是竖直摆放，都能够呈现出一个漂亮的造型。孩子们能够乐此不疲地做着这项彩色圆柱体的工作，恰是被漂亮的圆柱形塔，或者是其他的圆柱摆成变化多姿的形状所吸引。蒙台梭利的教具都有吸引幼儿的地方，无论是色板的颜色、瓶中的气味以及重量板等，都能从不同的感官对儿童进行刺激，有助于吸引儿童的注意力。所以，教具本身对幼儿是否具有吸引力是自制教具时需要考虑的重要因素，往往是那些色彩艳丽、立体有声的教具才能够吸引孩子的目光。

蒙台梭利的教具不仅外观美丽有趣，而且能够满足儿童内在的需求。这样有助于儿童自愿地去操作一项教具，并且将较长的注意力保持在工作上。例如，根据自己内在的需求，儿童在摆放插座的过程中，通过来回放置圆柱体，不断地体验秩序感和成功感。这是儿童内在所追求的东西，追求成功成为他们不断尝试的动力。

4."科学性"原理

蒙台梭利每套教具以及使用方法都需要考虑儿童心理发展的规律、儿童心理发展特点及年龄的特点等因素而进行设计的。蒙台梭利一直坚信教育要让儿童身心全面地发展，要求对儿童心理发展的规律要有个全面的了解。蒙台梭利的教具和其使用的方法具有层次性，操作过程从易到难，从而适合各年龄段的儿童。文化、感官、数学等教具的操作方法根据儿童在不同时期以配对、分类、排序为导向。

蒙台梭利在设计教具的时候，儿童心理发展的自然程序表是她考虑的重要因素。蒙台梭利认为对于教具的使用也要符合自然发展顺序中各年龄阶段的儿童，这样才能真正促进各年龄段儿童的健康发展。

蒙台梭利教具具有很强的操作性，其大小、质量以及形状都符合孩子的体型以及操作，并且可以吸引孩子进行探究和操作。每套教具的设计制作需要考虑孩子的能力，其形状、规格都须适合孩子内在的需要，易于孩子进行操作，为幼儿减少更多的阻碍。因此，我们在制作蒙氏延伸教具时，必须考虑是否适合孩子操作，太大、太重、超出幼儿能力范围的教具即使教育功能再强，我们也要坚决杜绝或改进后再使用。[1]某种或者某类蒙台梭利教具，本身具有一定的操作顺序和规律，在使用的时候须严格遵循，才能真正培养孩子的内在纪律。

5."社会性"原理

蒙台梭利教具要教会给儿童一些生活能力和技能，目的是把儿童培养成一个能够适应社会生活的人。这种准备练习所依赖的教具创设灵感来源于儿童实际生活经验中的常见的事物。蒙台梭利各领域教具在创设的过程中，把帮助儿童适应社会作为最终目的对教具进行设计。

例如，日常生活训练贯穿蒙台梭利课程设置的始终。日常生活训练主要针对儿童自身

---

① 石凤丽.把握蒙氏教具精髓——自制蒙氏延伸教具[J].魅力中国，2010.

言行加以练习，教导儿童为人处事态度。日常生活中的教育包括剪指甲、穿衣服、洗澡等很多生活方面的小细节，与他人接触的方法、感谢和道歉、餐桌礼仪、照顾小动物、植物的栽培等的训练都是为了幼儿更好地适应环境，奠定他们独立生活的基础，为他们未来生活做准备。

(二) 蒙台梭利教具的特色

(1) 蒙氏教具不选用五彩杂陈的颜色，以朴实、干净的色调为主。因为它具有教育意义，所以通常用单色调，凸显真正的教育目标，也就是具有孤立的特性。例如：粉红塔的十块木头全部都是粉红色。

(2) 由于教具的最重要目标是为符合儿童的内在需要，所以在大小、尺寸上，只以儿童的能力为考虑范围。例如：粉红塔最大的一块，孩子也可以搬得动。

(3) 每项教具都有能够吸引小孩子的因素，例如粉红塔木头的重量、颜色，摇豆子时豆子沙沙的声音。

(4) 教具的设计，以适合一个人操作为主要考虑目标。

(5) 每项教具的单独和联合使用，都有其步骤和顺序才能完成。而且不管在设计上或者在使用方法上，都是由简单到复杂，其主要目的是培养孩子的秩序感，并间接地培养其"内在纪律"。

(6) 每样教具都具有直接与间接的教育目的。

(7) 在设计上，具有控制错误的特性，可以使小朋友自行发现错误并改正，例如：粉红塔有十块，最小的一块是棱长一厘米的正立方体，最大的一块为棱长10厘米的正立方体，所以最大块与次大块棱长刚好差一厘米。在堆完塔后小朋友可以拿起最小的那块，量一量各块棱长之间的差距，他会发现恰好都是一厘米。

(8) 在游戏过程中培养孩子的逻辑思维和推理能力。

(三) 蒙台梭利教具的功能与类别

1. 感官教育的教具
1) 感官教具的主要功能

感官教育教具在蒙氏教育中占有突出地位。蒙台梭利经过多年的观察研究发现，儿童从出生到5岁是感觉敏感期。在2～2.5岁达到高峰，3～7岁是感官发展最快的时期。儿童通过直接接触周围世界，利用感觉收集外界的各种刺激，获得经验，经过一段时间的积累才能概括和思维，也就是我们平常说的有直觉思维、行动思维，接着才有形象思维，最后达到抽象思维和逻辑思维。这种思维形式从低级到高级，离不开感官教育。蒙台梭利主张，在孩子的这一年龄阶段，正确地使用感官教育教具来训练孩子，能达到以下四方面的目的。

(1) 以感官教具来刺激儿童感官发展，奠定儿童早期智力发展的基础。

(2) 通过感官教具训练，让儿童操作并使用感官教具，发展儿童的观察力、理解力、注意力和抑制力。

(3) 通过感官教具的刺激，使儿童形成秩序感，培养儿童的认知能力。

(4) 通过感官教具进行工作，激发儿童的学习和探索欲望，并能在这一过程中培养儿童参与的主动性和积极性。

2) 感官教具的分类

感官教具的内容是由五种感觉训练组成的[①]，并且对各种感官进行分离训练，详细内容如表4-1所示。蒙台梭利的感官教具的数量有很多，除了蒙台梭利本人设计的经典教具外，后来随着蒙台梭利教育的不断发展，各国研究人员在发展中又不断地补充了很多教具，生活中的感官教育更是丰富，在这里只对传统常见的教具进行介绍。

表4-1　蒙台梭利感官教育的主要内容及功能

感官教育的五大领域	功能
视觉教育	对幼儿视觉的训练，提高幼儿视觉的敏锐性
触觉教育	通过接触物体表面的感觉训练，训练幼儿的触觉敏锐度
听觉教育	通过声音的强弱程度，对耳朵进行训练，提高听觉的敏锐性
嗅觉教育	锻炼鼻子对各种气体的敏感性
味觉教育	有助于提高舌头对味觉的敏感性和灵活性

依据蒙台梭利感官教育的主要内容及功能划分，我们将感官教育的教具分为五大类，即视觉教具、触觉教具、听觉教具、嗅觉教具和味觉教具。

(1) 视觉教具。蒙台梭利指出，通过视觉教具的练习，能够使儿童掌握物体的形状、面积、体积等信息。视觉教具主要包括：插座圆柱体(高低粗细大小的比较组合)、粉红塔(认识大小等差)、棕色梯(认识宽窄)、长棒(认识长短、数量的等差)、彩色圆柱体(颜色识别、高低粗细组合)、色板(颜色的种类、色调的明暗度、颜色搭配)、几何图形相嵌板(三角形的种类、组合)、构成三角形(三角形的种类、组合)、几何立体组及几何嵌板等。视觉教育的主要教具如表4-2所示。

表4-2　视觉教育的主要教具

教具名称	教育目的
粉红塔	认识大小
棕色梯	认识粗细
长棒	认识长短
带插座的圆柱体组	高矮、大小、粗细的综合认识
彩色圆柱体组	高矮、大小、粗细以及颜色的综合认识
几何拼图橱	各种平面几何图形
几何学立体组	各种几何立体图形
三角形盒/构成三角形	各种三角形的组合与分解
二倍数、二项式、三项式	颜色与大小的综合认识

(2) 触觉教具。触觉教具主要包括：触觉板(体验物体表面的粗糙与光滑)、温觉板(触

---

① 张红兵，等.感觉教育理论与实践[M].北京：北京理工大学出版社，2007.

模温度的感觉)、重量板(大小相同及不同、掂重量)以及触觉布(棉布、麻砂布、毛料)等。儿童可以进行辨别物体光滑程度、冷热程度、轻重程度以及大小、长短、厚薄和形体的练习。触觉教育的主要教具如表4-3所示。

表4-3　触觉教育的主要教具

教具名称	教育目的
触觉板	体会物体表面的粗糙与光滑
温觉板	体会物体表面的冷和热
重量板	体会物体的轻与重
布盒	体会不同布料的手感，了解布料的名称

(3) 听觉教具。听觉教具主要包括：发音筒(训练听力强弱)、音感钟(韵律和节奏的训练)、弦乐器(管乐器、键盘乐器、打击乐器)等。儿童可以进行辨别音高、音响和音色的练习。

(4) 味觉教具。味觉教育的主要教具是味觉瓶，让儿童感受酸、甜、苦、辣、咸。

(5) 嗅觉教具。嗅觉教育的主要教具是嗅觉筒，材料是生活中有味道的食品、香油、醋等。

3) 几种典型的感官教育教具介绍

在感官教育的过程中，蒙台梭利设计了20套感知觉教具，每套教具突出一个具体的概念或感觉。因此，蒙台梭利感官教具主要有20多种，本节内容只介绍最基本的几种教具。

(1) 插座圆柱体组。插座圆柱体组有4组，每组都有一定的规律，呈现从小到大依次递增的顺序。插座圆柱体组的主要教育目的是要训练孩子对物体大小、形状的区分能力。培养儿童细心观察事物的能力，使他们对事物之间存在的规律有一定的认识。

(2) 棕色梯。棕色梯由宽度依次递减的10个长方体构成。棕色梯的主要教育目的是培养儿童对物体形状的基本了解，让儿童注意到物体大小的变化。同时，培养儿童动手操作的能力，促进儿童思维的发展。

(3) 粉红塔。粉红塔主要是由10个粉色立方体，按照棱长逐一递减。粉红塔的主要教育目的是要培养儿童手指的灵活性。让儿童学习立方体的概念，以培养儿童的动脑能力。

(4) 色板。色板是由11对相应的颜色组成的。色板的主要教育目的是培养孩子对各种色彩的认识，培养孩子对色彩的敏锐性，培养儿童的艺术感。通过让儿童观察各颜色之间的差别有助于儿童观察力的培养。

4) 感官教具的主要要素

感官教具的主要要素如表4-4所示。

表4-4　感官教具的主要要素

感官教具	要素	感官教具	要素
插座圆柱体组	P G S	构成三角形	PS
粉红塔	G	触觉板	PG
棕色梯	G	温觉筒	PG

（续表）

感官教具	要素	感官教具	要素
长棒	G	重量板	PS
彩色圆柱体组	PGS	实体认识袋	PS
色板	PGS	音筒	PGS
几何图形嵌板	PS	味觉瓶	P
几何学立体组	P	嗅觉筒	P

蒙台梭利感官教具的制作必须符合儿童认知的重要规律。蒙台梭利通过"发现同一属性的物体""分类""确定等级、排列顺序"三种操作方法帮助儿童运用教具实现感觉的发展并为以后各种活动的发展奠定基础，也是人们认识事物所必须具备的基本条件。

P(配对)是指从教具中找出跟这个教具有类似属性的教具；

G(排序)是指把教具按照一定的顺序进行排列；

S(分类)是指对教具所具有的属性进行归类。

以上三点是感官教具自身所具有的特性，也是蒙台梭利感官教育内容的三个重点，无论哪种教具至少需要具备以上三个中的一个。[①]

综上所述，蒙台梭利感官教具的功能，一方面在于促进幼儿形成敏锐的感官系统，另一方面要对儿童的专注力、美感以及判断能力进行培养。感觉教育包含视觉、触觉、听觉、味觉、嗅觉这五个方面的教育内容，并且由相应的教具来完成。感官教育有助于儿童全神贯注地工作，把目光集中在教具上，进而有助于培养孩子的专注力。接受感官教育的孩子善于用心感受事物，对任何事物都愿意进行深入地探索和了解。经过这方面教育的儿童，内心会自然而然地激发出创造力，并且有强烈的求知欲，对于环境的注意力会加强，常常会体会到发现新事物的喜悦。

此外，蒙台梭利感官教育能够为智障儿童提供一定补偿作用。"感觉把人的心理和外界联系起来，儿童基本上是依靠自己的直接感知觉来认识事物，他们的记忆直接依赖于感知的具体材料，他们的思维常常为感知觉所左右。"当智障儿童的感觉能力发展时，他们会有意识地去留意周围的事物，从感官训练中获得物体属性的知识，然后有意识地识别环境中的其他物体，这就是智障儿童智力发展的结果。

2. 数学教育的教具

蒙台梭利经过多年的数学学习，发现了数学心智，她强调必须培养儿童的数学心智。那么，怎么才能培养儿童的数学心智呢？蒙氏认为，就是要培养儿童对数学的感受力，而不是技巧。她认为数学心智可以影响儿童的性格形成，通过数学心智的培养能够使儿童将来无论做什么事情都会井然有序，按部就班。

蒙台梭利数学教育的特色，是以感官教育教具作为基础的，重视数量、数名、数字之间的关系，重视0的概念，十进位法的重要性，所以，蒙氏教学教具里，将一般的合成分

---

① 官晓清. 蒙台梭利教具及其使用方法研究[D]. 福建师范大学，2013.

解的操作基础定为10。

蒙氏数学教具的内容，包括以下8个方面。

1) 数量概念的基本练习

蒙台梭利将这种练习定位在10以内的量，以10为基础的数，这部分的教具主要有：

(1) 数棒。以长度1～10的量对应数名。

(2) 砂纸数字板。掌握1～10的数字，用手摸。

(3) 纺锤棒与纺锤棒箱。认识1～10的游戏。

(4) 数字与筹码。了解奇数与偶数。

(5) 彩色串珠棒。连续数的认识，数量名的结合。

2) 十进位法的练习

认识十进位从1变10，从10变100，从100变1000，教具主要有数字卡、串珠。

3) 使用数棒的基本计算练习

认识数的合成与分解，初步学习加减法。

教具主要有：金色串珠棒、黑色串珠棒、灰色串珠棒，引导儿童认识算式，利用接龙游戏，认识加减法和十进位的初步运算，加强10的构成和分解练习。

4) 连续数的认识

主要让儿童认识连续数。教具主要有赛根板，主要是11到19的数，十位数和个位数的排列，11～19，11～99，1～100的连续数板，主要记1～100的数字排列，100串珠链，认识1～100的数，1000的串珠链。

5) 导入初步的平方和立方

教具主要有：彩色串珠链、一千立方体、邮票游戏、大串珠组(包括平方珠链、立方珠链、框架)。

6) 基本四则运算

主要掌握加减乘除法的原理。主要教具包括：加法板、乘法板、除法板、减法板。

7) 分数

了解整体与部分的概念。

8) 几何

教具及内容主要有：几何图形卡片、组成三角形(掌握名称和认识图形的组合与分解)、立体几何组、二项式、三项式(发展幼儿三维空间的能力)。帮助儿童理解代数概念，引导平方根。数学教具要求教师在使用中，要做系统的示范，特别要注意循序渐进，要有一定的流程、顺序。蒙台梭利数学教育的主要教具如表4-5所示。

表4-5　蒙台梭利数学教育的主要教具

教育内容	教具名称
10以内数的概念	数棒、砂纸数字板、纺锤棒与纺锤棒箱、数字与筹码
十进位(一)	彩色串珠、赛根板、一百板
十进位(二)	金黄色串珠组、数字卡片、100串珠链、1000串珠链
四则运算	加减乘除板

3. 语言教育的教具

语言是发展儿童智慧的重要工具，语文教育的目的就是帮助儿童使用正确的语言表达自己的思想。蒙台梭利认为，语言是促使人类进步最有力的工具，是影响儿童未来发展的最大动力，儿童的语言不是双亲传给的，是出生后从环境中学来的，是以自我学习、自我形式发展的。儿童的语言发展分为三个阶段：听→说→应用三阶段，在儿童语言的发展过程中，语言教具的选择与使用起到至关重要的作用。根据这个特点，蒙台梭利制作了关于语言教育的教具，主要包括：

(1) 砂纸字母板。大写小写各一套，主要练习儿童发音、认写，写是用手触摸，做书写的准备。

(2) 印刷字母板。培养儿童辨别不同字母，通过字母与卡片的配对认识字母。

(3) 活动字母箱。让儿童认识字母并学着发音。

(4) 双字母砂板。通过视觉与触觉相结合的方法，学习字母的名称及笔顺，为书写做准备。

(5) 拼音结构练习。让儿童练习音节的整体认读。

(6) 金属嵌板。金属嵌板是书写的第一个直接准备，它是一种非常重要的教具，因为它建立了孩子的基本书写习惯，而这一习惯将使孩子受益终生。正因为此，教师必须认真地操作这一教具。

4. 日常生活教育的教具

蒙台梭利关于幼儿日常生活教育的教具有上百种，但是并没有固定的模式，每个民族、国家、地区都有其独特的个性，蒙氏日常生活教育的教具也因此被个性化了。"中国人用筷子吃饭""苏格兰的男人穿裙子"，从这两个陈述中，我们即可引申出日常生活教具的特质：

(1) 由于不同国家文化背景的不同，日常生活教育的内容也不会完全相同。相应的日常生活教育的教具也各不相同。

(2) 日常生活的一切活动，大都可纳入这一项目中。基于以上原因，蒙氏并未替这项训练列出教具的具体目录，而是希望导师能协调"智能启发"与"文化常规"的双重要求，自己研制教具，制定教学方案。

美国将日常生活教育这项练习分为四大类，教具的开发与使用也基本遵循这四类练习的需要：

① 动作。例如，画直线走路等。

② 照顾自己。例如，穿鞋、脱袜子、穿衣服等。

③ 照顾自己的环境。例如，拔草、浇花等。

④ 礼貌。例如，打招呼等。

中国人更重视幼儿智能方面的训练，把认知、动手融入日常生活教育当中，因为对幼儿来说，感觉器官是智能的发育核心，手眼的协调也为他们将来的日常生活、学习能力做了"预备"的工作。比如说想要写字，就需要手部小肌肉发育起来，而在蒙氏的日常生活教育上，就包括了小肌肉的练习。

　　此外，日常生活训练更重要的目的，是要幼儿学会照顾自己、照顾环境，进而学习彼此尊重，养成良好的社会能力，使孩子成为一个独立、合群、自信的个体。可以在人格形成上，培养出孩子的独立、专心、协调、秩序等习性，奠定良好发展的基础。

　　各国蒙台梭利日常生活教育的教具大致包括以下几种。

　　① 二指抓、三指抓。锻炼孩子手部肌肉及精细动作，为握笔做准备。

　　② 植物生长过程。让孩子了解植物的生长过程，从中学会关心自然、关心环境。

　　③ 扫地组。培养孩子热爱劳动、关注身边环境、照顾环境的品质。

　　④ 学开锁、穿线板等。教会孩子生活自理能力。

　　5. 科学文化教育的教具

　　儿童学习文化的能力从3岁便开始了，据此，蒙台梭利提出："基于自然的倾向，幼儿是适宜接受文化的，然而，社会却以游戏和睡眠的方式忽视了儿童。"3～6岁时期，是儿童能够轻易地获取文化并自然成熟的时期，因此，应该有效地加以利用。有效利用的最佳形式即是用有效的教具开启幼儿的求知欲望。

　　蒙台梭利科学文化教育的教具内容和种类涉及动物学、植物学、历史学、地理学、天文学、物理学等方面的知识，可以满足儿童的求知欲望，掌握规律的学习方法，建构儿童科学的世界观，初步培养儿童关爱世界的博大胸怀，使孩子了解这个奇妙世界的同时，更好地与它和谐共处。

第三节　蒙台梭利教育的方法

　　蒙台梭利教育法的独特魅力源于对儿童的充分研究与了解，重视儿童的敏感期，激发儿童潜能，在宽松、愉快的环境中发展孩子独立、自信、专注、创造等能力，为孩子的成长打下良好的素质基础。蒙氏教育法遍及欧洲大陆，也走向了世界，蒙氏教育法推广百年取得了丰硕的成果，其理论不断完善和发展，得到世界各地幼教界的普遍推崇和认同，在美国、欧洲各国、日本、新加坡、澳大利亚等学前教育发达国家极受关注，蒙台梭利学校已遍及一百多个国家。

一、蒙台梭利教学法

(一) 三阶段教学法

　　三阶段教学方法又被称为"赛根三阶段教学法"，是赛根在帮助儿童学习时使用的一种方法，蒙台梭利深受前辈教育家的影响，将此方法运用于自己的教学实践。三阶段教学法是帮助幼儿提升概念认知水平时使用的一种教学方法，它分三个阶段。

1. 第一阶段：命名

老师给物体赋予准确的概念，帮助孩子在物体和所对应的名称之间建立联系。基本语句是：这是……。

具体操作时注意事项：

(1) 应把物体交给孩子充分感知，然后加以命名。

(2) 命名之前，要做一个短暂的停顿。

(3) 命名时语言一定要简洁、准确。例如，这是大的。

(4) 重复几次，直到你认为孩子已经在物体和名称之间建立了联系。

2. 第二阶段：辨别

请孩子辨别与名称或概念相对应的物体。这一阶段可以明确知道孩子是否真正理解了老师所教授的内容。基本语句是："哪一个是……？"例如，在教授大小的概念时，辨别阶段应问孩子："哪一个是大的？""哪一个是小的？"也可以说"请把大的举过头顶""请把小的藏在身后"等。语句可以多样，目的是完成概念与物体的对应。

具体操作时注意事项：

(1) 在组织练习时尽量具有趣味性，调动起孩子的积极性。

(2) 孩子在该阶段出现错误，不要马上纠正，应该再回到第一个阶段，然后再进行第二个阶段，多做些反复的练习。

3. 第三阶段：发音

请孩子说出所指物体的名称或概念。基本语句是："这是什么？"或"这是怎样的东西？"这一阶段可以明确知道孩子是否掌握了物体的正确名称，可以知道孩子的发音是否准确。

具体操作时注意事项：

(1) 如果孩子能够说出名称，但是发音不准确，老师可以马上进行示范纠正。

(2) 如果孩子不能说出正确的名称，教师要返回到第二阶段，重新进行辨别命名。

在蒙氏教育的教学过程中，当教师教授给孩子新的单词或概念时，通常都使用"三阶段"教学法，它包括对形状、色彩、声音、物体的名称以及字母、数字等的练习。"三阶段"教学法是让孩子了解名称与概念的教学方法，应该是在孩子能掌握教具的特性，并且有辨别特性差异的能力之后，才开始的一项练习。也就是教师在做完基本操作提示之后，孩子对教具有了充分的练习之后才能够实施。蒙台梭利的"三阶段"教学法适用于3~6岁的儿童。

(二) 混龄教学

所谓混龄教学，就是把3~6岁不同年龄的孩子放在同一个班内游戏、生活和学习。开设的目的就是扩大幼儿的接触面，让幼儿有更多的机会和不同年龄的儿童交往，在这一过程中学习与人交往的正确态度和技能，学会关心、分享、轮流合作等社会行为，为形成积极健康的个性奠定基础。

1. 混龄班教学的理论基础

美国心理学家曾经做过一些实验，研究表明，有兄弟姐妹的孩子和没有兄弟姐妹的孩子在揣摩别人心理方面存在差距。从小和兄弟姐妹们生活在一起的小孩子更容易感受别人的想法，并且能更加准确地推理别人的行为。而且，兄弟姐妹人数越多，在这方面的水平就越高。

(1) 差异互补，各得其所。年龄不同，身心发展存在差异。例如，游戏时，大的幼儿喜欢组织领导别人，而小年龄幼儿和行为能力较弱的幼儿则乐意扮演配角或受人保护的角色。混龄交往中，幼儿取长补短，各取所需，共同发展。另外，同龄班中，认知发展稍迟缓的幼儿无法与同伴同步学习。但在混合班中，可与年龄较小的幼儿一起学习，获得再学习的机会(蒙氏教具作为环境存在于蒙氏班，会长期放于课室内)，较有机会体验成功的喜悦，培养自信心。对年龄小、发展较快的幼儿来说，由于可做跨越年龄的学习，有机会与能力相近的年长的幼儿一起学习，快速提高能力水平。

(2) 异龄互动，共同促进。动物行为学家康诺认为，幼儿须与不同年龄同伴互动，才能达成身心各层面的健全发展。混龄班幼儿的接触面扩大了，使他们学会了与不同年龄的幼儿交往，这是社会的形式(在我们现实中，不但要与同龄人接触，也要与比自己大或小的人交往)。有大有小，就像兄弟姐妹一样，为幼儿提供了角色经验。混龄促进了幼儿的承担能力，学习与不同年龄的同伴交往要有不同的态度和技能，克服自我中心，为培养良好的社会行为和个性奠定了基础。

(3) 角色换位。大的幼儿毕业了，教师引导幼儿转换角色，做了大哥哥大姐姐的老生要带动弟弟妹妹一起学习、生活，新生从哥哥姐姐的关怀中得到情感上的满足。

(4) 儿童教育儿童。幼儿是好模仿的，而模仿最好的对象就是伙伴，这是成人代替不了的。不同年龄的伙伴在一起，可使他们每个人在一些时候成为别人的"老师"。艾伦研究发现：同伴教学对扮演教育者角色的儿童有正面的影响。幼儿喜欢由比自己大二、三岁的同伴指导，学习效果并不比教师或成人直接指导差。混龄以大带小，以小促大的氛围，幼儿相互为师，善于互相帮助。小的幼儿向大的模仿，大的幼儿努力做得更好，做好榜样。还会调整和改进教学技能，乐于互学互教。还有专家发现，幼儿在不同年龄组织的情境中，能相互学习词汇。幼儿通常是在活动中，受到身边较大孩子促进的情形下获得语言的。因为幼儿吸收成人语言有些细微的差别，有时对幼儿来说会有点复杂，而周围较大年龄幼儿则可能是正合适的。

2. 混龄班教学法对教师的要求

混龄班教育形式，因不同年龄段幼儿心理和生理发展明显的差异性，更加要求教师在教育的过程中全面细致地了解每个幼儿的情况，组织各项活动，促进其身心健康发展。简言之，蒙氏教学方法的根本精神就是依照人类成长的自然法则，用科学的方法了解孩子各阶段的心理(生理)成长变化情形及其需要，而给予适当的帮助，以启发或诱导其心智体能的有效活动，让他们发展成未来最有用、最有效率和最幸福的人。

二、蒙台梭利教学法的特点

(一) 以儿童为中心

蒙台梭利教学法的最显著特点便是以儿童为中心。蒙台梭利视儿童为有别于成人的独立个体，反对成人本位的教学观。蒙氏教学法强调一切教育活动安排必须以儿童为中心，一切按着孩子的意愿来进行。要让孩子通过自己自身的努力自发性地学习，为孩子打造一个以他们为中心，让他们可以独立"做自己"的"儿童世界"。同时，以儿童为中心就要顺应儿童个体自然成长的规律，引导还原孩子原本、不去强求、不去施压、不去包揽、不去替代，儿童可以自由独立地"工作"，完成自我成长。

(二) 自由与规则

蒙台梭利认为儿童有一种与生俱来的"内在生命力"，这种生命力是一种积极的、活动的、发展着的存在，它具有无穷无尽的力量。学前教育的任务就是要通过创设积极的、有准备的环境，激发和促进儿童"内在潜力"的发挥，使其按自身规律获得自然的和自由的发展。

蒙台梭利教学法强调赋予孩子足够的自由，这种自由不是放羊式的不加以约束的无限自由，而是在成人观察与引导下的独立自主。蒙氏教育主张，孩子可以自动地去利用环境，自主选择，成人没有权力去指挥、命令。孩子可以自己选择想要做的工作，成人要尊重孩子的意愿。这样，就充分发挥了孩子的主动性，使学习变得轻松愉快。

幼儿有充分活动的自由并不意味着他们可以为所欲为。蒙台梭利认为，必须在自由的基础上培养幼儿的纪律性。自由和纪律是同一事物不可分割的两个方面。自由活动是形成真正纪律的重要方式，而真正的纪律也必须建立在自由活动的基础上。

(三) 注重个体教育

蒙台梭利教育法的一个重要特点就是关注幼儿个体的全面发展，强调促使每个幼儿富有个性地发展。蒙台梭利指出，每个幼儿成长与发展的速度、需要、兴趣、学习形式都具有不同的特点，每个幼儿具有各异的气质类型和性格特征，同时，每个幼儿来自不同的家庭，受到不同家庭的影响，造成每个幼儿已有的知识经验、行为习惯、价值观念都不尽相同。

蒙台梭利教育理论大力倡导发现每个儿童的特点，认为教育应该考虑发展和利用每个人的独特性。深刻认识、尊重幼儿的个体差异性不仅是幼儿教育的基础，也是幼儿发展的前提。只有尊重差异的教育才是真正的民主、科学和个性化的教育，也是成功的教育。尊重每个幼儿在发展水平、能力、经验、学习方式等方面的个体差异、因人施教，努力使每一个幼儿都能获得满足和成功，促进幼儿最大限度地发展。

(四) 自我教育

蒙台梭利教学法强调以儿童为中心，让儿童有机会充分地发挥他自身的生命潜能，通过自身的实际活动来发展自己各个方面的能力，这是幼儿教育的真谛。蒙台梭利教育反对传统教育的填鸭式做法，反对成人不断地教导儿童怎样去做，儿童遵命式地去服从。相反，蒙氏教育强调儿童的自我教育。蒙台梭利指出，任何教育改革都必须依据人的天性，人本身必须成为教育的中心。儿童教育的目的就是使儿童的潜力能够在一个有准备的环境中进行自我建构、自我发展、促进儿童的自我教育。让儿童在与周围环境及人相互作用的过程中排除障碍，独立奋斗，形成独立和自信的良好品质。

(五) 注重儿童人格的完善

蒙台梭利教育的最终目的是通过教育协助孩子的正常化发展。教育要通过环境的设计、教具的操作，使孩子一步步建构起完善的人格。这是蒙台梭利教学法的潜在特点与独特魅力的展现。

(六) 敏感期教育

蒙台梭利认为0～6岁的幼儿在特定的时期会出现特定的喜好倾向，若顺着儿童敏感期学习该特性，即可获得最大的学习效果。

在蒙台梭利看来，在幼儿的心理发展中会出现各种"敏感期"。她说："正是这种敏感期，使儿童用一种特有的强烈程度去接触外部世界。在这时期，他们对每样事情都易学会，对一切充满了活力和激情。"而人的智力发展正是建立在幼儿敏感期所打下的基础上的。

(七) 混龄教学

蒙氏教育主张让不同年龄的孩子在一起，以个别与小组相结合的形式开展教学活动，这样教的目的是，促使较小的孩子有不同年龄层的模仿对象，而较大的孩子可以从帮助年幼的儿童中增强自己的知识和能力，并培养爱心和责任心。不同年龄的儿童在一个班级里，能实现大教小，小学大，彼此互相模仿，互相学习，互相欣赏，互相包容，和蔼相处。这种教学法还可以培养孩子乐于助人的良好道德品质。

(八) 排除奖惩制度

蒙氏教学法认为，传统的奖惩制度是成人控制儿童的手段，是利用外在力量控制的方法去抑制孩子的行为。蒙台梭利经过长期的观察，她发现奖惩不但无用，反而摧残了孩子幼小的自尊心，不但无法协助孩子改善自己的行为，还会误导孩子的价值观。因此蒙台梭利主张废除奖惩制度让儿童自由发展，培养自控能力。

她强调儿童兴趣的动机来自于内在，而奖励的刺激可能是暂时的。错误本身对儿童就是一种激励。如果我们学会站在一旁观察而不急于插手的话，很快就会发现错误或失败会促使儿童一遍一遍反复进行，直到儿童完全掌握并顺利做完为止。儿童从来都不太重视他是否一次成功，儿童非常喜欢重复，他会专注地反复进行，恰恰是成人的态度使儿童有挫败感。

(九) 注重日常生活教育

日常生活教育是蒙台梭利教育法的起点和重心所在。日常生活教育，可以说是蒙台梭利教育的入手处，假如这个部分没有做好，就出现不了蒙台梭利现象(秩序→专心→反复练习→协调)，而往后的感官、数学教具部分也就不能做得很好，无法达到最大的开发效果了。

蒙台梭利认为，通过日常生活技能的练习，可培养儿童自我料理的能力，从而有助于儿童独立性的形成。此外，她还认为这种练习是一种要求神经系统与肌肉高度协调的综合性运动，对儿童的发展也不无裨益。

(十) 注重和平教育

蒙台梭利还关心"全球的儿童"，全人类的未来。她到很多国家去宣传她的教育，目的是通过好的教育达到世界的和平。

三、对蒙台梭利教学法的评价

目前，世界上已经有110多个国家引进蒙台梭利教育，40多个国家立法保证蒙台梭利教学法的实施。由此可见，蒙台梭利教学法已经得到了世界学前教育领域的广泛认可。尽管如此，蒙氏教学法也受到了诸多质疑和挑战。

有专家认为，蒙台梭利通过作业把自由与纪律、活动与教育协调起来的做法是一个有意义的尝试，她要求教师以身作则、研究儿童、引导儿童，这对于提高教师素质也有积极意义。但是，由于蒙台梭利把儿童的天性理想化，夸大了儿童的自发冲动和自由活动在教育中的重要性，因而也就夸大了儿童自我教育的作用和意义。这就决定了在蒙台梭利的教学法体系中，教师的主要职能是被动、消极的，教师的主导作用，尤其是直接传授知识和说理方面的作用就不能充分发挥。

北师大霍立岩教授指出蒙台梭利教育法的局限性表现在三个方面：其一，难以在更多地区推广；其二，对学龄前儿童的教育效果不如对学龄期儿童效果好；其三，实施过程中出现了一些具体问题：这种高结构化的课程不利于发挥儿童的主体性。蒙台梭利教育法毕竟脱胎于智障儿童的训练方案，再加上这种教育法的结构化程度较高，所以，儿童的行为常被高结构化的活动所限制，不利于发挥儿童的主体作用。忽视儿童的情感陶冶和社会化过程。从蒙台梭利教育法设计的教育内容由日常生活练习、感觉教育、数学教育、语言教育和文化教育五大领域来看，缺乏与同伴协商合作的机会，忽视儿童的情感陶冶和社会化过程。

我们需要实事求是地看待蒙台梭利教育及其教学法。对于蒙氏教育的疑问和批评有些是正确的，也有些是由于只看到她表面的做法，没有了解做法背后的目的。也有些是由于实行蒙氏教育的人们没有弄清蒙台梭利教育的基本原理，在做的过程中走了样，引起了别人的误解。特别是有一些蒙氏教育的"捍卫者"，全面照搬蒙台梭利早期对当时儿童所做的，却忘记了她最重要的教导："跟着儿童走"(follow the child)。蒙台梭利的哲学是"观察你的儿童，适应他的个别需要"。她的梦想是使教育适应每个儿童的需要。他们也忘记了蒙台梭利本人的变化。她在早期曾说自己的方法是"唯一的"(the only)，后来她又说自己的工作是"继续向前"(on going)，不要将她的说法作为最后的定论。

近年来，有学者认为蒙氏教具没有计算机，因此不应当为幼儿提供计算机。蒙台梭利教育的目的是使儿童能成功地生活在自己的社会文化环境之中。计算机是现代社会中必需的用具，而且又有适应幼儿的一些特点，如具体图像、声音，能操作，有反馈，可以重复练习，自己纠正错误，自我学习，自己去探索、发现，还可以交流合作……如果计算机能提供和其他教具一样的作用，具备同样的原则，就可以用，关键在于软件。如果明确了解蒙氏教育的意图和目的，掌握了基本原理，就可以灵活地变化运用，大胆创新，适应我们今天的需要，做到既"与时俱进"，又"本土化"。

总之，蒙台梭利教学法在世界学前教育科学化发展的历史进程中扮演着十分重要的角色。百年来，蒙台梭利教学法在中国的传播和实践与中国学前教育的变革和发展相伴随。在今天中国教育不断改革的形势下，需要进一步扩大开放、广泛吸收借鉴世界各国先进教育文化。因而，重温蒙台梭利教学法在中国的传播和实践，分析其在中国教育，特别是在学前教育领域变革中所发挥的历史作用，具有重要的意义。[①]

【案例展示】

粉红塔"三阶段教学法"的实例

粉红塔照片如图4-1所示。

图4-1　粉红塔

---

① 田景正，邓艳华. 蒙台梭利教学法及其在中国的传播[J]. 课程·教材·教法，2014，(6).

1. 命名阶段：教师将最大和最小的粉红塔摆放在师生二人前，先拿起最大的，进行触摸，面对学生让学生观察自己触摸粉红塔的手势及命名时的口型，同时告诉孩子"这是大的、大的，这是大的粉红块"，交给孩子感知后，放回。再拿起小的粉红块，用同样的方式命名。

2. 辨别阶段：教师对小朋友说："请把大的藏在身后。"小朋友做正确后将教具放回。教师接着指示："请把小的放在头顶。"小朋友做正确后将教具放回。

3. 发音阶段：教师拿起大的粉红块问小朋友："请问这是什么样的粉红块？"接着再拿起小的粉红快问小朋友："请问这是什么样的粉红块？"

第五章

蒙台梭利教育与其他教育模式的比较

【蒙氏格言】

1. "儿童之家"应该是一个真正的"家"。

2. 激发生命，让生命自由发展，这是教育者的首要任务。

第一节　蒙台梭利教育与瑞吉欧教育的比较

瑞吉欧是意大利东北部的一座城市，自20世纪60年代以来，洛利斯·马拉古齐(Loris Malaguzzi)和当地的幼教工作者一起兴办并发展了该地的学前教育。数十年的艰苦创业，使意大利在举世闻名的蒙台梭利之后，又形成了一套独特与革新的学前儿童教育体系。在瑞吉欧人的眼里，儿童是社会的一分子，是社会与文化的参与者，是他们共同历史的演出者，也是他们自己文化的创造者，他们有权利发表自己的看法，与成人一样，是拥有独特权利的个体。瑞吉欧教育认为：儿童是主动的学习者，他们在入学之前就已拥有了一定的知识、经验。他们有自己独特的学习方式。瑞吉欧课程是低结构化的课程，采用方案教学的方式，以小组教学为主要形式，注重记录儿童自己对知识的表达。在教学方法上，他们反对传统的单向灌输，反对把语言文字作为获取知识的捷径，他们认为教育就是要为幼儿带来更多的可能性去创新和发现，教育在于给儿童创设学习的情境，帮助儿童与情境中的人、事、物相互作用并主动学习知识。

蒙台梭利教育与瑞吉欧教育都起源于意大利，在世界上具有同样重要的影响力，都促进了全世界现代教育的变革。由于两者形成、发展于不同的历史时期，在环境设置及教师观上有许多相同的地方，也有自己鲜明的特点。以下通过对两种课程中的环境设置及教师观进行分析来了解各自特点所在。

一、环境设置的理论背景比较

"环境"在瑞吉欧课程中是重要的组成部分，它不仅是幼儿所处的地理、物质环境，更是一种时间、精神沉淀的文化环境。瑞吉欧课程的环境设置是将美国进步主义教育与皮亚杰等人的教育思想相结合的产物。美国的进步主义教育出现于19世纪末20世纪初，其核心思想就是提倡民主精神，反对压制儿童，要求尊重儿童。其主要的代表人物杜威认为，儿童的发展是在先天本能与冲动的基础上，通过与环境的相互作用而不断增加经验的。"行动处于观念的中心"被瑞吉欧人充分地利用到环境设置中来，表现为环境生成课程和课程创造环境。因此，瑞吉欧的环境设置是充分体现尊重儿童、尊重儿童的兴趣的原则的。此外，瑞吉欧的环境设置还以皮亚杰的建构主义和维果斯基的"心理发展的历史文化理论"和"支架教学"为理论基础。皮亚杰创立的认识发生论中明确提出知识既非来自主体，也非来自客体，而是来自主客体的相互作用。即主体在与环境的交互作用中产生认识上的不平衡，并产生进一步认识的动力而不断达到新的智慧的发展过程。而维果斯基的"支架式教学"是建构主义的一种教学模式，通过教师为学生搭建一个必要的"脚手架"，支持学生不断地建构自己，将学生的智力从一个水平引导到另一个更高的水平。不难看出，在瑞吉欧的课程中，环境为儿童认识的建构搭建一个"脚手架"，成为一种儿童学习与成长的支架，支持儿童不断建构自己。

而在蒙台梭利课程中，环境的设置是一个非常重要的因素。19世纪，随着科学的迅猛发展以及达尔文的生物进化论的提出，人们的世界观有了很大的改变。蒙台梭利早期研究了达尔文的生物进化论和孟德尔等人的遗传学说以及法国学者法布尔等人的生物学理论，对人类发展的看法有着浓厚的生物学观点。她认为："任何有机体为了发展自己的内在潜能，都需要一定的环境和条件。"就像植物的生长需要阳光、土壤和水分一样，儿童的身心发展也需要在外界刺激的帮助下发展起来，这一过程正体现了个体和环境的相互作用。因此"为了使幼儿自由地活动，并使自己的潜能得到充分的发展，必须从他们所处的环境中找到与其内部自然发展有直接关系的物质"。蒙台梭利把这一观点引入教育中，她认为在教育方面，重要的是使儿童在适宜的环境中，找到发展自己能力的必要方法。但是，当时的社会人口拥挤，很多家庭都处于物质贫乏的条件下，没有条件为幼儿提供良好的教育环境，而富人家庭又对孩子充满娇惯，这些都不利于幼儿的健康成长。因此，蒙台梭利提出必须为儿童提供一个"准备好的环境"，这个环境应该是成人世界与儿童世界之间的桥梁，可以让儿童身体自由活动并能使其智力、道德、社会性都得到自由发展，同时该环境也能保护儿童。

综上所述，蒙台梭利和瑞吉欧教育都受当时文化科学发展和教育思潮的影响，非常重视环境在教育中和在儿童成长中的作用，都反对旧的环境中对儿童不利的因素。但是，因为所处的时代和理论背景的不同，蒙台梭利注重从生物学的角度考虑儿童发展对环境的需求依赖，提出为儿童创设一个适合他们发展的"有准备"的环境；而瑞吉欧教育体现的是一种历史文化的沉淀，一种民主精神的再现，和一种儿童在与环境的交流中自在、自主发展的思想精髓。

【扩展阅读】

让环境成为幼儿教育的第三位老师

瑞吉欧人认为环境是教育儿童的第三位教师。他们很注重社会、社区和家庭以及学校之间的互动和合作，而并不局限于学校小系统的环境。他们对每一处环境都精心设计。在室内，教育工作者把空间隔成各种规格大小的区域，如：游戏区、工作坊等，以适当的比例安排封闭和开放的空间，适合孩子活动。走廊和门厅还有一个大"广场"，作为集体活动的空间，孩子们可以在广场上自由集会和交流。整个环境随着幼儿的活动不断进行调整，体现出动态的特点，自然地融合了智慧、艺术、安全等要素。而我们的幼儿园的环境创设的活动空间小，一般仅限于操场和教师；基本上比较注重空间的美观整洁，较少注重环境的教育作用；此外，环境中虽有幼儿的一些信息，如：幼儿的一些作品展示，但基本上仍以教师布置为主，装饰性的成分偏多。我们知道，幼儿的学习是一个主动建构的过程，幼儿园环境也应当是适当地促进建构学习的环境。一是环境的布置应从幼儿的实际出发，教师应当鼓励孩子参与到环境的创设中来，从中获得感性的直观体验。当幼儿参与到环境创设中来以后，会更大胆地在这个环境中做自己喜欢做的事情。二是环境不应该是一成不变的，应随着幼儿园的活动开展情况进行相应的调整，幼儿会不断从中学到新经验，获得新知识和习得新技能。三是环境不应该只局限在一个小范围内，我们可以多组织活动，带孩子去看看外面的世界，感受大自然的美丽。

（资料来源：孙芬."帮助孩子的眼睛越过围墙"——意大利瑞吉欧教育体系对我们的启示[J].科技教育，2010(3)：153.）

二、环境设置的基本理念比较

瑞吉欧课程中的环境不仅仅是指幼儿园和学校的外观，它更是对其教育理念的诠释和表达。在维果斯基的社会建构主义理念的影响下，首先，瑞吉欧对环境的设置考虑的是创设出一种大家庭的氛围，从而让儿童参与到社会文化生活中去，这样更有助于儿童知识的建构。其次，环境还从墙面的色彩、物品的摆放、装饰材料器具的选择等不同层次反映着创设者、当地、甚至是每所学校的文化特色。再次，幼儿园环境的创设是符合幼儿的年龄特征以及生理、心理发展需要的、能够展现儿童心理特点的，所有的儿童都能在学校的环境中自由地活动和交流。最后，环境是时间的积累和沉淀。稳定的环境不是一两天可以装饰和设立完的，呈现在大家面前的幼儿园环境应该是长期经验的积累和事物变化的结果，体现一种时间和文化的沉淀。因此，在瑞吉欧课程中，环境设置的基本理念既来自现在，也来自历史的传统；不仅来自儿童本身，更来自整个社会。环境设置是否成功，有赖于环境中各个要素是否真正体现了教育的意义，是否充分展示了瑞吉欧人对环境作用的认识和对教育理念的诠释。

蒙台梭利认为成人的世界有太多因素压制了儿童的发展，因此在她的课程中，首先，环境应该是一个特殊的、区别于成人世界的环境，这个环境是可以保护儿童的，"这种环境充满着爱的温暖，有着丰富的营养，在这种环境中所有的东西都倾向于欢迎它，而不会对它有害"。其次，环境应该是一个可以让儿童自由发展的空间，应该尽可能地减少障碍物，尽量提供促进儿童发展的必不可少的工具。此外，环境应该是有秩序的，儿童能安静而有秩序地生活，减少生命力的浪费，有利于正常的发展。这也应该是能让儿童感受到愉快的环境，环境中几乎所有的东西都是为儿童专门准备的，它们适合儿童的年龄和身体发育特点，所有的物品都是对儿童有巨大吸引力的。蒙台梭利认为这样的环境应该是由了解儿童、尊重儿童、热爱儿童的教师准备的。

从两种课程的环境设置理念看出，两者的共同点在于环境的设置都必须合乎儿童发展的规律、满足儿童生理和心理发展的需要。同时，环境必须让儿童自由地活动和发展。但是，两者体现在某些理念上的不同点也是显而易见的：蒙氏课程中的环境要求是一个特殊的、区别于成人世界的环境，而瑞吉欧课程中的环境是来自社会、家庭并融入其中的真实的环境。两者的根本区别在于儿童在行动时面对的是实际的社会生活环境还是微缩的社会生活环境。蒙台梭利时代，科学技术发展刚刚起步，很多家庭还处于物质生活贫困、精神生活匮乏的状态。因此，蒙台梭利认为这个环境是不适合儿童发展的，必须为儿童创设一个适合他们发展的理想的环境。而在瑞吉欧时代，人们过着的是一种文化生活丰富、经济富足的生活，民族文化的传统使人们意识到教育应该是全民全社会的事业，儿童的成长应该是融入社会和生活的，儿童成长的环境也应该是大家庭式的。

【扩展阅读】

孩子的一百种语言

作者：洛利斯·马拉古奇

孩子
是由一百组成的
孩子有
一百种语言，
一百只手，
一百个念头，
一百种思考方式、游戏方式及说话方式；
还有一百种
聆听的方式，
惊讶和爱慕的方式；
一百种欢乐，
去歌唱去理解。
一百个世界，
去探索去发现。
一百个世界，
去发明。
一百个世界，
去梦想。
孩子有一百种语言，（一百一百再一百）

他们告诉孩子：
不需用手思考，
不需用头脑行事，
只需听不必说，
不必带着快乐来理解。
爱和惊喜，
只属于复活节和圣诞节。
他们催促孩子
去发现已存在的世界，
在孩子一百个世界中，
他们偷去了九十九个，
他们告诉孩子：
游戏与工作、
现实与想象、
天空与大地、
智慧与梦想，
这些事
都是水火不容的，
总之，他们告诉孩子

但被偷去九十九种。　　　　　　　　　没有一百存在，

学校与文明，　　　　　　　　　　　然而，孩子则说：

使他的身心分离。　　　　　　　　　不，其实真的有一百！

三、环境设置原则的比较

任何一种课程模式的产生都有现实的理论背景，是受到社会政治制度、经济状况制约的，也为一定的社会政治经济服务。环境作为课程中不可或缺的因素，也是一种社会文化和所处时代特有的教育思想的体现。对于当前我国各地部分学前教育机构中出现的盲目地追求幼儿园环境外观的豪华、现代化而忽视环境中重要的教育意义的现象，我们应该清醒地认识到，幼儿园的环境不仅仅是一种外观和装饰，更不是一种招揽生意的招牌，我们在进行幼儿园环境设置时应该更多地考虑环境与儿童的交流，结合本地和本校的文化特色，创设真正有益于儿童身心发展的环境。以下我们重点探讨蒙台梭利课程与瑞吉欧教育中关于环境设置方面的比较。

"生成"的原则是瑞吉欧的环境设置首先必须遵循的。这种"生成"的要求体现在两个方面：其一，课程不是预先设定、照本宣科的，而是在环境中生成的，如果环境中的某种要素成为幼儿谈话的热点，教师就会引导幼儿和教师一起讨论这一主题，以确定是否将这一主题发展为方案。其二，由课程来生成环境，某个方案需要某种特定环境的支持，教师便和幼儿共同探讨和创设一个能够满足需要的环境。此外，环境的设置还应遵循变换更新的原则，学校的环境不是固定不变的，是根据幼儿的兴趣、家长和教师的需要，每隔一段时间对现有的空间和时间进行重新评估修改而成。其三，环境的设置还要尊重使用者，要尊重儿童、家长、教师的需求。

"自由"的原则是蒙台梭利课程对环境的重要要求。给儿童创造一个自由的环境，让儿童在环境中呈现的材料中做出选择，自由构建自己的经验，是蒙台梭利课程的特点。同时，这个环境也必须消除妨碍幼儿正常发展的障碍，消除各种不利于其建立正确认识的因素，这样儿童才能得到真正的自由。其次，蒙台梭利课程中关于"自由"的原则，是在秩序和纪律的基础上体现的。蒙台梭利认为自由和纪律是同一事物的不可分割的两个方面，纪律是在自由的工作中建立起来的，没有纪律的规则就没有自由的空间。再次，蒙台梭利课程还强调真实和自然的原则。蒙台梭利认为儿童具有吸收性的心智，因而给儿童的材料应当是质地真实的，并且代表现实世界的实体，避免给儿童提供质量差的材料和代表幻想的材料。她认为儿童想象的发展应以感觉为基础，同时以真实世界中的经验为基础，而不是沉浸在成人所创造的虚幻世界里。因而，在蒙台梭利的课程中特别注重感觉的训练，"感觉是初步的和基本的智力活动"。她设计的训练各种感觉的材料，能够培养儿童从各种真实的材料和教具中搜集和辨别事实的能力。

作为幼教工作者常常要思考这样的问题，幼儿需要什么样的环境？我们教师在什么环境中可以更好地倾听儿童、帮助儿童呢？家长有什么要求呢？在不断思考这些问题时，对每一处环境的更改和重建都需所有人一起探讨商议，达成共识。这些充分体现了环境创

设方面对使用者的尊重。比较两种课程的设置原则，可以看出两者均重视儿童对"自由"的选择，主张儿童能在教育环境中自由地活动和学习，并且获得精神上的自由。但是，蒙台梭利提出"自由"必须建立在"纪律"的基础上，只有遵守规则、秩序，形成一定的纪律，创造一个井井有条的环境方能享有真正意义上的自由；而且，她强调个人学习和个别活动，以展现自由和避免影响他人。因此，蒙台梭利的"自由"和瑞吉欧的"自由"还是存在本质上的差别，蒙台梭利课程中提倡的自由是个体的自由以及有所限制的自由，而瑞吉欧的自由是全身心放松、全身投入的自由，可以探索环境中的任何感兴趣的事物，也可以用环境中的任何一种事物来表达对世界的认识和看法。另外，蒙台梭利课程的环境几乎是固定不变和任何地方均可复制的，但在瑞吉欧却很难做到这一点，他们的环境是生成的，是他们特殊的文化特征和理念形成的一种不可能被完全复制的环境。

四、教师观的比较

蒙台梭利教育与瑞吉欧教育都起源于意大利，二者都对世界学前教育带来了巨大的影响，促进了全世界现代教育的变革。由于两者形成发展于不同的历史时期，在教师观上有许多相同的地方，也有自己鲜明的特点。

(一) 以儿童为本位的教师观比较

蒙台梭利认为，"儿童是成人之父，是现代人"的教师，具有自我发展的无限潜能，儿童的发展是儿童自我无限潜能的表现，儿童在不同的时期具有不同的敏感期。蒙台梭利把"工作"作为儿童的主要活动，特别强调儿童的自由，认为儿童的发展是通过自主"工作"实现的，"工作"能促进幼儿各方面的发展，否定游戏对儿童的重要作用，认为游戏特别是假象的游戏会把儿童引向不切实际的幻想。瑞吉欧教育模式强调"儿童中心"，以"做中学"为出发点。认为儿童是独立于社会的一分子，儿童是带着知识经验走进教室的，儿童的学习和发展不是直线上升的过程，而是螺旋式递增的过程。瑞吉欧教育认为，游戏在儿童的生活和学习中占有重要地位，儿童通过游戏获得对世界的认知。

因此，从儿童本位来说，蒙台梭利教育和瑞吉欧教育教师观的相同之处是：都认为教师是儿童活动的支持者、观察者和引导者，帮助儿童发现、明确自己的问题和疑问，鼓励儿童之间相互交流，共同建构知识，及时观察记录儿童的生活和游戏(工作)，从而能够真实准确地把握儿童的内心世界，揭示儿童的需要，以便于对儿童的行为和教师的教学进行更好地分析和改进。不同之处是：蒙台梭利认为教师是"导师"，是"园丁"，应该尊重"热爱儿童"，用平等的谦逊的态度去看待儿童；教师是儿童权利实现的保障者，尤其是儿童自由的权利，保障自主自由的"工作"。对于儿童的工作，教师只是旁观者、指导者。

(二) 以课程为本位的教师观比较

蒙台梭利教育和瑞吉欧教育的课程设置、实施及评价各有特点。蒙台梭利认为，儿童期是秩序、语言、动作、感觉形成的敏感期，课程与教学应根据幼儿不同年龄阶段的特征(敏感期)设计各个阶段玩具、教具和实施教学活动。课程内容主要包括：日常生活练习、感官训练、肌肉训练和初步的知识学习。在教师提供有准备的环境和课程中，以集体教学活动和个别活动的形式为主，主要针对幼儿的感知觉教育。蒙台梭利的课程评价是形成性的，以观察法为主，教师是评价的主体。

瑞吉欧的课程与蒙台梭利的课程相比，主要来源于儿童的生活，它没有明确规定的课程内容和科目分类，没有固定的教材，而是设计好的"教学活动方案"，在形式上是开放生成的课程，是在教学活动中整合的课程。教学组织形式多以小组讨论、小组合作和学生自主探究方式进行，以激发儿童的兴趣和积极性，培养儿童良好的生活行为习惯。瑞吉欧的课程评价采用过程取向和主体取向，以教师和儿童的自我评价为主，教师和儿童都是评价的主体。

从课程本位来说，二者教师观的相同之处是，教师都是课程计划的实施者，教师都是按照课程计划组织教学活动；教师是课程活动的引导者和反思者，在课堂上教师指导孩子进行正确的学习活动；教师是课程评价的参与者，教师在课程的评价中，以不同的形式参与其中。二者对教师有不同的要求，蒙台梭利教育要求教师是"有准备的课程活动"的创设者和管理者，为儿童的玩教具提供有准备、有秩序的环境；教师是课程评价的主体，对课程评价的实施起着重要作用。瑞吉欧的课程观要求教师是儿童课程的设计者、实施者，由教师根据儿童的生活和兴趣设计适合且有益儿童的课程形式和内容；教师和儿童都是课程评价的主体，根据师生之间的情感交流、合作和认知发展进行课程评价。

(三) 以"学校、家庭、社区"三者为本位的教师观比较

蒙台梭利强调"学校、家庭和社区"三者的幼儿教育目标应当是一致的，她在"儿童之家"里，对家长配合幼儿园的教育工作做了明确的规定。如家长必须按时接送孩子，孩子的衣着必须整洁；家长在教育方面要与教师密切配合，及时向教师提供孩子在家的表现，听取教师的有益建议；教师要经常与学校和家长所在社区联络，促使他们为幼儿创建一个卫生文明的社区环境。蒙台梭利认为，幼儿教师应当成为家、园和社会三方合作的联络者，使学校与家庭、社会形成同向的教育合力，共同促进儿童身心的健康成长。

在瑞吉欧教育中，学校、家庭和社区是统一的共同体。在教育工作中，三者具有共同的责任，对教育儿童各有分工，三者共同努力为儿童提供良好的学习生活条件，创设和谐氛围，共同教育儿童，共同经营管理学校。让孩子觉得学校就是社会，让家长和社区意识到教育孩子是大家共同的职责。在瑞吉欧教育中，教师是学校的主要管理者，要具备一定的行政沟通与交流技能，并在各级政府中都是积极的决策者、参与者和倡导者，与政府密切合作，关注社会及社区的发展。

从学校、家庭、社区本位来说，二者都要求教师是一个良好的沟通者，能够很好地进行学校与社区、学校与家长之间的沟通。只是在具体的沟通工作上，二者侧重有所不同。蒙台梭利教育只是强调教师做好学校、家庭、社区三者的沟通协调工作，教师是核心；瑞

吉欧教育则在强调教师是沟通者的同时，认为三者在教育儿童上具有同等重要的地位和作用，他们之间共同协调合作。

第二节　蒙台梭利教育与光谱方案的比较

光谱方案是哈佛大学"零点方案"的一个组成部分，由哈佛大学的加德纳教授与塔伏茨大学的菲尔德曼教授于1984年共同主持创设的教育方案，目的是要协助教育者更为清楚地了解幼儿，确认幼儿的智力强项及与众不同之处，其基本理念是——每个幼儿都有其能力(智力光谱)的长处。蒙台梭利教育与光谱方案在幼儿园的区域活动中有作进一步比较的价值，因此，我们从区域活动的理论及实践两个角度来比较这两种教育方法。

一、区域活动理论的比较

区域活动作为一种教育思想发端于西方，是由蒙台梭利首次提出，在其发展过程中出现的代表人物及课程有约翰·托马斯、巴巴拉·德恩、高瞻课程、光谱方案等。以下我们从区域活动的目的、内容及形式三个方面来进行蒙台梭利与光谱方案间的比较。

(一) 区域活动的目的

光谱方案的理论基础是多元智力理论，其目的是以确定和支持幼儿的个性强项，帮助教师、家长和幼儿来认知幼儿的多样化潜能及个性，从而使教师、家长及幼儿自身能够用更宽泛的眼光来看待能力，使幼儿的潜能获得更多表现的机会。主要目的是以各种教育方式改善幼儿的早期经验，促进幼儿的个性发展。呼应幼儿的不同智力特点，适合幼儿的工作风格，真实地反映幼儿发展程度和发展方向并以促进个性发展为宗旨，是光谱方案的核心，可以说这也是光谱活动区的教育目的。

蒙台梭利教育法通过一系列课程实现其教育目标，具体的课程目标可以概括为两个方面：一方面是生物学的目标，即促进幼儿个性自然地发展，使幼儿的"潜在生命力"得以展现；另一方面是社会学的目标，即通过培养个人适应环境的能力，使个体成为社会的一员。作为蒙台梭利教育法组成部分的区域活动，其教育目的也是促进幼儿个性与社会性的发展，就是让幼儿通过动手操作的活动实现个性化的发展。

由此可见，蒙台梭利区域活动与光谱区域活动的目的是基本一致的，两者都是一种教育手段和课程组织形式，目的都是促进幼儿的个性发展和全面发展，都注重给予幼儿潜在能力的展现机会。

(二) 区域活动的内容

光谱方案的区域活动的主要内容是根据幼儿的关键能力设计的，通过活动区来进行体现。光谱活动区一般包括语言、数学、科学、机械和建构、艺术、社会理解、音乐和运动等。而蒙台梭利的区域活动内容主要包括7个方面：日常生活练习、感觉教育、语言教育、数学教育、自然科学教育、历史地理教育和艺术教育等。光谱方案在8个知识领域里为教师提供了不同类型活动的样板，使教师能够看到儿童的长处，并能够在儿童长处的基础上有所作为。每个知识领域由15至20个活动组成，选择这些活动的理由是：①能反映各种类型的智能；②在各学习领域内，能强调和练习关键能力；③在有意义的背景中能与问题解决的技能有关；④能为教师提供为每个儿童准备的适合的课程信息。每个知识领域的一组活动一般都是自由游戏和结构化活动的组合。有些结构化的活动是与技能联系在一起的，旨在让儿童能在这个知识领域中以现有的或略为高一点的能力去完成学习任务。还有些结构化的活动将儿童的各种学习经验与课程目标整合为一体。每个知识领域的一组活动都有类似的形式加以表述：首先，有一个有关这个知识领域的简介。其次，提出一些与在此领域学习中成功有关的关键能力，有些组的活动还对活动所需的材料做了交代。在每一个具体的活动中，都列出了目标、核心成分、材料以及具体步骤。在活动的结束部分，还常包括教师应该注意的事项、对教师的建议、活动的改进和拓展等。这些活动都有益于教师的教学和评价，即教师可以运用核心成分表作为观察和记录在知识领域中学习兴趣和能力的依据。

智能光谱的学习活动分为4个类型：①儿童为中心的小组活动：教师做一简述，或做简单演示，4~6名儿童自己进行活动；②教师为中心的小组活动：教师与一个小组的儿童一起活动；③儿童为中心的大组活动：教师向儿童介绍活动，随后全体儿童或半数以上儿童进行活动，活动可以是个别化的，也可以是合作进行的；④教师为中心的大组活动：教师指导下的全班活动，教师对于儿童完成学习任务起重要的作用。在每一组活动的后面，都有一些"回家作业"，这些"作业"的目的是使家长能够参与儿童的活动过程；培养儿童所具有的长处。在许多情况下，这些活动与教室中的活动是相对应的，这样，这些技能和概念在学校和家庭中都能得到强化，而活动所需的材料大部分都能在家庭中找到。

因此，从活动区的主题内容比较来看，两者有些内容不尽相同。一方面，蒙台梭利区域活动的日常生活练习和感觉教育在光谱区域活动中就没有相应的区域，但光谱区域活动的整个活动设计都十分贴近幼儿的日常生活，也有日常生活教育的内容。另一方面，光谱区域活动的感觉教育中的机械和建构领域在蒙台梭利区域活动区中缺失，蒙台梭利区域活动的感觉教育活动中虽然也有涉及机械和建构领域的活动内容，但二者还是有本质上的差异。因此，可以说两者在区域活动内容方面既有相互重叠的部分，也有各自的特色。

(三) 区域活动的形式

光谱方案坚信大多数幼儿都能够在接触广泛经验的基础上表现出智力上独特的一面，即智力的潜能。因此，光谱方案这种新的方案就需要一种新的课程，一种能提供多种多样的活动和材料的课程，以使幼儿投入活动中并显现出自己的优势，同时也使教师有了深入细致观察幼儿学习的机会,并通过提供各种活动材料发现幼儿在学习中存在的问题并改进自己的教学方法和教学内容,最终促成幼儿以各种方式,尤其是自己所擅长的方式来学习,使幼儿能够在自己感到困难的学习领域或直接或间接地利用自己的优势。光谱方案中各区域活动内容与范例如表5-1所示。

表5-1 光谱方案中各区域活动内容与范例

区域	活动内容	范例
运动	创造性运动:主要是舞蹈和创造性运动方面的能力,如节奏感、表现力、身体控制力、对音乐的反应性	运动课
	体能发展:力量、速度、灵敏性、平衡	障碍跑
语言	创造性叙述:叙述结构的性质、主题的凝聚性、描述语气的使用、对话的使用、临时性标记的使用、表现能力、词汇水平、句子结构	故事板活动
	描述性叙述:内容准确性、结构、主题意识、词汇的复杂性、细节水平、句子结构	小记者活动
数学	数数、策略:对数字概念的理解、数数的能力、坚持原则的能力、策略的运用乃至对符号意义的理解以及把符号转换为行动的能力	恐龙游戏
	计算、数字系统:幼儿心算的能力以及进行相关记录的能力	公共汽车游戏
自然科学	博物学家:密切观察,发现相同和相异之处,形成假设,试验,对自然世界有兴趣且有认识	发现区
	逻辑推理:逻辑推理能力	寻宝藏游戏
	假设—验证游戏:仔细观察能力、发现各个变量之间的关系(如重量与沉浮的关系)的能力以及通过简单实验形成和验证假设的能力	沉浮游戏
社会	社会分析:观察、反省、分析社会现实和自己在园内经历的能力	班级模型游戏
	社会角色:给幼儿以机会反思和表达自己的情感,建议可能的解决办法	同伴互动
视觉艺术	正确观察外部世界:对组成部分、平衡以及其他与空间表现有关的方面敏感;以图形来表现某种空间关系,具体考察象征能力(基本形状)、探索程度(颜色的运用)、艺术性水平	艺术文件夹:包括自由探索的成果以及教师布置的作业
音乐	音乐创作:引发幼儿创作的能力	唱歌活动
	音乐感知:音乐辨别能力	辨音游戏、找错、敲一敲和配对、听一听和配对
机械和建构	理解物体的部分、整体:问题解决能力,关注细节;精细动作;视觉空间能力	组装活动、搭积木、拼贴图形

(资料来源:霍力岩,孙冬梅.幼儿园课程开发与教师专业发展——比较研究的视角[M].北京:科学教育出版社,2006:145.)

在蒙台梭利区域活动中，幼儿的学习主要是通过在"有准备的环境"中操作教具来进行的，而教具具有自我矫正的功能。于是幼儿就可以进行自我教育，教师主要负责鼓励和引导孩子的活动，根据对幼儿的观察进行合适的引导，然后通过不断调整教育材料，促进幼儿的良好发展。

由此可见，蒙台梭利课程与光谱方案都强调了区域内材料的丰富性、多样性和层次性，但前者的区域活动的教具具有自我纠错的功能，而光谱方案则相对开放一些，幼儿对教具的操作没有固定的顺序或程序，没有预先假定材料该如何使用。例如，在讲故事的活动中，幼儿可以讲各种各样的故事；在科学区域的沉浮实验中，幼儿可以做不同的实验。因此，蒙台梭利区域活动的形式与光谱区域活动的形式存在不同。

二、区域活动实践的比较

这一部分我们主要从区域活动中的幼儿及教师两个角度来进行比较。

(一) 幼儿的主体性及探究性

从前面我们了解的两种课程方式在区域活动中目的、内容及形式的比较，可以初步断定两者都强调在各个领域当中使用丰富和具有启发性的教具，以此来培养幼儿的主体性与探究性。但在具体的课程实践中仍然存在差异。

光谱方案中的活动较具有开放性，规定较少，大多数光谱活动在使用教具时，并不预设必须使用哪种方式以及规定什么是正确或者什么是错误的方式。例如，幼儿在故事板活动方面，可以说许多不同的故事；在浮沉活动中，可以做许多不同的实验。虽然光谱区域活动的一些教材教具也有自我反馈的功能，但大部分的光谱评估都带有一种自由探索的成分。光谱区域活动的材料是帮助幼儿来发现自己的潜能，同时允许幼儿利用特定活动之外的事物来进行探究，利用各种感官自由地探索自身的特质，从而促进自己的主体性和探究性的发展。

而蒙台梭利主张幼儿通过感官来进行学习，并为幼儿创设了一套教具，鼓励幼儿运用自己的经验来进行操作活动，实现自主性发展。例如，蒙台梭利设计的一些日常生活教具，扣扣子或系鞋带等工作，其目的也是发展幼儿的自主性。此外，蒙台梭利设计的各项教具也都希望促进幼儿的探究性发展，通过试误与自我纠错来发展幼儿的探究性能力。蒙台梭利很尊重幼儿，重视幼儿在活动中的积极性、主体性与探究性能力的发展，强调秩序感对幼儿的发展十分必要。因此，蒙台梭利的大部分区域活动都强调让幼儿用特定的方式去使用教具，而比较不重视想象游戏、共同合作或团体计划能力的锻炼。蒙台梭利教具通常是以一种规定的顺序呈现出来，幼儿在教师的督导下，用自己的速度去做每项活动。因此同光谱方案比较，蒙台梭利的区域活动具有更强的规定性。

(二) 幼儿的独特定和创造性

光谱方案的区域活动是基于多元智力理论而设计的，通过系统化的方式来识别幼儿的强项和弱项，并强调幼儿在不同的领域具有独特的专长和兴趣，可以通过各种活动促进幼儿的独特性的发展同蒙台梭利的规范化的课程设计比较来看，光谱方案的区域活动不只是一套课程活动，同时是应用多元智力理论进行个别化学习的一种媒介。同时，该方案也不是一套严格意义上的正规课程，而是一种比较灵活的课程组织形式，是一种教学方法，幼儿通过这种形式来实现自己的发展。具体可以从两个方面来理解：一方面，光谱区域活动中各区域的安排相当有弹性，幼儿可以在角落、桌子等幼儿园的任何空间内进行有关领域的活动，教师可以利用幼儿自由活动的时间来搜集有关领域的材料让幼儿运用。尽管材料是教师提供的，但教师很少限定幼儿如何使用这些材料。所以，幼儿在光谱区域活动中具有更自由的活动空间，能够很好发挥自己的独特性和创造性。这一点也是我国幼儿园应该借鉴和改进之处。另一方面，光谱教学与一般化教学的环境创设不同，一般化的教学都是在固定的区域活动的时间里、空间里进行针对某一主题的探索。但在光谱区域的活动时间内，幼儿可以通过尝试各种不同种类的活动，如绘画、组装物件以及做各种有创意的肢体活动，来完成探索活动，表现更多的独特性及创造性。实践证明，幼儿更喜欢这种富有个性化与创造性的光谱区域活动。

(三) 教师作用的比较

教师在光谱方案活动区与蒙台梭利教育活动区中体现的作用明显不同。首先，光谱方案中的区域活动对教师而言不是一个课程或一种教育模式，而是一种组织课堂的方式或课外补充活动，可以理解为只是一种方法，是教师用来了解幼儿不同认知领域特点的方法。教师通过光谱区域活动，可以在更为自由的空间和时间内，发现幼儿的发展情况并进行评估。而蒙台梭利教育环境中的教师需要对教具的具体操作了如指掌，教师的作用是辅助幼儿在活动区的活动和为幼儿的个性发展提供环境。其次，光谱区域活动并没有告诉教师应该去教什么，因而不同教师可以有自己不同的教学风格，可以针对幼儿的不同个性采取不同的教育策略。教育者要明确着重发展幼儿的什么能力？幼儿的兴趣在哪？光谱方案的活动可以为幼儿提供多元领域的经验和个性化的学习。这是与蒙台梭利教育所提供的活动区特点存在的本质差异。蒙台梭利教育的教师需要按照课程内容要求为幼儿提供操作材料，同时，活动行为要规范化。再次，光谱方案活动中的教师们通过各项活动，能比较容易发展自己的区域活动和课程。尽管教师们拥有一致的教育目标，但却可以使用不同的方法进入活动区，这样为幼儿提供的活动限定很宽泛。总之，光谱区域活动与蒙台梭利区域活动中教师的引导各有各的特点，但最终都实现了促进幼儿个性发展的目标。

第三节　蒙台梭利教育与陈鹤琴教育方法的比较

我国著名学者、教育家陈鹤琴(1892—1982)在长期进行的幼儿教育理论和实践研究的基础上，系统提出中国化的幼儿园课程与教学理论体系，是中国幼儿教育理论现代化的标志，对近现代中国教育理论和实践产生了广泛而深远的影响。其标志是20世纪40年代陈鹤琴"活教育"理论的正式提出。1927年，陈鹤琴发表《我们的主张》，有人称之为"中国化幼稚园教育的宣言书"。陈鹤琴说："我们现在办这个幼稚园，是先有了研究，再根据儿童的心理、教育的原理和社会的现状，确定下面的几种主要做法。"这些主张包括：①幼稚园是要适应国情的；②幼稚教育是幼稚园与家庭共同的责任；③凡是儿童能够学的而又应当学的，我们都应当教他；④幼稚园的课程应以自然、社会为中心；⑤幼稚园的课程须预先拟订，但临时可以变更；⑥幼稚园第一要注意的是儿童的健康；⑦幼稚园要使儿童养成良好的习惯；⑧幼稚园应当特别注重音乐；⑨幼稚园应当有充分而适当的设备；⑩幼稚园应采用游戏式的教学法去教导儿童；⑪幼稚生的户外生活要多；⑫幼稚园多采用小团体的教学法；⑬幼稚园的教师应当是儿童的朋友；⑭幼稚园的教师应当有充分的训练；⑮幼稚园应当有种种标准可以随时考查儿童的成绩。这15条主张几乎涉及了幼儿教育的各个方面，是对中国化幼稚园教育探索的全面总结。它标志着自1903年中国幼稚园产生以来终于走出了一条中国化之路，而这条路是由陈鹤琴等开辟的。

蒙台梭利是欧洲新教育运动的主将，为西方教育史上继福禄贝尔之后又一位杰出的幼儿教育家。1909年出版《适用于儿童之家的幼儿教育科学方法》，此后，其独特的蒙台梭利教学法理论风靡世界，对传统教育构成了有力的冲击，大大推进了世界幼儿教育的现代化。陈鹤琴教学法与蒙台梭利教学法各具魅力，展现了教学法理论的丰富性和多样性。

一、教学法理论来源不同

蒙台梭利教学法和陈鹤琴教学法有着不同的理论源头。陈鹤琴教学法的思想基础主要源于杜威的实用主义教育理论。杜威的实用主义教育理论对20世纪世界东西方都有着广泛而深刻的影响，成为世界所公认的现代教育理论。其基本理论观点包括"教育即生活""教育即生长""教育即经验的改组与改造"以及与之相适应的"做中学"。这一理论向传统教育提出了挑战，开辟了教育的新时代。陈鹤琴教育法理论中的"做人""大自然、大社会是活教材""做中学、做中教、做中求进步"等基本命题均是对杜威实用主义教育理论的改造。陈鹤琴曾说："我提倡的活教育是和杜威的学说配合的，因为活教育和杜威学说，其出发点相同，如所走的路子、所用的方法有相似之处。"

陈鹤琴教学法同时还受到了陶行知"生活教育"理论的影响。该理论是面向中国实际的一个巨大创造，"生活教育"理论的基本理论观点和实施方法在陈鹤琴教学法理论中得到阐述和传播。标志"活教育"理论萌芽的两篇文章《小学教师》发刊词及《活教育》发刊词的开篇都引用了陶行知的"生活教育"理论的警句，鞭辟入里地指出中国旧教育是教师"教死书、死教书、教书死"，学生则是"读死书、死读书、读书死"，号召使"这种腐化教育，变为前进的、自动的、有生气的教育"，"将儿童放在适当的环境里去发展他的生活，儿童必须从直接经验中，去学习，去求知识，去求技能，去做人"。

熟悉蒙台梭利的人都知道，她是意大利著名的教育家，也是意大利史上第一位女医学博士。于罗马大学毕业的她，开始致力于智障儿童教育的研究。1907年，蒙台梭利在意大利罗马贫民区创办了一个学前教育机构——"儿童之家"，并以此作为实验基地，进行了5年的幼儿教育实验。从而以显著成果跻身于欧洲新教育运动主将之列。1896年，蒙台梭利从罗马大学医学院毕业获医学博士，并作为助理医生留任该校附属精神病所。由于蒙台梭利走的是一条由医生、缺陷儿童的治疗、教育问题，再过渡到对正常儿童的教育研究路线。杜威对蒙台梭利教学法做过评价，但对蒙台梭利教学法体系却没有产生什么影响。蒙台梭利教学法的理论主要建立在19世纪的生物学理论、实验心理学理论和缺陷儿童教育理论的基础上，同时她还吸收了卢梭、裴斯泰洛齐、福禄贝尔的自然主义教育学精华。在对这些理论研究的基础上，提出了一套反映20世纪时代精神的儿童观和教育观以及一整套程式化的教学体系和课程体系。

二、教学方式的比较

陈鹤琴教学法和蒙台梭利教学法都是针对传统教育流弊的新教育理论，在充分体现了儿童学习主体性、尊重儿童心理特点和学习规律方面具有高度的一致性。而其实施原则和操作方式显示出各自的特色。陈鹤琴是在中国幼儿园课程科学化和本土化探索中做出卓越贡献的幼儿心理与教育家。

他的"五指活动课程""单元教学"等幼儿园课程思想借鉴了国外先进教育理念，密切结合中国实际。陈鹤琴认为课程应促进学前儿童整体的有机发展。为此，陈鹤琴以人的五个连为一体的手指做比喻，创造性地提出了课程结构的"五指活动"理论。他认为，五指活动包括以下5个方面。

(1) 健康活动：饮食、睡眠、早操、游戏、户外活动、散步等。

(2) 社会活动：朝夕会、周会、纪念日、集会、每天的谈话、政治常识等。

(3) 科学活动：栽培植物、饲养动物、研究自然、认识环境等。

(4) 艺术活动：音乐(唱歌、节奏、欣赏)、图画、手工等。

(5) 语文活动：故事、儿歌、谜语、读法等。

这5个方面是相互联系的，就像人的五个手指，共同构成了具有整体功能的手掌。学前教育课程的全部内容都包括在这五指活动之中。

陈鹤琴以他第一个孩子陈一鸣为研究对象，对其进行了长达808天的连续追踪观察、实验，记录了孩子成长过程中身心发生的每一点变化，研究分析了中国儿童身体和心理发展的特点与规律，并于1925年出版了《儿童心理之研究》一书，系统地总结了他的研究成果。而他研究儿童心理学的最终目的是为了对幼儿实施科学的教育，探寻适合中国幼儿身心发展特点、适合中国国情的幼儿园课程模式。正如他自己所说"研究儿童心理学是为了教育儿童"。他在鼓楼幼稚园进行的课程、教学等实验，都是按照幼儿身心发展规律和特点进行的。所以说他的幼儿园课程思想是在儿童心理学研究基础上进行的，有一定的科学性，对当今幼儿园课程改革仍然具有重要的指导意义。

(一)"大自然、大社会"与"有准备的环境"

陈鹤琴教学法和蒙台梭利教学法体系中都极为重视教育实施的环境(场所)的问题,尽管如此,两者仍然存在差异。陈鹤琴在"活教育"理论中,明确提出了大自然、大社会是活的教材,让儿童直接向大自然、大社会去学习。他主张儿童的环境应是幼稚园的课程组织的中心。儿童的环境包括两种:一种是大自然环境,包括动植物与自然现象,另一种是大社会环境,包括个人、家庭、集体、社会等。幼稚园的课程和教学内容应从人生实际生活与经验里选出来。而蒙台梭利所提出的"儿童之家"所提供的"有准备的环境"则是一种校内环境,从这一环境创设的要求和标准来看,她在室内环境创设上强调了要遵循儿童的身心特点,却一定程度上忽视利用儿童本有的在大自然和大社会中的日常真切生活。这一点,成为后来蒙台梭利教学法批评者的口实。

(二)"做"与"工作"

对比传统教育的书本主义的经院式教学来说,陈鹤琴的教学法把"做"作为其教学论的一个基本原则,即"做中教,做中学,做中求进步"。他特别强调"凡是儿童能做的,就让他自己去做"。这种以"做"为中心并使教学融为一体的方法论思想,实际地贯穿在陈鹤琴教学法所有的教学原则和整个教学过程中。1928年,陈鹤琴撰文《几条重要的教学原则》,其后形成的"活教育"的17条教学原则都体现了"做"的精神。同样,蒙台梭利也抨击了传统教育采用外在的惩罚或奖励等威逼利诱儿童的做法,她指出这对儿童来说,是非自然的或强加的力量,认为学校的基本教育教学应是以工作为基础。蒙台梭利教学法中的幼儿各种感官练习、日常生活技能的练习等自发的活动都是工作。工作符合儿童"生命的本能",儿童专心致志,乐在其中。工作是儿童心理发展实现的方式。工作也是儿童形成主动纪律的唯一途径。

(三)"活教材"与"工作"材料

传统教育观念是"把儿童送到学校里去读书,而老师的工作是教书"。在学校中只有书本才被认为是唯一的学习材料。久而久之,学校将变成书呆子的培育场和儿童才智的屠宰场。陈鹤琴教学法以"做"为教学的基本原则,在哪里做?怎样做?基于此思考,陈鹤琴提出了"大自然、大社会是活教材",即运用"活教材"去"做",强调生活世界是最基本的课程与教学资源。而蒙台梭利则要求在为儿童提供的"有准备的环境"中准备充足的"材料"以便于儿童工作,这种"材料"是把传统的知识教学内容的物质化为具体的、儿童可操作的实物教具或活动材料,且一般具有自动控制错误和内在惩罚的功能,以保证儿童能在工作中"自我教育"。不难看出,陈鹤琴的活教材观点注重教学中的生活特性,强调学生的亲历和体验在知识形成中的重要作用。蒙台梭利教学法的工作"材料",为摆脱授受式的灌输教学,确立儿童学习的主体地位找到了出路,有效地处理了教学中知识逻辑和心理逻辑的关系,但儿童活动被限制在工作"材料"中,没有走出教室和"材料"这一空间。

(四) 开放性和模式化

陈鹤琴的教学法是针对传统教育中教学内容陈旧僵化、教学方法机械刻板提出的，因此模式化是陈鹤琴时代反传统教育的基本思维，生活教育是其基本底色。整体上看，陈鹤琴教学法的核心部分和创新之处是其"活教育"中的教学哲学思想和课程组织原则，而不是其具体的教学方法。这使陈鹤琴教学法的内涵具有广泛的包容性、开放性和哲学指导性。运用陈鹤琴教学法时，没有现成的模式可以照搬。蒙台梭利教学法的核心是以感官教育为基础、以工作为基本方式的儿童的操作学习(练习)活动，有一套严格的操作程序和操作原则。感官教育通过配对(Pairing)、排序(Grading)、分类(Sorting)三种操作方法帮助儿童运用教具实现感觉发展并为以后的各种学习活动奠定基础。数学活动、语言活动以及艺术活动、文化科学活动、历史地理活动无不以儿童对活动材料的操作(工作)为基础，从而构成了蒙台梭利教学法与其他教学方案的重要区别。蒙台梭利教学法这种模式化，其在推行和运用过程中，简便易行，成效明显。同时，也因其教学方法的机械性而受到抨击。

三、陈鹤琴教育思想对蒙台梭利教育本土化的启示

蒙台梭利教育在世界各地的传播都存在本土化问题。对我国而言，借助一套具有中国特色的本土化教育思想体系来研究、比照、推动蒙氏教育在我国的实践，具有重要的现实意义。陈鹤琴是"中国幼儿教育之父"，是我国现代幼儿教育的开创者和改革者。他探索出了一条适合中国国情又符合我国幼儿身心发展特点的教育之路，形成了独特的本土化教育思想。对于蒙台梭利教育，他曾一方面肯定蒙台梭利的"努力和功绩揭开了幼教史的新篇章"，另一方面对其理论偏重教具、只注意感觉方面、目标在于预备将来生活等提出过质疑。

(一) 陈鹤琴教育本土化的特点

(1) 继承传统教育精华。陈鹤琴能够辩证地对待传统教育，十分注意择取其中精华。如他既严厉地批判私塾教育的糟粕，又指出私塾教育在中国已有几千年的历史，其因材施教、个别施教、行重于学等思想正是欧美新教育所标榜、倡导的，因此应当采用并发扬光大。他认为中国传统的师生制度正好避免了班级教学的弱点，暗合美国进步教育运动中道尔顿制、文纳特卡制的精神，有利于学生自由地学习和主动发展。另外，在教育内容安排上，陈鹤琴也注意选择中国传统的"历史故事"、"神话故事"等作为幼稚园的课程内容。

(2) 借鉴国外先进理念。"五四"前后，杜威实用主义教育哲学成为当时中国教育改革的价值导向，麦柯尔的来华掀起了学习实验教育学的高潮，还有当时国外流行的种种教学法，都被陈鹤琴借鉴和吸收，在此基础上组织、阐发了"活教育"理论。

(3) 融入同时代他人理论。陈鹤琴的本土化教育探索是在"新教育中国化"运动大背

景下开展的，自然受到同时代他人的教育实践与思想的影响。如陶行知批判中国旧教育"教死书，死教书，教书死；读死书，死读书，读书死"，陈鹤琴由此提出"教活书，活教书，教书活；读活书，活读书，读书活"等改革口号，可见二人互为应和，丰富了"活教育"思想。此外，陈鹤琴还吸收了陶行知"生活"概念的基本观点，提出幼稚园课程既"要有目标，又要合于生活"，并和同时代的其他教育家如张雪门、张宗麟等相互启发和促进。

(4) 重视调研与实验研究。陈鹤琴把儿童心理作为起步性实验内容，对中国儿童的心理进行了持续而深入的实验和印证，于1925年发表了我国儿童心理学的开山之作——《儿童心理之研究》，而后在了解儿童心理的基础上，把自己研究和探索家庭教育的经验与成果集结，出版了《家庭教育》一书。陈鹤琴继而又将实验研究的范围推广到幼稚园教育领域，建立了我国历史上第一所幼教实验中心——南京鼓楼幼稚园。这也是我国第一个高等院校儿童教育实验研究基地，对幼儿园课程教材和教学法、设备和玩具、儿童习惯等进行了全面细致的实验研究。

(5) 培养本土幼教师资。1926年以前，我国只有外国教会办的几所幼稚师范。陈鹤琴充分认识到"为全国需要起见，只有几所教会设立的幼稚师范是供不应求的；为教育主权起见，师范教育不应该请外人代办"，并致力于培养"具有慈母的心肠、丰富的知能和爱的性情、研究的态度"的本土幼稚园教师。

【扩展阅读】

蒙台梭利教育思想对于培养创新人才的贡献

麻省理工学院斯隆管理学院首席研究员安德鲁·麦卡菲(Andrew McAfee)在《哈佛商业评论》上发表的《蒙台梭利学校：创新人才的摇篮》一文中，列举了蒙氏教育中涌现出来的科技精英，如谷歌、亚马逊、维基百科的创始人以及艺术家、科学家等。为了说明蒙氏教育人才辈出，他甚至引用"蒙台梭利帮"(Montessori Mafia)这个概念。Google公司的创始人谢尔盖·布林(Sergey Brin)和拉里·佩奇(Larry Page)小时候均受过蒙氏教育。

科技精英威尔·赖特(Will Wright，模拟人生、模拟城市的创作者)如此回顾蒙氏教育对他产生的影响，"蒙氏教育让我感受到发现的乐趣——它向我展示如何对复杂的理论感兴趣，例如通过玩积木迷上毕达哥拉斯几何。所有的学习都是自发的，而不是依靠教师解释给你听。模拟城市游戏正是出自蒙台梭利教育，你将这个构建城市的模型给人们，他们会自行进行设计"。1982年诺贝尔文学奖获得者加夫列尔·加西亚·马尔克斯(Gabriel Garcia Marquez)如此评价蒙氏教育："在让儿童敏感于世界的美以及唤醒对生命之谜的好奇方面，没有比蒙氏教育更好的方法。"2006年发表于国际著名杂志《科学》(Science)上的一项研究，通过对一所内城区的私立蒙台梭利学校的学生与传统学校的学生的比较，得出了蒙氏教育法能使学生具备更出色的社交和学术能力的结论。

(资料来源：袁梅，倪志勇.蒙台梭利教育思想价值新探[J].比较教育研究，2015(2)82.)

(二) 蒙台梭利教育在我国的实践困境

我国几乎是与世界其他国家同时引进蒙台梭利教育的。1913年《教育杂志》即发表了第一篇相关文章《蒙台梭利女史之新教育法》，距蒙台梭利出版《适用于儿童之家的幼儿科学教育法》才4年。1914年，商务印书馆出版了第一本相关书籍《蒙台梭利教育法》。"壬戌学制"颁布后，幼稚园开始应用蒙氏教育法。1914—1915年，江苏省教育会设立蒙台梭利教育法研究会。商务印书馆同年开始仿制发行蒙氏教具。1915年，江苏省教育会召开蒙台梭利教具研究会。1916年，美国巴士迪夫人携带全副蒙氏教具来华表演，并介绍蒙氏教育法。但在实践的同时，反思和质疑声鹊起。江苏省试验蒙氏教育法的结果不理想，上报当时的教育部认为该法不合国情，难以推广。1923年国立北平女子师范大学附属蒙养园开办的两个蒙氏班级历行三年也停办了。20世纪30年代初，蒙台梭利亲自致函我国当时的教育部长，邀请我国派人赴罗马参加教师培训遭到婉拒。蒙氏教育在中国的传播陷入冬眠期。直至1981年，《幼儿园教育纲要(试行草案)》颁布，对苏联模式的颠覆才使我国再次对西方理论打开大门。蒙氏教育被第二次引进中国，20世纪80年代后，光人大复印资料转载的相关文章就达到80多篇，可见国人重新开始了对蒙台梭利教育的介绍和研究。

(三) 对蒙台梭利教育的实践与取舍

解决实践问题是应用教育理论的重要宗旨，实验和取舍是应用外来理论解决本土问题的必然选择，"否则，我们所看到的永远只是西方话语下的问题和需要，不是我们自身的真实需求"。蒙氏教育有其独特的文化背景和教育基础，是在西方文艺复兴、宗教革命、启蒙运动、自然科学破晓的历史背景和文化土壤中产生的，沐浴着自然、自由、独立、天性解放的精神。欧洲早在1816年欧文创立"幼儿学校"起，就掀起了学前公共教育运动，建立起公共学前教育制度。而中国直到1904年"癸卯学制"颁布，才将学前教育纳入公共教育学制，1919年"五四"之后才从仿效日本转为接受欧风美雨的精神洗礼。因此，我国与意大利的人文准备、教育基础等都有着显著差异，盲目搬用蒙氏教育无异于将我国儿童从民族生态土壤中连根拔起，移植到异域他乡的微缩盆景中。正如陈鹤琴所言，"对于世界性的教材和教法，也可以采用，总以不违反国情为唯一条件"，他主张只有通过实验才能获得切实的改进。因此，我们当前实践蒙氏教育，可以从每一个活生生的问题出发进行实验、探索，舍弃其中不适合国情的成分，增加教具的本土设计，突破该教育法在培养儿童创造性、合作性、语言、乐感等方面的局限性等，发挥外来理论为我国儿童服务的最大效应。

第六章
蒙台梭利教育在中国学前教育中的发展与应用

【蒙氏格言】

1. 理论与实际结合，反复论证和阐释。
2. 重视丰富儿童的早期经验，重视儿童早期教育。

第一节　蒙台梭利教育的中国化历程

从蒙台梭利方法的酝酿过程到实验与提炼蒙台梭利教育的特色，再到蒙台梭利方法的传播与应用，蒙台梭利教育对世界的影响和传播带来了巨大的贡献。20世纪10—30年代蒙台梭利教育传入中国，由于不符合当时的中国国情，最终受到了遗弃。纵观蒙台梭利教育在中国的传播，可以将它分为兴起、没落、复兴三个阶段。[①]

1. 第一个阶段——兴起

中国接受蒙台梭利教学理念始于20世纪初。我国最早引入蒙台梭利教育法是在民国时期，由于当时的社会现实状况，蒙台梭利教育法在我国引入初期，具有一定的历史特点。内容介绍比较丰富，但持续时间较短。蒙台梭利教育法从1913年开始传入我国，到"五四"前后，已经形成一股幼稚教育和小学教育的思想潮流。以当时较为权威的《教育杂志》和《中华教育界》两个期刊为例，1913年至1928年发表在《教育杂志》的文章中涉及蒙台梭利教育法的共有21篇，其中对蒙台梭利教育法进行较为详细论述的文章有13篇。1916年的第五卷第二期到第五卷第十二期连载了顾树森和王维尹合译的《蒙台梭利教育之儿童》，对蒙台梭利教育法进行了详细的介绍。

蒙台梭利教育是以对儿童的尊重、精准的教具、优雅的老师、有准备的环境为代表的新颖的教育，一经传入就征服了大批中国教育者。我国幼儿教育家陈鹤琴先生高度评价蒙台梭利，认为她揭开了幼稚教育新篇章，使幼稚教育耳目一新。

蒙氏教育从20世纪10年代到20世纪90年代在中国的发展历程可用表6-1来描述。

表6-1　蒙台梭利教育刚进入中国的历程

时间	人物或组织机构	事件
1914—1915年	江苏省教育会设立蒙台梭利教育法研究会	商务印书馆仿制发行蒙台梭利的教具

[①] 陈闽光. 浅析蒙台梭利的中国化历程[J]. 现代企业教育，2008年，(12)下期：138-139.

（续表）

时间	人物或组织机构	事件
1915年4月	江苏省教育会	召开蒙台梭利教具研究会
1916年	美国巴士迪夫人	携带全副蒙台梭利教具来华表演介绍蒙台梭利教学法
1916年	顾树森、王维尹	《中华教育界》连续发表顾树森、王维尹合译的《蒙台梭利教育之儿童》
1916年	江苏省教育会	经过实验，认为蒙台梭利教学法不合国情
1923年	国立北平女子师范大学附属蒙养园	招新生两班，实行蒙台梭利教学法，但3年后无疾而终
20世纪30年代初	蒙台梭利博士	蒙台梭利博士亲自致函中国教育部长蒋梦麟，邀请中国派人赴罗马参加蒙台梭利教师培训，并征集在中国采用蒙台梭利教育的报告及书籍时遭到了拒绝

　　这一时期我国学术界对蒙台梭利教育法的介绍比较全面，主要集中在：对蒙台梭利本人及其儿童之家的介绍、对蒙台梭利教育法的介绍、对蒙台梭利教具的介绍。表6-2记录了蒙台梭利相关著作介绍。

表6-2　蒙氏教育在中国兴起时的著作介绍

蒙氏相关文章	刊登著作或期刊	作者	文章简介
《蒙台梭利女史之新教育法》	1913年《教育杂志》第五卷第一号		概要说明了儿童之家的一日生活常规，介绍了感觉练习、书写、读法和数学教育，指出"其所谓感觉练习知识者，尤以练习感觉为主"，"教授书法，可分三期"
《蒙台梭利新教育法之设施》	1913年《教育杂志》		从"新教育法之特色""蒙台梭利学校之教具"和"应用新教育法之成效"三个方面对蒙台梭利教育法进行了论述，尤其对"蒙台梭利学校之教具"进行了非常详细的论述
《今后之学校》	1918年天民在《教育杂志》第十卷第四号		对蒙台梭利的自由教育思想进行了肯定
《欧美最近教育思潮》	《中华教育界》民国三年十一月号	顾树森	文中提到蒙台梭利女史亦为主张儿童中心之最力者。蒙氏以儿童自由活动以发达其天然之本，能又使之遵法以限制其不正当之自由，从自由作业以养成其自主独立之习惯，是为蒙氏之教育原理
《幼稚教育之新趋势》	1927年	陈鹤琴	文中反映出陈鹤琴先生对蒙台梭利教育法进行了反思和批评，他认为蒙氏教具过于呆板，而且束缚了儿童的自由

　　我国教育界人士也开始结合我国的具体国情，对蒙台梭利教育法本身进行思考。此外蒙台梭利教育法本身的局限性也是我国学者提出质疑批评的重要原因之一。虽然进行了早期蒙台梭利教育法中国化的探索，但实践发展不足，我国教育界人士自蒙台梭利教育法引入之始，便理性分析蒙台梭利教育法中国化问题，进行早期蒙台梭利教育法中国化探索，这种精神是难能可贵的。

虽然我国学者对蒙台梭利教育法进行了早期的中国化探索，但是蒙台梭利教育法在我国早期实践发展并不充分。1914年江苏省教育会成立了"蒙台梭利教育法研究会"，1916年上海寰球中国学生会邀请美国巴士迪夫人演说蒙台梭利教育法。1923年国立北平女子师范大学附属蒙养院引进蒙氏教育法，与传统的福禄贝尔教育法相对照，开办了两个蒙台梭利班。但受当时社会的影响，短短三年后于1926年停办。

1927年舒新城在《中国幼稚教育小史》一文中写到这段历史时期我国的幼稚园有三种：第一种是外国教会所办理的幼稚园，设施比较完善，宗教色彩浓厚，而且幼稚园数量要多于我国国人所办；第二种是日式幼儿园，除日本人办理的以外，还有部分是中国人按照日本的幼稚园模式办理；第三种就是普通式幼儿园，方法以福禄贝尔式为本位，间有采用蒙台梭利法者。虽然这一历史时期蒙台梭利教育法在我国有所发展，但总体来说采用蒙台梭利教育法的幼儿园并不多，直接以蒙台梭利教育法命名的幼儿园更无史料记载。

就这样，蒙台梭利教育法在我国引入初期呈现出一定的特点，在当时民国时期的大背景下蒙台梭利教育在中国遭遇了严冬。因此20世纪初的中国没有实施蒙台梭利教育的经济基础和理论基础，再加上国际上在此时出现了对蒙台梭利教育的异议，最终导致蒙台梭利教育在中国没能传播开来。

2. 第二个阶段——没落

20世纪40—70年代蒙台梭利教育在中国沉寂，并受到批判。1949年新中国成立前，中国经历了抗日战争和解放战争。在这个背景下人的生存权受到威胁，更无法谈及受教育权。虽然当局通过了战时各级教育实施方案和纲要，颁布了《幼稚园规程》，后又修正改为《幼稚园设置办法》。但当时的战争背景，使它们成为一纸空文。幼稚园的数量急剧下降。即使在解放区，由于战争，保育院和幼稚园的课程设置也不够全面细致。蒙台梭利教育被人遗忘，在中国沉寂下来。

1949年中华人民共和国成立，中国人民开始社会主义新中国的建设。新中国政府十分重视教育。但由于经验不足，中国决定向有经验的社会主义国家苏联学习，教育全面苏化。与此同时，欧美多个国家和地区都受蒙台梭利教育影响进行教育改革，而此时的中国教育思想对西方国家的幼儿教育思想进行了批判，大举反对蒙台梭利教育的旗帜。蒙台梭利教育被认为是唯心的、机械的、体现的是资产阶级的儿童观和自由主义的教育观，是将训练智力弱的儿童的方法直接应用到正常儿童身上的不实用的教学法。由于对蒙台梭利教育的批判加上了政治的因素，蒙台梭利教育在中国无人敢介绍无人敢采用。继而蒙台梭利教育在中国停滞了，人们无法真正了解蒙台梭利及其教育，蒙台梭利教育受到了诋毁和扭曲，逐渐被人们遗忘。

3. 第三个阶段——复兴

20世纪80年代至今，蒙台梭利教育重新受到关注，中国兴起蒙台梭利教育热。20世纪80年代，中国实行改革开放的政策，教育全面恢复，走向健康。在改革大潮中，国外一些先进的儿童心理学、教育心理学、教育学理念传入国内并在实践中被逐渐接受。

人们用全新开放的眼光对待外来的教育经验。1985年北京师范大学出版社出版了北京师范大学教授卢乐山编著的《蒙台梭利的幼儿教育》一书。1990年和1993年人民教育出版社出版翻译了蒙台梭利的四本专著，即《童年的秘密》《吸收性的心智》《蒙台梭利教育法》《儿童自发性活动》。随着宣传的深入，人们终止了对蒙台梭利的批判，取而代之的是对蒙台梭利教育的客观介绍，并开始了对它的研究。

1985年成立的蒙台梭利启蒙研究基金会在1994年与北京师范大学合作进行蒙台梭利教育的研究。北师大实验幼儿园及北京市北海幼儿园成为该项目的实验基地。1994年暑假，台湾派讲师来到北京师范大学培训老师，秋季开学后便正式启动了"蒙台梭利教育中国化实验研究"课题。北师大威斯达公司紧跟实验研究，于1996年春季完成了蒙台梭利教具的生产，成为我国第一家生产蒙台梭利教具的公司。与此同时，北京市崇文区第三幼儿园、宁夏银川市蒙台梭利幼儿园也相继开始了蒙台梭利教育的实验研究。1996年，国家教委立项"蒙台梭利教育中国化"科研课题、蒙台梭利研究进入中国教育学会"十五"规划课题、"幼儿园学习能力发展的试验研究"、全国哲学社会科学"十五"规划课题、"新世纪中国素质教育研究"等。至此拉开了蒙台梭利教育在中国幼儿园中应用的序幕。

由于实验进展和成效显著，越来越多的幼儿园开设了蒙台梭利教育实验班。蒙台梭利教育理念从信息发达的沿海辐射到内地、从大城市到中小城市、从公办幼儿园到民办幼儿园。蒙台梭利教育与上一次登陆中国不同，如今蒙台梭利教育热在中国有着升温的迹象，究其原因有以下几个。

首先，当代的教育学和心理学理论产生了变化。这种变化与蒙台梭利的思想越来越一致。重视儿童潜能、关键期教育、对环境和教师的特殊看法等那些在20世纪初被认为是过时的思想，如今却得到了重新的认识。一些教育家甚至认为自己搞了几十年的教育改革，事实上蒙台梭利早就在实行了。中国有了蒙台梭利教育传播的理论基础。此外，蒙台梭利教育再次传播正赶上国内幼教大改革时期。人们已发现传统的苏式分科教学中过分强调教师的主导地位，片面强调幼儿智力发展，忽视幼儿主体性，重上课轻游戏，重智育轻德育、体育等弊端不利于幼儿成长。人们正急于要找到一个新的替代体系。

其次，蒙台梭利的教育理念与中国教育改革精神有着相通之处。蒙台梭利教育希望培养出自发性学习的孩子，着重培养孩子的独立性、专注力、敏锐的观察力，有自信心并能守纪律、尊重别人。这些都迎合了当今中国提出的终生教育和素质教育的要求。此外蒙台梭利教育重视教师对环境的创设和幼儿自主学习。这与我国《幼儿园工作规程》也有相通之处。

再次，中国日益增强的国力和中国独生子女政策实行后人们对幼儿教育的高度重视，为蒙台梭利教育的传播提供了经济基础。虽然目前蒙台梭利教育的教具购买和教师培训仍需一定的经费投入，但这还是可以被很多的幼儿园接受。家长们对蒙台梭利教育的热情也成为幼儿园愿意投资的一个原因。蒙台梭利教育在中国有了施行的经济基础。

最后，一些参观过蒙台梭利教育的人纷纷表现出了对蒙台梭利理念的兴趣。这一方面是因为蒙台梭利摒弃以往传统的教师与幼儿单向输送的教学方式，突出教具和环境的作用，给幼儿极大的自主，深受幼儿的喜爱。人们看到的是在安静有秩序的环境中专注工作的孩子，与中国传统的价值观相符，得到了家长的欢迎。另一方面是因为蒙台梭利教师举止优雅，说话温文尔雅，受人欢迎。一些基层教师深有感触地叹息自己先前为了安抚学生维持秩序而喊哑嗓子的年代是多么没有价值。由于新的教育学、心理学理论的普及，国际上越来越多的实践工作者在抛弃原有的教学理念的同时，重新发现了蒙台梭利教育的闪光点，提出要推行具有本国特色的蒙台梭利教育。

2007年5月16日在浙江德清莫干山召开的会议上，浙江大学教育学院的田正平教授发表了题为《蒙台梭利教育思想在近代中国》的重要演讲，呈现了蒙台梭利教育94年前初次进入中国的情况，然后安德烈主席面对媒体记者说过一句话："94年前是中国选择了蒙台梭利，现在是蒙台梭利选择了中国。"这是一句意味深长的话，它表明了蒙台梭利教育和蒙台梭利运动在中国已经找到了一块肥沃的土壤，已经播下了种子，孕育了差不多整整一个世纪，现在已经是到了破土而出、蓬勃生长、开花结果的时候了。

第二节　蒙台梭利教育本土化现状及发展趋势

进入21世纪后，我国已有越来越多的幼儿园及高等院校加入蒙台梭利教育的课题研究中，如东北师范大学率先创立了蒙台梭利幼儿教育本科专业，辽宁师范大学也于2007年建立蒙台梭利学前教育硕士课程班。与此同时，蒙台梭利教学法本土化实验研究方面也取得了显著的成效。北京市崇文区第三幼儿园、宁夏银川市蒙台梭利幼儿园相继开始了蒙台梭利教学法本土化实验研究。

2005年，徐琳和郑蓓简要介绍了蒙台梭利教育模式的核心概念，如儿童观、教师观和教学观以及蒙台梭利教育模式的教育目标、内容和方法。2006年，聂懿从儿童的自我发展、成人与儿童的发展、环境与儿童的发展三个方面阐述了蒙台梭利的儿童教育思想，认为幼儿教师应重视对儿童的观察和分析、成人思想的反省和发展环境的创设。2006年，曹冬在具体介绍蒙台梭利教学法的同时也指出了其本身的局限性，并对蒙台梭利教学法在我国的实践情况展开了实际调查，提出要使蒙氏教学法更好运用于我国幼儿教学实践，必须正确地理解蒙氏教学法的精髓，在完善蒙氏课程内容的同时，需进行幼儿园自身环境设计及教具的开发。2006年，陈学东在其《蒙台梭利教学法园本化探索》一文中全面地介绍了某幼儿园学习和继承蒙台梭利教学法潜在的现代化理念及其开展蒙台梭利教学法的优秀教学经验，从教具的开发和使用、蒙氏亲子教育的实施及对幼儿的评价等方面展开了园本化的探索。2009年，赖竹婧在其《蒙台梭利教育本土化的个案研究》一文中主要采用文献法、访谈法、观察法和实物收集法4种研究方法对蒙台梭利教学法进行实地调查研究，重点介绍并分析了重庆市北碚区某幼儿园蒙台梭利教学法本土化的具体实践情况，指出问题的同时也提出了相关建议。

蒙台梭利教育法对当今我国幼儿教育的改革与发展有着重要的借鉴意义，但与此同时必须正视我国蒙台梭利教育实践过程中存在的问题，我们应该总结这些经验，以期待蒙氏教育在中国更好地发展。蒙台梭利教育法于1994年开始流行，至今已有300多个蒙台梭利教室。然而，我国蒙台梭利教育实践过程中还存在许多不足。这些不足主要体现在以下几个方面①。

一、缺乏对蒙台梭利教育法真正内在价值的理解

蒙台梭利教育法真正具有的价值应该是它对儿童的看法以及儿童发展与环境的关系，其核心在于观察、了解儿童发展的内心世界，发现"童年的秘密"，揭示儿童的自然发展进程及其规律性，以确定其个别化教学的目标，而后提供适宜的环境，满足不同儿童的需要。但是，我国许多幼儿园在"引进"蒙台梭利教育法的时候，常常以为拥有一整套蒙式教具(见图6-1)，建立起蒙式教室就可以实施蒙台梭利教育法了。而且，受功利主义的影响，一些幼儿园在引进和使用蒙台梭利教育法的时候，更多的把它作为一个"旗号"和"卖点"向家长推介的，并以此为名目办起了"蒙式兴趣班"，向家长额外收取高额的费用。而一些父母受宣传误导的影响及教育子女观念上的偏差，也对这样的教育津津乐道。如此，在幼儿园和家长共同的利益驱使下，牺牲掉了蒙台梭利教育最有价值的精神。

图6-1　蒙氏教具陈列在幼儿园活动区

二、缺乏对蒙台梭利教育思想实质的了解

在对待西方先进理念的态度上，特别是在接受国外先进理念的时候，往往只学表面形式，而非内容精髓。如对待蒙台梭利教育法，只引进和开发"教具"，通过一两次的培训来教会教师使用，而对蒙台梭利教育思想的实质却不甚了解。又如近年来掀起的"瑞吉欧"热，人们更多学习它的方案教学以及主题网络式的课程模式，而对瑞吉欧的教育思想，即对儿童的独特理解以及在此基础上建立起的儿童教育观却不进行深入探讨。所以，我们目前最重要的问题不是简单地排斥或接受某种先进的理念，而是需要补上最重要的一课，那就是循着西方近现代儿童教育科学理论的发展轨迹，形成我们文化中应有的对待儿童的正确立场。

---

① 赵敏.蒙台梭利教育法在我国幼儿园运用中的不足[N].毕节学院学报，2011(3).

三、忽视混龄班的开设

混龄活动的创设，使不同年龄的幼儿集聚在一起，为幼儿营造了一个类似兄弟姐妹式的家庭氛围，可以弥补独生子女缺乏与不同年龄儿童交往的机会，更多地满足幼儿交往的需要。幼儿在交流中可以相互学习、了解一些信息和知识，对幼儿社会性品质的发展有一定的推动作用，对其交往能力有着不同程度的促进作用。对于年幼的幼儿来说，通过在混龄活动中与年长的幼儿交往，其领会能力、观察能力及跟随模仿能力均得到了增强；而年长的幼儿与年幼的幼儿一起游戏时，其责任感和榜样的作用增强，谦让和友好的行为也随之增加。面对比自己小的弟弟妹妹，大幼儿更愿意和他们分享他们的玩具、食物，更愿意在有冲突的时候谦让他们。因此，混龄编班对于促进儿童的社会性发展发挥了独特的作用。如今人们依然普遍认同和接受同龄编班，对混龄编班还没有多少概念。

蒙台梭利教育法中的混龄编班进入我国，会面临众多挑战。挑战之一，幼儿教师面对的不再是同龄班上水平相对齐整的孩子，而是有着不同年龄特点和发展需要的孩子，这就对教师提出了更高的要求。她们需要了解、观察、研究和引导每一个孩子，并促进每一个孩子健康、全面地发展。挑战之二，幼儿家长对混龄编班这一有别于我国多年来传统班级形式的新形式，从心理上难以很快认同：年长幼儿的家长可能会担心自己的孩子经常和年幼的孩子在一起，发展上要"吃亏"；年幼幼儿的家长可能会担心自己的孩子常和年长的孩子在一起，交往上会"受气"。蒙台梭利班级组织形式面对的这些挑战，要求我们在将蒙台梭利教育法"中国化"时，要充分考虑班级组织形式等问题。

四、幼教实践中过于注重蒙台梭利教育法产生的经济效应

在我国实施蒙台梭利教育法的幼儿园中，有不少幼儿园引入蒙台梭利教育法的目的仅仅是为了追求经济效益的最大化。因为现在的幼儿绝大多数是独生子女，因此入园的孩子有相应减少的趋势。一些幼儿园，特别是私立幼儿园，为了追求入园率，就打出蒙台梭利教育的大旗来吸引生源，而不顾自己本园的实际情况，匆忙购买教具，培训教师，致使蒙台梭利的学习只是形式上的，是做给家长和领导看的，而缺乏对蒙台梭利教育实质的把握，不利于孩子全面和健康地发展。

五、幼教实践中只重视蒙台梭利教育形式而忽略对教育精髓的把握

在我国当前的幼教实践中，学习、应用蒙台梭利教育法的风气非常浓，然而，引进与移植中的形式主义也非常严重。比如，蒙台梭利的教具是其教育法中十分有特色的部分，而在一些幼儿园中，经常可以看到在移植蒙台梭利教育法时，误认为只要将蒙台梭利的教具摆放在教室的各个区域就是在实施蒙台梭利教育法了，而没有把握蒙台梭利对孩子自我发展能力的认可和在此基础上提供有准备的环境。实质上，蒙台梭利课程的核心在于观察、了解儿童发展的内在需要，以确定其个别化教学的目标，而后提供适

宜的环境，满足不同儿童的需要。课程组织的中心是儿童，而不是教具的简单操作(见图6-2)。

图6-2　幼儿使用蒙氏教具操作

六、幼教实践中缺乏真正领会蒙台梭利教育思想精髓的教师

蒙台梭利非常重视教师的作用。她指出学校教育的实际是要把科学研究的人类学、实验心理学理论、研究方法与教育实验相结合，而这种结合首先应体现在教师身上。她说："我们可以假定，通过我们长期耐心的训练，已经培养出习惯于自然观察的教师，并具备了自然科学家的献身精神和科学态度。"蒙台梭利指出，教师不仅是环境的提供者，还是一个观察者和示范者。教师在准备好的环境中，在儿童操作教具的过程中是个观察者，观察的目的在于对儿童进行引导，观察儿童对教具的兴趣及持续的时间，甚至还要注意他们的面部表情。儿童有需要时，教师应随时出现在其身边，必要时及时给予指导或适当的刺激，让儿童达到自我发展的目的。同时，教师在儿童操作教具的过程中是个示范者，在儿童自由选择、使用教具时，教师要做简单的示范。当儿童模仿出现错误时，教师不要直接告诉儿童解决的方法，而是再一次示范或引导其选择另一个新玩具。如果用蒙台梭利提出的教师准则来评价我们已经开展或者将要开展蒙台梭利教育的教师，那么有多少教师是合格的，是真正在自己的教育实践中体现蒙台梭利的教育精髓呢？因此，培训一批真正领会蒙台梭利教育思想精髓的教师迫在眉睫。

七、幼教实践中忽视了蒙台梭利教育法本身的局限性

蒙台梭利高结构化的课程不利于发挥儿童的主体性。蒙台梭利教育法毕竟脱胎于智障儿童的训练方案，再加上这种教育法的结构化程度较高，所以儿童的行为常被高结构化的活动所限制，不利于儿童主体作用的发挥。比如，蒙台梭利虽然强调在操作教具时给予

儿童自由,但这种自由只是选择教具和选择时间上的自由,儿童在操作教具的方法、规则上没有自由,因为蒙台梭利设计的教具的操作步骤和方法是固定的,儿童不能改变,她要求的只是让儿童按照某种固定的步骤和方法不断地进行重复的练习,儿童完全处于被动状态,十分不利于儿童创造力的发展。而且,蒙台梭利教育中忽视了儿童的情感陶冶和社会化过程。

目前,越来越多的幼儿园组织起了蒙氏教育的相关学习和研讨。随着家长对幼儿教育的高度重视,蒙氏教育已经逐渐深入到广大家庭教育中。蒙氏教育家园共同的促进作用如图6-3所示。

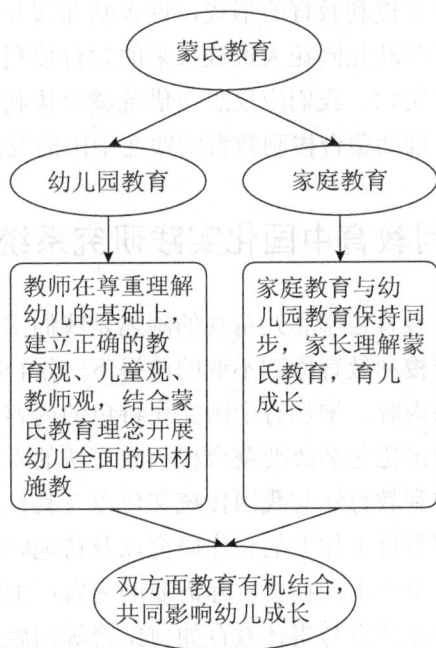

图6-3 蒙氏教育家园共同的促进作用

第三节 蒙台梭利教育"本土化"过程中应保留的特质

2001年教育部颁发了《幼儿园教育指导纲要(试行)》,标志着我国幼儿园课程改革进入一个新的阶段。《幼儿园教育指导纲要(试行)》鼓励幼儿园根据地方特点自行设计和选择课程,打破了长期以来我国幼儿园统一选择课程和教材的局面,赋予各地幼儿园极大的自由。各幼儿园纷纷开始探索适合自己的幼儿园课程模式。由于相当一部分幼儿园尚未具备独立设计课程的能力,所以许多幼儿园尝试从国内外的先进教育方法中选择适合自己的教育模式。众所周知,蒙台梭利教育法强调尊重儿童,以儿童为中心,这正好符合幼儿园课程改革的需求，因此许多幼儿园开设了蒙台梭利课程班，开始进行蒙台梭利教育中国化实践。

教师素质是影响蒙台梭利教育法有效性的重要因素。在国外，受训者要参加至少1～2年的全脱产培训，特别是要在正规蒙台梭利幼儿园实习9个月后才可能获得蒙台梭利教师专业资格证书。据不完全统计，目前我国大约有1万个蒙台梭利幼儿班。蒙台梭利教育实践在我国迅速开展，蒙台梭利教育中国化研究取得了突出的成就，为我国儿童的健康成长带来了益处。有研究表明，与其他教育模式相比，接受过正规蒙台梭利幼儿教育的儿童在个性(人格)发展方面具有一定的优势。与此同时我们也应该看到由于缺少对蒙台梭利教育法的深入理解，盲目照搬蒙台梭利教育的形式，许多幼儿园开展了错误的蒙台梭利教育实践，最后被迫改弦易辙。有些幼儿园花大价钱买来的蒙台梭利教具已经蒙上了灰尘，幼儿园的蒙台梭利教育实践名存实亡。我们应反思在借鉴蒙台梭利教育的过程中出现的种种问题，并从以下几方面着手，推动蒙台梭利教育实践在中国的发展。

一、促使蒙台梭利教育中国化实践研究系统化

蒙台梭利对教育目的、教育哲学和儿童观的阐述是我们实施蒙台梭利教育时必须遵守的原则。我们要在秉承蒙台梭利教育原则不变的前提下，结合我国的实际，改变蒙台梭利教育法中不符合我国国情的内容，增加有中国文化特色的内容，推动蒙台梭利教育中国化实践的开展，而不应该借中国化之名改变蒙台梭利教育法的本质，否则就不能称其为蒙台梭利教育法了。在将蒙台梭利教育法与我国传统文化以及其他教育模式相结合时，我们要注重开展高校专家与幼儿园教育工作者的合作研究以及跨地区的横向比较研究；注重研究蒙台梭利教具，淘汰其中不符合中国社会实际需要的内容；细致探讨混龄教学如何实施、各科教学法如何综合、个别化教育与集体教育如何结合等问题；对接受蒙台梭利教育的儿童的发展进行纵向追踪研究，与其他教育模式相对比，用实证结论论证蒙台梭利教育的价值等。我们也要不断吸收其他教育模式的精华，与蒙台梭利教育法相结合，以促进儿童的全面发展。与此同时，我们还要加强与世界各国蒙台梭利教育工作者的交流与合作，借此提高我国蒙台梭利教育的理论和实践水平。

二、提高蒙台梭利教师培训的规格和质量[①]

虽然我国目前已有两所大学在进行高层次的蒙台梭利教师培训工作，但其毕业生的数量根本无法满足我国幼儿园对蒙台梭利教师的需求。另外，目前许多国外教育机构纷纷进入中国市场，试图与中国教育机构合作培训蒙台梭利教师。因为缺乏统一的管理，各个教育机构的培训质量参差不齐。因此，国家需要出台正式的文件，对蒙台梭利教师的资格做出规定并加以审核，同时整合全国所有的蒙台梭利教师培训机构，使其规范化。只有这样

---

① 刘文，魏玉枝.蒙台梭利教育实践在中国的发展与展望[J].幼儿教育(教育科学)，2008(3)：9-12.

做，才可能提高蒙台梭利教师培训的规格和质量，避免一些幼儿园因为唯利是图、急功近利而导致蒙台梭利教育变成"蒙事"教育，才可能在一定程度上避免国外教育机构对我国蒙台梭利教师教育市场的占有。

三、扩展蒙台梭利教育实践的范围

到目前为止，蒙台梭利教育中国化的理论研究和实践研究大多集中在幼儿教育阶段，主要在幼儿园中进行。我们可以在以下4个方面扩展蒙台梭利教育实践的范围：①目前有些幼儿园中的幼儿只有进入专门的蒙台梭利活动室后才能够接受蒙台梭利教育活动。实际上，只要符合蒙台梭利的教育观和儿童观，体现蒙台梭利教育的理念，即使不使用蒙台梭利教具，不在专门的蒙台梭利活动室中进行的教育活动，也应该被称为蒙台梭利教育活动。因此，该让蒙台梭利教育走出蒙台梭利活动室，在整个幼儿园中开展正确的蒙台梭利教育实践。②蒙台梭利教育一直非常重视学校与家庭教育的配合。但是目前我国幼儿园在开展蒙台梭利教育实践时，与家长的沟通、对家长的培训还不够。幼儿园应该重视开展家长教育工作，让家长了解蒙台梭利教育，引导家长更好地配合幼儿园开展蒙台梭利教育。③不少人认为蒙台梭利教育代表的是贵族的幼儿教育，因为当前不少幼儿园把蒙台梭利教具作为招生的噱头，收取高额费用，但实际上未必进行真正的蒙台梭利教育，以至于有人将蒙台梭利教育误解为"蒙事"教育。目前社会大众对蒙台梭利教育的评价也是毁誉参半。事实上，1907年蒙台梭利的第一所"儿童之家"就是在罗马的贫困地区创立的。我国目前已经有一些学者开始尝试将蒙台梭利教育平民化，取得了积极的效果。④随着蒙台梭利幼儿教育实践的开展，以及蒙台梭利教育研究的深入，仅仅在幼儿教育阶段提供蒙台梭利教育服务已经不能满足整个社会的需求。蒙台梭利教育实践在世界各地历经百年而不衰，这在幼儿教育史上是不多见的。我们应像蒙台梭利那样怀着对儿童的崇拜之心，更好地理解童年是什么样的，更好地懂得儿童是怎样进行学习的。如果我们以蒙台梭利那样虔诚的心和执着的精神去研究蒙台梭利教育实践的中国化问题，那么这条道路就不会显得很漫长，我们最终会实现促进儿童身心全面和谐发展的目标。

蒙台梭利教育理论的观念和方法不仅得到很多教育者的认可，近年来，也得到了家长的认可。蒙台梭利教育理论在我国呈现了良好的发展趋势，但在具体的家庭教育中，很多家长还不能正确和灵活地应用蒙台梭利的教育思想，应加强家长对蒙台梭利教育的认识。

【拓展阅读】

随着蒙氏教育在中国的普遍开展，蒙氏教育已经成为中国家庭教育的重要指导思想，对孩子"放纵"问题的讨论声不绝于耳，在这里从蒙氏教育发展角度剖析适度地"放纵"孩子个性。

我们经常看见这样的场景：当保姆看见孩子吃力地端着一杯水走来走去，她会毫不迟疑地走过去帮忙，端一杯水对任何成人都是轻而易举的事，对保姆来讲不过是举手之劳。我们也经常看见在公园里，老人紧紧跟在孩子后面，每当孩子做出什么出乎老人意料的动作，比如突然跑起来，抓住路边的树枝，捡拾地上的野果，跳跃着过小沟等，老人就赶紧抓住孩子的手：快别这样，这样危险，这样脏，这里面有虫子。

在孩子的一生中，有些阶段是至关重要的，出生前身体的形成阶段，0~3岁心理的形成阶段，3~6岁性格和社会观念形成的阶段，它不取决于说教而取决于自然规律。这些都是人类本能的行为，它们只有在自由有序的环境中才能得到很好的发展。成年人不能过于干预教授这个阶段的孩子，大自然赋予了他们通过工作发展自己的能力。这个过程有点像种花。我们给它准备了够大的花盆、肥沃的土壤，还要保证有适合的气温、充足的光照，还要定期浇水，但这一切都只是在控制环境。至于花什么时候发芽、什么时候长高、什么时候开花、开出什么品质的花，都是花种子内部设定并自行展示出来的。良好的环境使花的潜力发挥到最大，但是我们的期望、要求和说教却不能有任何作用。在"学习之家"里的孩子自主学习，显示出了很强的自主和自律，老师的指示和命令反而使孩子的自尊心受伤。这也说明，我们传统的学校和老师可能并不真正了解孩子的需要。这就是蒙氏教育在我国发展过程中需要思考和实践的。

教育不能简单地用约束来替代。孩子做事没有规律是因为曾经有人随意地强制他们有规律地做事，孩子懒惰是因为他们曾经被强制去进行工作，孩子们不听话是因为以前他们曾经被强制听话。任何对孩子的威胁、利诱都是没有用处的，我们要做的就是为孩子提供一个正常的活动空间和条件。

孩子对事物的道理没有直观的经验，是无法真正理解的，我们所能做的就是创设自由有序的活动环境并保护孩子的活动不受阻碍。只要在环境的影响下，孩子才能在发展过程中显示自己的力量：有自发的纪律性、不停地愉快工作、有社会良知、愿意帮助和怜悯他人。

如果我们认为自由就是让孩子做任何想做的事情，不管是正确的还是错误的，那么，孩子偏离的性格就会继续发展，他们就会更加不正常。我们要做的是"适度的放纵"，而不是撒手不管。我们有责任保护孩子的身心安全，并及时纠正孩子的偏差。

摘录自《蒙台梭利育儿全书》。

第七章
感觉教育课程及教具操作

【蒙氏格言】

1. 当孩子做感觉练习时，教具本身能使孩子们检查并纠正错误，教师除了观察外，什么也不必做。

2. 感觉训练的目的在于通过反复练习改善对不同刺激的感知能力。

第一节　感觉教育概述

一、感觉教育的定义

在我们详细介绍蒙氏感觉教育之前，我们必须了解什么是感觉教育。感觉教育也称为感官教育。所谓感官是指人们的感觉器官，包括五官和肢体。而感觉教育中的感官，主要是指眼睛、耳朵、鼻子和双手等。感觉器官将我们和周围的环境有机地联系在一起，是人们获取对大自然的感性知识的纽带。通过感官我们对大自然有更多的了解，并积累更丰富的经验。感觉教育是指经由视觉、味觉、嗅觉、听觉以及触觉上的外界刺激传给大脑的信息，再经由大脑传到感官使孩子产生知觉，发展他的观念、思想、理解等方面的能力。

二、感觉教育的地位

研究感觉教育的地位有助于了解感觉教育在整个蒙台梭利教育中所扮演的角色。蒙台梭利教育包括感觉、语言、科学、数学和日常生活教育。根据蒙氏感觉教育理论，感觉教育的发展先于智能的发展，是从日常生活教育到语言、数学和科学教育的踏板，也就是说感觉教育是进行语言教育、数学和科学文化教育的基础。幼儿在两岁半进入蒙氏幼儿园时，首先进行入园之初的活动，以不太需要教师提示的日常生活练习为主要内容。等幼儿逐步熟悉园内的生活之后，才开始真正的日常生活练习。到了3岁左右，再以感觉教育为实施重点。当幼儿4岁后，感觉教育已经有了一定的基础，此时再进入语言、数学、科学文化的教育。图7-1很形象地把蒙台梭利感觉教育的地位表明出来了。

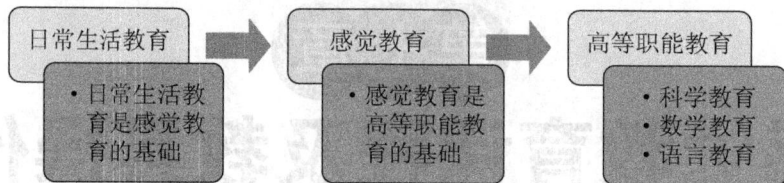

图7-1　蒙台梭利感觉教育的地位

我们可以用一句话来总结一下，感觉教育以日常生活教育为基础，而感觉教育成为发展高等智能活动的基础。

三、感觉教育的目的

蒙台梭利认为感觉教育"具有双重目的：一是生物学的目的，二是社会学方面的目的"。

从人的生物发展的意义上说，帮助儿童感觉的发展，也就意味着帮助儿童身心的自然发展。从生物学方面来讲，感觉教育的目的是发展幼儿的各种感官，帮助幼儿的身心得以自然发展。因此，蒙台梭利强调，所有幼儿教育必须依据这样的原则："帮助孩子的身心自然发展。"3～6岁是幼儿感觉的"敏感期"，"所有的幼儿教育，都必须依据这样的原则来协助幼儿自然的心理和生理发展"。蒙台梭利博士认为，"为了让幼儿接收到的感觉以合理的方法发展，我们必须对各种刺激加以系统地引导，这种感觉教育必须为幼儿的认知建立良好的基础"。蒙台梭利博士这种观点在她所涉及的独特教具中清晰可见。也就是说，为了达到目标，必须单独给予感官刺激，并给予合理的分级，另外，还需在教具中添加培养各种辨别能力的因素。

从社会学的观点来看，儿童为了适应实际的生活，必须对环境有敏感和敏锐的观察力。蒙台梭利认为："感官是我们和环境之间的接触点，心灵可以凭借感官经验变得极其灵巧。"如调琴师，品尝师……都有着极为惊人的感觉辨别能力，这种敏锐的感觉辨别力都是在普通的日常生活中锻炼出来的。此外，"感觉训练还能够发展并纠正感觉机能某方面的缺陷"，如耳聋、近视等缺陷。通过感觉教育及早发现感觉的欠缺，以便及时进行治疗和纠正。通过感觉教育不仅可以提高与促进儿童的观察能力，而且"直接为实际生活作准备"，这是蒙台梭利方法中的一个最为有名的原则。

我们用以下几点简洁明了地归纳蒙氏感觉教育的目的。

(1) 认识物性。

(2) 发展感知能力。

(3) 帮助概念形成。

(4) 建立逻辑思维能力的基础。

(5) 提高手眼协调能力、专注力、独立性和秩序感。

四、感觉教育的重要性

(一) 从概念的形成谈蒙台梭利感觉教育的重要性

概念是人们用来认识事物及分析事物的心理基础。从认知心理学上的讯息处理的观点来看，当周围的事物被视为讯息来处理时，在编码与储存的过程中，就是将收受的讯息按照概念来分类处理。概念形成，也称概念学习。人们要对事物形成概念需要经过一段学习经历；换言之，这段学习经历指的就是"对事物属性的辨别，而获得认知的心理历程"。[①]属性是指可以辨认的特征。举例而言，事物的形状、颜色、体积、质量等特质，均为构成概念的属性。

蒙台梭利受到早期实验心理学家冯特(W. Wundt，1832—1920)启发，把复杂的现象分解成各种最小元素，再以这些元素的综合来说明复杂的现象理论，先把感觉教具中所提供的各种感觉经验予以分离(孤立化)，并将这些分离的感觉经验联合导入与智慧相关的知觉中。分离是为了使幼儿在接受刺激的同时能够集中注意力，此时联合各种感觉来理解概念，有利于各种概念的形成。也就是说，如果要认识物体，只要联合各个已强化的感觉即可，不需凭印象、表象就可以直接将感觉与概念结合在一起。一般人以为概念形成是通过感觉→表象→概念的程序完成，而蒙台梭利认为感觉就是概念。由此可知，蒙台梭利的感觉教育不只是刺激感觉器官，或训练各种感官，同时也促进感觉、知觉的发展，以形成概念为目的。

(二) 从发展的观点看蒙台梭利感觉教育的重要性

20世纪著名的儿童心理学家皮亚杰认为智慧的根源来自幼儿期的感觉及运动发展。也就是说，一个人在环境中如果能接受大量的感觉刺激，其脑部的功能可以获得更充分的发展。

皮亚杰将诞生到两岁的阶段称为直观行动期，是儿童运用吸吮(味觉)、抓握(触觉)、注视(视觉)等活动来认知外在世界的第一阶段。他曾经说道："智慧之根源，是来自于幼儿期的感觉和运动发展。"福禄贝尔对于幼儿的感觉发展提到："外界事物大体上分为固体、液体、气体三种状态，人通过五官对这些状态的刺激产生知觉。"卢梭也在《爱弥儿》一书中提及"真正的知识是脚踏实地通过自己的感觉而获得，而不是从他人的知识得来"。而盖聂则以为智慧技巧是学习的基石，特别是幼年时期的教育大都涉及各种形状、质地、声音等刺激之变异学习。[②]台湾学者高丽芷首次将感觉统整的观念引进台湾，该学说强调人类生存所需要的最基本也是最重要的就是感觉教育。因此我们不难发现感觉教育在幼年时期是格外重要的一环。

蒙台梭利认为幼儿精神发展，主要靠内在生命力的驱动，再加上从环境中吸收必要的

---

① 张春兴. 现代心理学[M]. 上海：上海人民出版社，1991：7.
② 魏丽卿. 感官教育的重要性[J]. 蒙台梭利双月刊，1995(12).

事物，使其人格逐渐形成。而吸收环境中必要事物的器官就是感官。感觉器官在接收外在刺激后，会经由运动神经将信息传入大脑，再由大脑将信息加以分类，并由神经传到肌肉使个体产生运动。人类的神经就是经过这样一连串反复进行的感觉活动而得到发展。除了精神发展之外，感觉的发展也是智慧活动的基础。智慧活动能促使心智自我建构，并使它与环境发生关系。换句话说，"具备接受外界刺激的能力"是孩子学习的大前提。儿童经由感官所获得的知觉，必须在心智当中加以组织和整理，成为一个有秩序的体系，因此要帮助智慧发展，就要帮助意识中的形象整理出秩序来。

蒙台梭利发现，幼儿期正是对外在刺激感觉十分敏感的时期，如果能够善加运用与练习，必有事半功倍的效用。因此为了促使幼儿感觉、知觉、智慧与精神得以正常发展，布置一个能刺激幼儿感觉的丰富环境，并对这阶段的幼儿实施感觉教育就显得格外重要，而这正是蒙台梭利将感觉教育的实施列为幼儿期教育重点的原因。

(三) 从社会文化的角度谈蒙台梭利感觉教育的重要性

凡为生物都必须与其生存的环境相互作用，才能使其种族延绵不断地传承下去，人类的生存也是如此。人类的幼儿，利用其感官不断地吸收环境中的印象，并内化为人格的一部分，以适应其环境中的社会文化，无怪乎蒙台梭利说"感官是我们与环境接触的点"。蒙台梭利的感觉教育，并非只为了传授知识与发展智能，其教具及教材也从另一方面配合儿童进入自己的文化环境。因此，感觉教育可帮助儿童在环境中找到促进其生命发展的事物，并在吸收的过程中，逐渐了解社会文化的各种约定、法则与模式。所以蒙台梭利如此形容："我们的感官教材依照各个感官所接受的印象而分类成颜色、乐音、噪音、形状与大小触感、气味与味道来帮助儿童做观察。无疑地，这是一种文化形式，它引导我们注意自己本身以及周围的环境。它是健全人格与天赋能力的一种文化形式，并不亚于说话与鞋子。"[1]换个角度来看，接受过感觉教育的孩子，对于环境中的事物注意力较强，容易激发起探索环境的好奇心，助长了对世界文化的兴趣，为此对文化环境的适应具有推进的作用，是幼儿成为社会人的必备教育。

五、感觉教育的教学内容

蒙台梭利教育分为五大领域，包括感觉教育、数学教育、日常生活教育、语言教育和科学教育。

感知觉练习是蒙台梭利教学法的重要内容，旨在通过视、听、触、味、嗅等感官的练习，增进儿童的经验，让儿童在考察、辨别、比较和判断的过程中扩大认知范围，为智力的进一步发展提供坚实的基础。

蒙台梭利设计了20套感知觉教具，每套教具突出一个具体的概念或感觉。具体教具已在第四章中进行了介绍，这里不再赘述。

---

① Maria Montessori. The Absorbert Mind[M]. New York：NY，Dell Publishing，1984.

视觉练习是用来提升儿童的视知觉整合能力，并非一般所说的有没有看见、近视或远视等视觉上的问题，而是眼睛对于线条、角度、图形等的判断、记忆、辨识是否能够整合的能力。蒙台梭利视觉教育的主要目的是让儿童学习分辨物体体积、颜色、形状等物理特性。

触觉教育在蒙台梭利感觉教育中占有极重要的地位，除了对物体表面的触摸、辨认，还包括温度感、重量感。触觉练习的教具有立体几何体、触觉板、温度筒、重量板、布盒等，儿童可以进行辨别物体光滑程度、辨别物体冷热程度、辨别物体轻重程度以及辨别物体大小、长短、厚薄和形体的练习等。

听觉练习的教具有发音盒、音感铃等，儿童可以进行辨别音高、音响和音色的练习。具体训练教具见表7-1。

表7-1　蒙台梭利听觉练习教具

音筒(听筒)	辨识声音的强弱
音感铃	感觉音调的对比和排序

味觉和嗅觉练习是蒙台梭利认为最困难的部分，她认为孩子的嗅觉并不特别灵敏，因此很难用感官的方法吸引他们的注意。因此蒙台梭利在训练孩子嗅觉时，会将不同的花、香水、杏仁、薄荷等具有特殊气味的物体放在幼儿四周，以吸引孩子的注意，并引导其以蒙住眼睛的方式来辨别各种气味。味觉练习的教具有味觉瓶，主要用于进行识别不同味道的练习；嗅觉练习的教具有嗅觉筒，主要用于提高嗅觉灵敏度的练习。蒙台梭利主张让孩子去品尝酸、甜、苦、咸4种简单的味道，因为这是舌头能感受到的4种主要味道。此外，在品尝各种味道之前蒙台梭利要求儿童先漱口，以免味道混淆，这也提供了卫生教育的机会。除了让儿童品尝4种味道外，蒙台梭利还建议让儿童在三餐中去练习味觉和嗅觉，因为这是训练这两种感觉最好的时机。

六、感觉教具的特征

1. 孤立性

蒙氏教具的目的都很清楚，一种教具只训练孩子一方面的能力或概念，因为当我们同一个时间所感受到的信息太多的时候，原先希望孩子注意到的主题就模糊了，因此为了让孩子集中精神于教育的某一点，蒙台梭利教具都有孤立的特性。例如长棒用于教孩子辨识长短，因此教具的颜色、材质和形状都是相同的，唯一不同的就是其长度，这就是所谓孤立性。

2. 错误控制

蒙台梭利感觉教具本身有自我纠错功能，教具本身包含了自动教育的特性，以帮助儿童用自己的心智来判断、矫正自己的错误。例如，圆柱体与木枕洞穴大小应刚好匹配。

3. 吸引力

教具具有美丽的外观，如颜色、材质、造型等，以吸引儿童注意，引发其兴趣和喜爱。

4. 教具的设计都有序列性

例如由大到小的粉红塔、由粗到细的棕色梯、由长到短的红棒、由高到矮或粗到细的圆柱体，以及由深到浅的色板，都有其设计的规律性。

5. 由简单到复杂

这是蒙氏教具一贯的原则。因为在学习过程中教具层次分明，能培养幼儿自信心与独立性，不必依靠大人的帮助。例如看教具本身就能预知工作应如何进行，内容不要太复杂，太多，以免分散主题，要帮助幼儿集中注意力。

6. 适合幼儿的尺寸

教具的设计能配合幼儿的活动欲望，方便幼儿进行适当的搬动。

七、蒙台梭利感觉教育的原则

1. 鼓励小组或个别教学

在感觉教育过程中重点在于让孩子体会教具的特性，假若太多孩子在一起，老师较难完整观察孩子的操作过程，不能准确了解孩子是否正确进行了该项工作的操作。

2. 教学时教具的排列有其秩序性

一般为从大到小、从粗到细等。

3. 从左到右开展教具示范操作

4. 介绍教具时注意体现最强烈的对比

如介绍粉红塔时应取最大的和最小的。

5. 采用G·P·S操作方法

G(Grading)序列：按照教具本身的特质，比较分辨他们的不同之处，再按照一定顺序排列，例如：从大到小、从小到大、从长到短、从粗到细、从细到粗依序排列。

P(Pairing)配对：通过视觉的观察和判断，从众多量找出相同性以达成配对关系。这不仅能使孩子学会一对一的对应的关系，也强化了等的的概念。

S(Soring)分类：从一群物体中寻找出相似性，将具有某种共性的东西分在一起，这样的过程可培养孩子的思考、分类和归纳的能力。

6. 所有学习名称的工作皆需带入三阶段教学法

三阶段教学法即命名、辨别、发音。通常需要有两种以上的物品进行对比。幼儿在三阶段教学法中获益良多，且能够简单明白地将词语和已有的观念联结在一起，对幼儿语言发展也有很大的帮助。

蒙台梭利博士曾说"话说得越少教学效果越好"，因为说得少，孩子更能专注在老师所说的教具上，所以老师在教学的时候所用的语言要有下面三个原则。

① 简单：例如教三角形，摸一下，说出形状就好，不必说角、边的概念。

② 客观：教学前不要加入过多的个人经验、感觉，以免孩子用我们的方式来看事情。

③ 正确：发音要正确，名称要正确，以免因不正确的发音或不对的文法影响孩子正

确的学习。

7. 幼儿要熟悉基本示范后才能学习延伸变化

8. 留给孩子自由变化的空间

当孩子能够按照教具的基本操作步骤熟练操作教具后，就可以让孩子发挥自己的想象，自由操作，但自由中仍有限度，告诉幼儿不能破坏教具，要尊重教具。

9. 教具的供应有限制性

面对多组教具时幼儿一次只能拿一种，排好之后才能拿第二种。

第二节　感觉教育教具操作

一、粉红塔

1. 教具构成

如果以阶梯方式横向排列，又称为粉红梯，它由十个粉红色木质的立方体构成，立方体的棱长从10厘米到1厘米递减，最大的立方体棱长为10厘米，体积为1000立方厘米，最小的立方体体积为1立方厘米。投影卡一套。粉红塔教具如图7-2和图7-3所示。

图7-2　横排的粉红塔

图7-3　竖排与散放的粉红塔

2. 工作目的

(1) 感知并理解大小的概念。

(2) 感知三维体积的变化。

(3) 锻炼小肌肉的灵活性及手眼协调。

(4) 培养专注力与兴趣。

(5) 培养逻辑思维能力(顺序性)。

3. 操作方法

(1) 引领孩子到教具展示架，首先向孩子介绍："我们今天的工作是造粉红塔。"要示范给孩子看的就是如何将这十个粉红立方块一次一个拿到适当的位置散放：拿小块时以五个手指从塔顶抓住，并置于手心；拿大块时可用手掌拖于塔底。

(2) 老师从散放的立方块中找出最大的及最小的，可配合字卡，对幼儿进行"三阶段"教学，让孩子感知"大"与"小"的概念。

(3) 之后开始造塔。请幼儿在散放的方块中，找出最大的一块给老师造塔，再让孩子在其他的粉红块中找出最大的造塔，重复此动作，直到全部由大到小排完。

(4) 与幼儿一起手拉手围住粉红塔，沿着粉红塔两侧由下往上触摸，而且要有缩小由外往内的动作，之后再由上往下，从而感知粉红塔从大到小、从小到大的渐变过程。

(5) 拆塔。从上至下把粉红块一个个慢慢地取下散放。

(6) 鼓励幼儿尝试自己造塔。

(7) 结束工作，从大的粉红块开始，依顺序放回教具展示架。

4. 错误控制

排列的时候方块要对齐，造塔时每一块与最小块结合时他们的总高度会等于它下一块的高度。

5. 变化与延展

(1) 以横的方式由大到小、由左到右依序排列。

(2) 请找出第四大的方块。

(3) 请找出与投影卡同样大小的方块。

二、棕色梯

1. 教具构成

由10块长度都是20厘米，而高度则由10厘米逐渐递减至1厘米的长方体组成。横断面由100平方厘米到1平方厘米递减。每一个横断面和粉红塔的一个面大小相同。棕色梯如图7-4所示。

图7-4　棕色梯

2. 工作目的

(1) 感知并理解粗细的概念。

(2) 锻炼小肌肉的灵活性及手眼协调性。

(3) 培养专注力与兴趣。

(4) 培养逻辑思维能力(顺序性)。

3. 操作方法

(1) 引导小朋友到教具展示柜前，介绍棕色梯，并准备地毯。

(2) 将教具从大到小逐一搬运放到工作毯一角散放，以不挡住幼儿视线为原则。搬运细的棕色梯时需用右手握住中间，搬运粗的棕色梯时用左手托底，右手抓梯上方。

(3) 拿取最大块与最小块的棕色梯，对幼儿进行"三阶段"教学，让幼儿了解并感受"粗"与"细"的概念。

(4) 将梯块从粗到细，从左到右依次摆放，注意将所有棕色梯靠紧，中间不留缝隙。

(5) 平排后，以左手按住最粗的长块，右手以爬楼梯的方式触摸。

(6) 之后再以最细的棕色梯长块下楼梯或上楼梯。

(7) 拆梯。把搭好的棕色梯从细到粗拆开，散放在工作毯右上部。

(8) 鼓励幼儿尝试搭建棕色梯，给幼儿反复练习的机会。

(9) 结束工作，将棕色梯由粗到细依次放回教具展示橱。

4. 错误控制

(1) 棕色梯最小一根与另一根结合等于其下一根。

(2) 排梯时两边没有突出，皆对齐。

5. 变化与延展

(1) 与图卡配对。

(2) 建直塔。

(3) 与粉红塔结合运用。

三、长棒

1. 教具构成

长棒又称红棒，由10根红色的木棒构成，长度从10厘米到100厘米递增，相邻两根长度相差10厘米，所有长棒的横截面积相同，均为2.5厘米×2.5厘米。长棒如图7-5所示。

图7-5　长棒

2. 教育目的

(1) 通过视觉的辨别，感知并了解长短的概念。

(2) 发展手、眼与肌肉的协调性。

(3) 为数学教育做准备。

3. 操作方法

(1) 引导小朋友到教具柜前，介绍长棒，并准备工作毯。

(2) 示范如何取长棒：以两手握住红棒的两端，将教具由短至长一一取到工作毯上散放。稍长的长棒，两手要竖握，垂直地将长棒散放在工作毯上。

(3) 先拿出最长的红棒和最短的红棒，做比较，然后运用三段式教学法。

(4) 教师将这十支散放的长棒依长度由长到短、由上到下依序排列，最短的一支木棒可以用来进行错误控制和测量木棒之间的长度差。

(5) 拆放长棒。

(6) 鼓励幼儿自己动手尝试工作。

(7) 结束工作，将长棒由长至短放回教具展示柜。

4. 错误控制

(1) 其中一根长棒与最短的长棒结合等于其下一根的长度。

(2) 如摆放错误，视觉上有明显的不协调。

5. 变化与延展

(1) 排迷宫。

(2) 十的合成游戏。

四、带插座的圆柱体组

1. 教具构成

带插座圆柱体共分为4组，其外形类似木枕，每组木枕都由5个连着小圆柄的圆柱和圆穴所组成，每个圆柱和圆穴的直径和高度，在逻辑推理上和数学概念上，都有固定的等差变化。带插座的圆柱体组如图7-6所示。

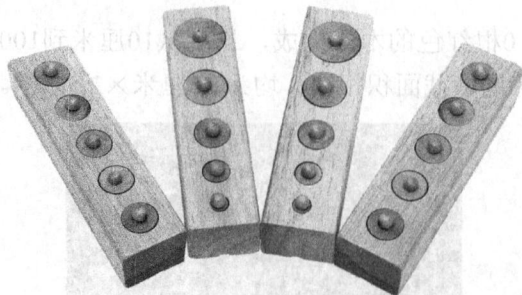

图7-6　带插座的圆柱体组

(1) 第一组高度都为5.5厘米，直径以0.5厘米等差递减，直至递减到1厘米。

(2) 第二组高度和直径都逐渐下降，都从5.5厘米，每隔0.5厘米递减。

(3) 第三组直径逐渐增加，高度逐渐下降。最小的直径是0.5厘米，以后的直径每隔0.5厘米逐渐增加；最大高度是5.5厘米，以后每隔0.5厘米，逐渐下降。

(4) 第四组直径都为2.5厘米，高度从5.5厘米每隔0.5厘米逐渐下降。

2. 教育目的

(1) 培养孩子对大小、高低、粗细的综合辨别与判断能力。

(2) 培养小肌肉的灵活性与手眼协调能力。

(3) 培养孩子的注意力与敏锐的观察力。

3. 操作步骤

(1) 引导小朋友到教具柜前，介绍带插座的圆柱体组，并准备地毯。

(2) 取圆柱体第一组放在地毯的中央，取时双手握住圆柱体的两端。

(3) 然后一手握住左侧的木枕，再以三指合起来握住小圆柄，提起最大的圆柱体，再握住最小的，然后摆在一起做比较，可直接问儿童："这两个分别是什么样的圆柱体？"如果儿童能够直接说出，可进行下一步教学，如果不能够准确回答问题，可以用三阶段教学法来教会孩子相应的概念。进行以上步骤后将取出的圆柱体放回。

(4) 从最大到最小取出依序排列，然后一手握住木枕，一手平抚圆穴口，抚摸时应无阻碍，表示已全部取出。

(5) 以非惯用手的三指，将最大的圆柱体至最小的圆柱体依次倒立拿起，一手的食指描绘圆柱体及圆穴，然后放入插座中。以小指抚摸最小的圆柱体及圆穴。

(6) 鼓励孩子进行工作。

(7) 第二、三、四组的指导方式和第一组的相同。

4. 错误控制

穴与嵌入的圆柱体不能吻合。

5. 变化与延展

当孩子对教具本身的示范工作有了新的了解并进行充分练习之后，老师接下来可以做变化延伸的部分。

(1) 任意两组混合，看谁将圆柱体组正确地放回洞内次数最多，也可以做三组或四组的混合。

(2) 与圆柱体的图卡做配对。

(3) 将带插座的圆柱体自木枕取出，任意取一带插座圆柱体，请幼儿找出正确凹洞。

五、彩色圆柱体组

1. 教具构成

彩色圆柱体组除了圆柱体上没有小圆柄，有红、黄、绿、蓝4种颜色，分装于盒内外，结构与带插座的圆柱体组完全相同，如图7-7和图7-8所示。

图7-7　在盒内盛放的彩色圆柱体组　　图7-8　横排摆放的彩色圆柱体组

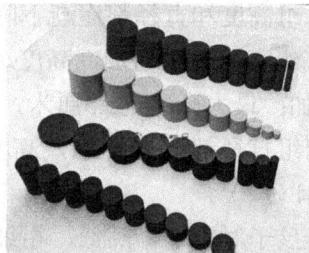

2. 工作目的

(1) 让孩子感受并了解大小、长短、粗细的概念，增强其对这些概念的认识。

(2) 培养孩子的观察能力。

(3) 锻炼孩子手眼协调能力。

(4) 刺激感官对于各种形容词与认知间的整合。

3. 操作步骤

(1) 引导孩子到展示彩色圆柱体组的教具架前，介绍教具并准备工作毯。

(2) 教学的顺序应为红→蓝→黄→绿。

(3) 把装有红色圆柱体组的盒子从教具架上取出，放在工作毯上。

(4) 问孩子："这个盖子是什么颜色的？"打开盖子，将盒盖翻过来放在盒下压住，再问孩子里面的圆柱体是什么颜色的，告诉孩子今天的工作是练习红色圆柱体组。

(5) 以惯用手取出红色圆柱体，先散放于地毯左上角。

(6) 拿取最大与最小的彩色圆柱体，因为有粉红塔的工作经验，因此在学习红色圆柱体组时可直接问儿童"这两个是什么样的圆柱体"，并传给幼儿摸一摸放回地毯上。如果儿童能准确回答相应的概念，即可进行下一步的造塔工作，即像粉红塔一样，从最大到最小的顺序依次造塔。

(7) 排好后，以手由下往上的顺序触摸，再由上往下触摸回来，感受彩色圆柱体从大到小的特性。

(8) 再散放，以地平线的方式排阶梯，并以最小的一个爬阶梯。

(9) 操作完毕之后，依次由最大到最小的顺序，放回盒内，并盖上盒盖。

(10) 鼓励孩子自己动手进行工作。

(11) 第二、三组的指导方式与第一组相同。

(12) 第四组只做序列或最高、最矮的比较。

4. 错误控制

圆柱体规则的渐次性。

5. 变化与延展

让孩子的视觉有不同的色彩和立体空间的感受，在幼儿自己造型或排图形时，应鼓励幼儿发挥其创造力，并让幼儿有动手练习的机会。

(1) 用四组中相同尺寸的圆柱体作配对。

(2) 将圆柱体组散放，触摸后找相同尺寸的圆柱体作配对。

(3) 将彩色圆柱体组依序排列，随意拿走一个或者是拿走其中的两个，问幼儿少了哪一个。两组或三组的彩色圆柱体混合或四组混合排图形，或任意做造型。

(4) 可将黄组与绿组结合成同等高度。

(5) 配合教师制作的圆卡排列。

六、色板

色板共有三组，如图7-9所示。

色板一：三个主色(即红、蓝、黄)各两片。

色板二：11对色板：红、黄、蓝、绿、橙、紫、黑、白、粉红、棕色和灰色共22片。

色板三：色板三是渐层色，有红、蓝、黄、绿、橙、紫、灰、粉红和棕色9种颜色，各有7级深浅度渐进的色板，合计63片。

色板工作目的为：

(1) 培养辨别颜色的能力。

(2) 培养孩子对颜色的美感。

图7-9　三套装色板

(一) 色板一

1. 操作方法

(1) 引导孩子准备好工作毯后至教具架旁，向幼儿介绍第一盒色板。

(2) 将第一盒色板轻轻放至工作毯右侧。老师位于孩子右侧。

(3) 老师示范取色板的方法：以拇指和食指伸入盒内拿取色板，拿取时手指只能够碰触到两边白色的部分，以保持颜色之完整。

(4) 以"三阶段"教学法，让孩子理解感知红、黄、蓝三种主色。

(5) 色板配对：老师把取出的色板竖排在自己和孩子中间，再从剩下的色板中寻找出相同的颜色放在其对应色板下进行配对。

(6) 鼓励孩子自己进行色板配对工作。

(7) 结束工作，协助孩子将打乱顺序的色板放回盒子，把盒子放回教具架。

2. 错误控制

色板无法配对，或视觉上不协调。

3. 变化与延展

引导幼儿从环境中找出与色板颜色一致的物品。

(二) 色板二

1. 操作方法

(1) 引导孩子准备好工作毯后至教具架旁，向幼儿介绍第二盒色板。

(2) 将第二盒色板轻轻放至工作毯右侧。老师位于孩子右侧。

(3) 以"三阶段"教学法，可配合字卡，复习红、黄、蓝三种主色，同时学习并感知绿、橙、紫、黑、白、粉红、棕色和灰色。

(4) 配对练习：先找出红色的色板，再找出另一同色的色板放在一起。继续以相同的方式完成蓝色、黄色以及其他的颜色。一共做22片色板的配对。

(5) 结束工作，协助孩子把色板打乱顺序放回盒子里，把盒子轻轻放回教具架。

2. 错误控制

色板无法配对，或视觉上不协调。

3. 变化与延展

(1) 引导幼儿从环境中找出与色板颜色一致的物品。

(2) 进行涂色练习(画一些几何图形，让幼儿用指定的颜色涂色)。

(三) 色板三

1. 操作方法

(1) 把幼儿最喜欢颜色的色板从盒子中取出，选出其中最深和最浅的两种颜色，用"三阶段"教学法让幼儿理解、感知颜色深和浅的概念。

(2) 将这一色系的7枚色板散放于工作毯上。

(3) 找出其中颜色最深的跟其余的色板比较后放在左边。

(4) 接着引导幼儿再从剩余的找出最深的色板，排在上一块色板的右侧，依此类推把其他色板按照颜色由深到浅的顺序排列。

(5) 排列完成后，让孩子观察色板颜色深浅差所形成的美感。

(6) 打乱色板顺序鼓励幼儿排列。假如他无法排列，应只示范较强烈对比的颜色，当幼儿可以完成一色系时，再重复以上步骤进行第二种色系的排列。最后将所有的色板混合再排列。

(7) 工作完成后，协助孩子收拾教具(一色系色板归位时不按顺序排列)，并把色板盒放回教具架。

2. 错误控制

视觉上不协调。

3. 变化延伸

(1) 取一组渐层色板不按顺序排列，任挑一色板，请幼儿从散放的色板中，找出仅比此一色板深一点的色板，或者找出所有颜色比此色板浅的色板。

(2) 取一色板，从环境中找出相同颜色或颜色较深或较浅物品。

七、几何拼图橱/几何嵌板橱

(一) 教具构成

几何拼图橱又名几何嵌板橱，如图7-10所示。其具体结构包括如下几个。

(1) 几何图形示范匣里面放着三个蓝色的基本图形(圆形、正方形、正三角形)，匣中以木条隔开，上附可拿取的圆柄。

(2) 6个同样大小的抽屉：

第一层：为圆形嵌板，它由6个直径10厘米到5厘米的圆形组成，其直径每隔1厘米逐渐减少。

第二层：由长度相同，宽度以每隔1厘米递减的6个四边形组成(正方形1个、长方形5个)。

第三层：由6个边长和角度都不同的三角形组成。从左到右、自上而下依次为正三角形、等腰锐角三角形、等腰直角三角形、不等边直角三角形、两个等腰钝角三角形。

第四层：从正五边形到正十边形共有6个，有正五边形、正六边形、正七边形、正八边形、正九边形、正十边形。

第五层：由4个不规则的四边形组成：平行四边形2个、等腰梯形1个、不等腰梯形1个。

第六层：其嵌版形状为不规则曲线。分别为椭圆形、蛋形、曲线三角形、花菱形。

(3) 几何图形卡：另外一个小架子放6层卡片，每一层卡片的图形都是同一层的图形，每种图形都有三组卡片，第一组是实心图，第二组是粗线图，第三组是细线图。

图7-10　几何拼图橱

(二) 工作目的

(1) 视觉与触觉的训练，认识平面几何图形。

(2) 锻炼手部肌肉的控制力，发展手眼协调性。

(3) 培养孩子的观察力与注意力。

(4) 为学习平面几何作准备。

(5) 为学习几何学立体组做准备。

(三) 示范匣的操作

1. 操作方法

(1) 向孩子介绍教具，准备工作毯。

(2) 将示范匣用双手放到工作毯上。

(3) 用"三阶段"教学法，让孩子感知正方形、圆形和三角形的定义。

(4) 使用三指将图形放到下方平面空格。从底框里可以更明显地看到另一个相同的图形，然后以非惯用手握图形，另一手以顺时针方向描图形板底框边，然后将图形放入框内，再重复以上的动作，继续完成正方形和三角形。

(5) 鼓励幼儿自己工作，进行示范匣的操作。

(6) 结束工作，协助幼儿将教具放回教具柜原处。

2. 错误控制

图形与嵌板不能对应。

3. 变化与延展

(1) 改变嵌板的顺序进行操作。

(2) 戴眼罩进行配对练习。

(四) 几何拼图橱的操作

1. 操作方法

(1) 示范取教具方法：将第一层抽屉拉出一点，再用两手握住两边，慢慢地把抽屉放在工作毯上。反复练习直到孩子能平稳地取出教具。

(2) 孩子说："这些都是圆形。"然后依次抓起6个圆形的圆柄，按顺序依次散放在工作毯上。

(3) 左手拿起第一个圆形，右手双指触摸边缘，反过来看嵌板的底部轮廓。

(4) 找出对应的图形框，并把图形镶嵌进去。

(5) 其他5个圆形也用同样的方式操作。

(6) 鼓励孩子自己动手操作。

(7) 结束工作，放回教具。

2. 错误控制

图形与嵌板不能对应。

3. 变化与延展

(1) 几个嵌板组合起来操作，加大难度。

(2) 戴眼罩进行练习。

(五) 几何图形卡片的操作

1. 操作方法

(1) 告诉孩子："我们将做几何图形卡片的工作。"

(2) 在几何拼图橱中选择第一层抽屉。

(3) 把抽屉小心地放在工作毯上。

(4) 从图形卡中选出相应的一组卡片。

(5) 取出图形嵌板，不依顺序摆放，抽屉放在工作毯上方。

(6) 将卡片排放在图形嵌板下方。

(7) 取出第一块图形嵌板，寻找与它相同大小的卡片，确定后将其嵌在卡片上。

(8) 邀请孩子尝试，让孩子寻找出和其他卡片相同的图形嵌板。

(9) 工作结束后，将图形嵌板放回抽屉中，卡片叠好放回小木架上。

2. 错误控制

几何图形卡片与嵌板不能对应。

3. 变化与延展

(1) 图卡不依顺序排列，让孩子找出对应的嵌板。

(2) 比较圆形的大小。

八、几何学立体组

1. 教具的构成

几何学立体组由10个基本的几何学立体组组成(见图7-11)，其种类有：

(1) 球体	(2) 椭圆体	(3) 卵(蛋)形体	(1)(2)(3)都附有基座
(4) 正方体	(5) 长方体	(6) 三角柱	(7) 圆柱
(8) 三角锥	(9) 四角锥	(10) 圆锥	

另有投影板一套。

图7-11　几何学立体组

2. 工作目的

(1) 培养孩子的立体感觉。

(2) 发展对立体物品的感官认识，了解其特征。

(3) 为将来的几何学科的学习作准备。

(4) 培养孩子的注意力及观察力。

3. 操作方法

1) 立体组的认识

(1) 向孩子介绍教具，准备工作毯。

(2) 把"几何立体组"放到工作毯上，在取教具的过程中应一个个分别放在左手手心并以右手扶稳，散放到工作毯上。

(3) 请幼儿观察每个立体块，用双手抚摸几何体表面，同时告知孩子其名称，让幼儿对各个几何体有个初步的印象。

(4) 取出三个差异最大的立体块，用"三阶段"教学法，让孩子了解并感知这三种立体块。

(5) 把立体块放在工作毯上，用手轻轻地推一下，看其能否滚动，了解各个立体几何块的性质。

(6) 请幼儿闭起眼睛然后用手感觉其不同。

(7) 再将这三种立体块放入神秘箱或神秘袋中，然后请小朋友感觉它并且形容它，如平平的、圆圆的、光滑的、尖尖的、直直的。

(8) 其他的立体块可根据孩子的接受能力，在适当的时间加入教学。

(9) 结束工作，收回教具。

2) 立体组与投影板的配合

(1) 引导幼儿取出立体几何组教具和投影板盒，放在工作毯上。

(2) 向幼儿介绍投影板。

(3) 将投影板散放在工作毯上，请幼儿说出各种图形对应的名称。

(4) 找出和投影板相同的形状，将对应的所有立体块，叠放在投影板上。

(5) 依据立体块找投影板。

(6) 可用"三阶段"教学法来复习立体组的名称。

(7) 结束工作，收回教具。

4. 错误控制

立体与投影板不吻合。

5. 变化与延展

(1) 戴眼罩练习。

(2) 记忆练习："丢失了哪一个？"把儿童已经认识的立体块打乱，从左到右放置在工作毯上，让儿童观察半分钟，然后闭上眼或转过头去，教师随意拿走其中的一个或几个立体块，让儿童睁开眼睛观察，说出哪个或哪几个立体块丢失了。

九、三角形组合/构成三角形

三角形组合共有5盒(见图7-12)，其中包括一个三角形盒、两个长方形盒、一个大六角型盒以及一个小六角型盒，其总的工作目的如下。

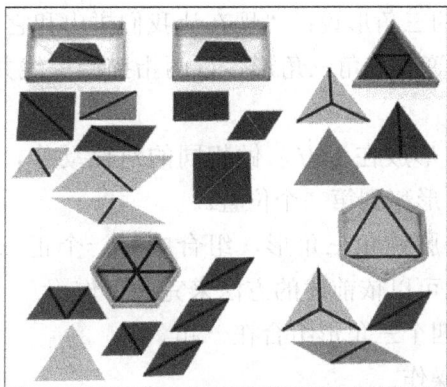

图7-12　三角形组合/构成三角形

(1) 认识几何图形的构成。

(2) 为平面几何的学习做准备。

(3) 培养孩子的手眼协调能力。

(4) 增进数学逻辑思考能力。

(一) 大三角形盒

1. 教具的构成

三角形盒(见图7-13)是一个大正三角形盒，内装一个灰色的大正三角形，一对绿色直角不等边三角形，三片黄色的等腰钝角三角形以及四片红色的小正三角形(三枚在底边有黑线，另一枚各边有黑线)，以上除了大灰色的三角形之外，其余的皆有黑线以辅助幼儿找出正确的形状。

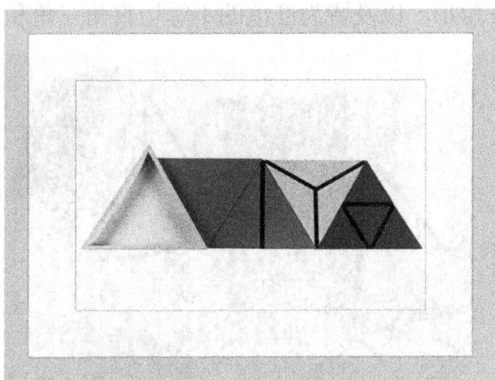

图7-13　大三角形盒

2. 工作目的

了解各种三角形的组合与分解。

3. 操作方法

(1) 打开盒盖，拿出所有的三角形，盖上盒盖后将盒子放在工作毯的右上角。

(2) 老师对孩子说："我们把形状、大小、颜色都相同的三角形放在一起。"将三角形依灰色、绿色、黄色、红色的顺序由左到右排列。

(3) 接着教师指着灰色的三角形说: "现在让我们拼出和它相同形状的三角形。"

(4) 先拿两片绿色的不等边直角三角形, 以两指描绘黑线并将黑线部分结合形成一个正三角形。

(5) 再取灰色大正三角形放在上方, 做相同的对比动作, 然后将灰色正三角移回原位, 并把完成的绿色正三角形移到第二个位置。

(6) 再取三片黄色的等腰钝角三角形, 组合成另一个正三角形, 再与灰色三角形对比, 四片小红色正三角形也可以依前述的方法来完成工作。

(7) 可以把上面拼成的四个三角形组合在一起。

(8) 鼓励幼儿自己动手操作。

(9) 结束工作, 按顺序将各种三角形放回盒中, 盖上盖子, 放回教具架。

4. 错误控制

(1) 视觉发现错误。

(2) 由黑线即引导线来发现错误。

(3) 由灰色正三角形的比对发现错误。

5. 变化与延展

(1) 将所有图形构成一个大正三角形。

(2) 以不同的片数构成不同的图形。

(二) 长方形盒1

1. 教具的构成

长方形盒1(见图7-14)内装有绿色与黄色的等腰直角三角形, 灰、绿、黄各两片的不等边三角形, 两片黄色的正三角形, 以及皆为红色的不等边直角三角和钝角等腰三角形各一片。

图7-14 长方形盒1

2. 工作目的

使用各种三角形构成或分解四边形。

3. 操作方法

(1) 准备工作毯, 向孩子介绍教具, 告诉他教具的名称为 "长方形盒1", 把教具放到工作毯上。

(2) 取出盒子中所有的三角形，盖上盒盖后将盒子放在工作毯的右上角。

(3) 对幼儿说："我们现在把相同形状、相同颜色以及相同大小的三角形摆放在一起，并按照使用顺序从左到右排列。"

(4) 依其黑线的位置将绿色等腰直角三角形接成一个正方形，黄色等腰直角三角形排成一个平行四边形，其他各三角形可依上述的方式排成长方形、平行四边形两个以及菱形和等腰梯型。

(5) 将拼好的所有图形依从左到右的顺序摆放好，一一说出名称。可加入"三段式"教学。

(6) 鼓励幼儿自己动手拼图。

(7) 结束工作，引导幼儿收回教具。

4. 错误控制

(1) 由视觉的配合知道错误。

(2) 由黑线的引导发现错误。

5. 变化与延展

动手剪图形并练习拼图。

(三) 长方形盒 2

1. 教具的构成

长方形盒2(见图7-5)是与长方形盒1一样大的盒子，内装三角形与三角形盒1中三角形的数量、形状及大小一样的三角形，但颜色全是蓝色，其中有两片是等腰直角三角形，三片不等边直角三角形，两片正三角形以及一片等腰钝角三角形。该盒中所有三角形没有黑色指导线。

图7-15　长方形盒2

2. 工作目的

此组是长方形盒1的延伸工作，所以去掉了黑线，以确定孩子是否完全了解其操作方式。

3. 操作方法

(1) 准备工作毯，向孩子介绍教具。跟孩子说："我们曾经用长方形盒1里面的三角形拼过各种四边形，现在我们尝试用长方形盒2里面的蓝色三角形拼出相同的四边形。"

(2) 将长方形盒2中的三角形取出，按照其形状、大小分类。

(3) 老师对孩子说："我们将同样形状和大小的三角形配对。"

(4) 教师示范将2枚直角不等边三角形通过将不同的边相结合，组成长方形和两种平行四边形。同样，2枚直角等腰三角形通过不同边的结合，可以拼成正方形和平行四边形。依此方式，将第2盒中所有蓝色三角形拼出与第一盒相同的7个四边形。

(5) 拼好后，可将第1盒取出，拼出相应的四边形，将用第1盒和第2盒的三角形拼出的四边形进行重叠并对比。

(6) 鼓励幼儿动手工作。

(7) 结束工作，收回教具。

4. 错误控制

视觉不协调。

5. 变化与延展

教师自制图片，让幼儿比照拼出图中的形状。

(四) 大六角形盒/大六边形盒

1. 教具构成

大六角形盒(见图7-16)里面装有6片黄色、两片红色、两片灰色的等腰钝角三角形，以及大的黄色正三角形一片。

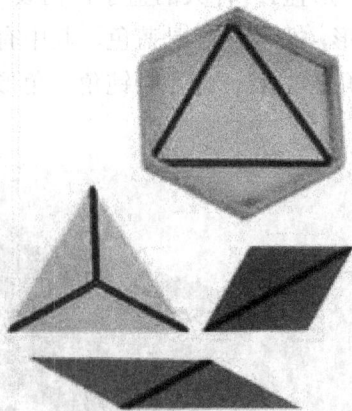

图7-16　大六角形盒/大六边形盒

2. 工作目标

学习六边形的构成与分解。

3. 操作方法

(1) 准备好工作毯，向幼儿介绍教具，引导幼儿取出大六角形盒教具。

(2) 打开盒盖，把盒盖放在盒子底下，取出盒内三角形散放在工作毯上。

(3) 将相同颜色三角形分类摆放。

(4) 取出大的黄色正三角形，再将三片底边有黑线的黄色等腰钝角三角形排放在其三边，以食指和中指描绘其黑边，将其组成一个大六角形，再将其整个六角形移到左侧。

(5) 再取另三片剩余的黄色等腰钝角三角形依其黑线部分组合成一个正三角形，在左边的大六角形中，取出中间的正三角形叠在上方作比对。

(6) 取出左侧剩余的三片摆在中间三角形的三边，然后取出中间三角形，此刻中央所显示出来的是六片黄色的等腰钝角三角形所组成的大六角形。

(7) 接下来取出两片红色等腰钝角三角形依引导线组成一个菱形，用该红色菱形替换用六片黄色三角形拼好的六边形的一部分。

(8) 再取出剩余的两片灰色等腰钝角三角形，依其黑线的位置结合成一个平行四边形。

(9) 将大六边形变成三个和灰色平行四边形一样的平行四边形。

(10) 鼓励幼儿动手操作。

(11) 结束工作，按顺序将各种图形摆好放到盒子里，送回原处。

4. 错误控制

视觉上不协调或者是黑线未结合，组合的图形没有办法对应。

5. 变化与延展

(1) 老师制作正三角形、菱形、平行四边形的图案，取一张让幼儿从散放的三角形当中找出正确的组合。

(2) 从环境中找出六角形的物体。

(五) 小六角形盒/小六边形盒

1. 教具构成

在小六角形盒子内(见图7-17)，装有六片灰色、三片绿色、两片红色的小正三角形，一片黄色的正三角形，以及六片红色的等腰钝角三角形。

图7-17　小六角形盒/小六边形盒

2. 工作目的

(1) 用正三角形来组成六边形。

(2) 以正三角形和等腰三角形来构成或分解六边形。

3. 操作方法

(1) 操作的时候先将所有的图形取出，散放在地毯上，再依颜色分类放好，其使用的顺序由左到右，按灰、绿、红、黄排列。

(2) 先取出六片灰色的正三角形组成的三个菱形，再组合成三个平行四边形，之后再将三个平行四边形组合成六角形，将此六角形移至左边。

(3) 取出三片绿色正三角形，依其黑线的位置组合成一个梯形，可与左侧的六角形的上面三片及下面三片替换使用。

(4) 取六个红色的等腰钝角三角形组合成三个菱形，从左侧六角形中取出一组菱形与红色的菱形做对比。

(5) 之后将灰色的菱形归位，然后三组红色的菱形组成一个六角形，再取出灰色的六角形来对比。

(6) 拿出大的黄色三角形放置在红色的六角形当中做对比。

(7) 指出旁边三个红色的等腰钝角三角形，将黄色正三角形取放在红色六角形的右方。

(8) 将两片红色正三角形组成一个菱形，可与红色的六角形及灰色的六角形中的任何菱形替代使用，之后收拾归位。每拼好一个图形都要在工作毯上以从左至右的顺序排放好。

(9) 鼓励幼儿动手尝试工作。

(10) 结束工作，按顺序将各种三角形放回盒中，盖好盖子，送回原处。

4. 错误控制

(1) 以引导线来控制。

(2) 以视觉来订正。

5. 变化与延展

动手剪图形。

十、单项式/二倍数

1. 教具构成

盒内装有七个正方体及长方体的木盒(见图7-18)，其颜色和尺寸如下。

绿色的长方体一块，长宽高分别为8厘米×8厘米×4厘米。

白色的长方体一块，长宽高分别为8厘米×8厘米×4厘米。

黄色的立方体一块，长宽高分别为4厘米×4厘米×4厘米。

绿色的长方体一块，长宽高分别为4厘米×4厘米×2厘米。

白色的长方体一块，长宽高分别为4厘米×2厘米×2厘米。

黄色的长方体两块，长宽高分别为2厘米×2厘米×2厘米。

图7-18　单项式/二倍数

2. 工作目的

(1) 培养孩子对形状的辨别能力。

(2) 体会部分与整体的概念。

(3) 发展孩子的秩序感。

(4) 培养孩子的观察力与注意力。

(5) 培养孩子数学的思考能力。

3. 操作方法

(1) 准备工作毯，引导孩子到一项式的教具面前，向其介绍教具。

(2) 示范取教具的方法，将教具放在工作毯上。

(3) 打开盒盖以一手扶住盒子，另一手的三个指头从盒内取出立方体，以最小的开始一块一块地拿出来排好，由小排列到大，由右排列到左。

(4) 让孩子观察，并询问孩子相同颜色的立方体有什么相同之处。如孩子没发现其规律，可告诉他："相同颜色的几何体，他们的形状也是相同的，但大小会有所不同。"

(5) 再由左到右，将木块依次放回盒内，并提醒孩子先放最大的，直到完成。

(6) 鼓励孩子自己尝试动手工作。

4. 错误控制

这项操作的错误控制在于同颜色的立体块相同，排完之后盒盖可以盖上，用视觉可以辨别错误。

5. 变化与延展

将立体块在地板上散放，再组合成一个正方体。

十一、二项式

1. 教具构成

它是由漆着红、蓝、黑三色的木制立方体和长方体所组成，共八个，放在一个木箱里头，如图7-19所示。

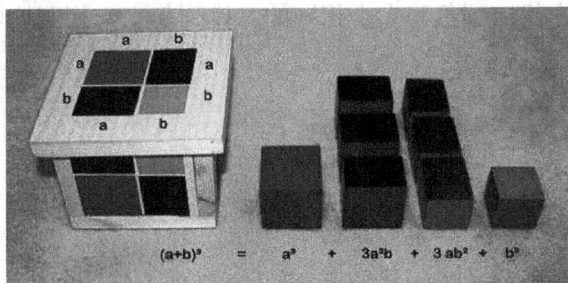

$$(a+b)^3 = a^3 + 3a^2b + 3ab^2 + b^3$$

图7-19 二项式

2. 工作目的

(1) 培养视觉对三度空间的辨别能力。

(2) 为代数的学习做间接的准备工作。

(3) 培养孩子解决问题的能力。

3. 操作方法

(1) 准备好工作毯，把幼儿引导到教具展示架前，介绍教具名称。

(2) 示范取二项式的方法：一手扣住盒盖，另一手托住盒底，轻轻放在工作毯上，放置的时候应注意盒盖上的红色四边形朝向左上角。

(3) 取下盒盖，将活动的两个侧面放下，引导幼儿观察盒盖图案和盒中立体表面的颜色是否完全一样。

(4) 然后取出每一个方块分类排好，摆放的顺序是从左至右，从小到大。

(5) 拿起最大的一块，并比对盒盖与最大的一块颜色是否一样，再找出次大的，除了比对盒盖上的颜色之外，还要比对与前面那块相连接的部分的颜色是否一样，如果一样放在盒盖当中，依照前述的动作找出另两块，注意右手的动作，要指向盒盖以及与所放木块连接的部分。

(6) 四块都排好了之后，以右手由外向内，轻沿着表面摸一次感觉是平面的，表示是正确的。

(7) 移盒盖上的木块时先完成底层的组合，并有次序地一一放入盒内。以相同的方式再组合第二层，也将它们放入盒内，再将侧面的颜色与方块的颜色检验一次，这样盒子就完成二项式的组合了。

(8) 鼓励幼儿动手工作。

(9) 结束工作，盖上盒盖，协助幼儿将教具送回原处。

4. 错误控制

(1) 合不上盖子。

(2) 排列后最上层的表面图案与盒盖上不一致。

5. 变化与延展

(1) 将盒子与盒盖收起来，不看图案，自己比对各个连接部分的颜色排列，最后形成一个立方体。

(2) 以小组为单位进行活动，轮流将方块拿出来用手排列。

(3) 从八个立方体中找出颜色和大小相同的，排列起来，相互比较。

十二、三项式

1. 教具的构成

三项式包括一个木质盒子，里面盛放着27块涂着红、蓝、黄和黑色的木块。所有木块的正方形表面涂成红、蓝和黄色，长方形涂成黑色。如图7-20所示。

2. 工作目的

(1) 加强孩子对三维空间的认识与理解。

(2) 了解部分与整体的变化关系。

图7-20 三项式

(3) 在视觉上分辨大小、形状、颜色，为读、写、算作准备。

(4) 培养孩子数学思考能力。

3. 操作方法

示范操作的过程和二项式相同，只是立方体块的数目增加了，而且盖子上面和侧面图形的颜色也与盒内方块的颜色相匹配。

4. 错误控制

(1) 合不上盖子。

(2) 排列后最上层的表面图案与盒盖上不一致。

5. 变化与延展

(1) 将盒盖与盒子拿掉，自行排成一个正方体。

(2) 将立体块按大小、颜色进行分类，与其他的立体块作比较。

十三、触觉板

1. 教具构成

触觉板分为触觉板1、触觉板2、触觉板3、触觉板4，如图7-21所示。

触觉板1：左半侧为粗糙的砂纸面，右半侧为木制的光滑面。

触觉板2：将同样粗糙的砂纸裁成条状由左到右间隔排列。

触觉板3：分别将5种不同等级粗细的砂纸裁成条状，由左到右间隔排列。

触觉板4：由五级粗糙面组成的木板，每2块成对，共5对，一共10块。

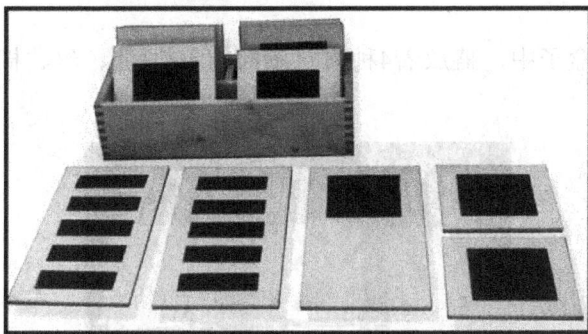

图7-21　触觉板

2. 工作目的

(1) 培养幼儿通过触觉来辨别粗糙和光滑的能力。

(2) 培养孩子手部肌肉的控制力。

(3) 扩充关于触感的词汇。

3. 操作方法

(1) 在进行这项操作示范前，要请幼儿用温水洗手并擦干以增加手感觉的敏锐度。准备工作毯，向幼儿介绍教具后先取出第一组触觉板。

(2) 将触觉板1放在工作毯上，由老师示范触摸法：首先左手轻轻压住触觉板1的左下角，固定木板，右手轻轻抚摸粗糙面，来回抚摸数次同时描绘道："这是粗糙的，粗糙的。"

(3) 以同样的动作进行右边光滑面的练习，同时告诉孩子，这是"光滑"的。可加入"三阶段"教学法，让孩子学习"粗糙"与"光滑"的概念。

(4) 触觉板2和触觉板3操作方法与触觉板1类似，触摸触觉板2时，以二指划过砂纸条及中间间隔处，让幼儿感觉更多次的粗与滑(细)。触觉板3能让幼儿感觉到粗细的序列，由粗到细的感觉。

(5) 触觉板4是由两组五对粗细不同的砂纸板所组成，由于已经有了上述的第一组、第二组、第三组的粗细序列概念，因此在触觉板4的工作中主要练习序列和配对，先将五片粗细不同的砂纸板取出，作为控制组，散放在地毯上，再依其粗细顺序由左到右排列后，取出另五片粗细不同的操作组，分别依序配对排列。

4. 错误控制

以孩子与老师的触觉与视觉进行修正。

5. 变化与延展

(1) 戴眼罩进行练习。

(2) 从4种触觉板中任意选择一块，让孩子从其他的触觉板中挑出比这一块粗糙的或光滑的。

十四、布盒

1. 教具构成

布盒是指在一个盒子中，盛放着4种质料不同的布料(毛、丝、棉、绒)，每种布料各2份，如图7-22所示。

图7-22　布盒

2. 工作目的

(1) 触感的进一步训练。

(2) 认识各种布料的名称。

(3) 培养分类、配对的能力。

(4) 培养专心、有秩序的能力。

3. 操作方法

(1) 准备工作毯，向幼儿介绍教具。

(2) 取教具，把布盒用双手轻轻放到工作毯上。

(3) 取出4种布料，用"三阶段"教学法让孩子了解各种布料的手感及名称。同时要给孩子示范布的触摸方法：用左手按住布的左上角，使其不易滑落，再以右手拇指、食指和中指捏着布料轻轻揉搓。

(4) 将控制组中的布料由左到右排成一列。

(5) 操作组则散放，让幼儿戴上眼罩，拿控制组最左边的一块布给幼儿，幼儿以双手触摸布的表面，老师再将布放回原位，再从操作组中任意拿一块布递给幼儿触摸，询问幼儿感觉是否与刚才的质料相同，若相同老师即将其配对排在下方，牵幼儿的手再抚摸一次，核对无误再继续完成其他的布料，若幼儿认为不同，老师要从操作组中取一块让他继续触摸，直到找到相同的布料。

(6) 结束工作，收好教具。

4. 错误控制

(1) 视觉及触觉上的分别。

(2) 若配错，最后剩下的2块布料明显不匹配。

5. 变化与延展

(1) 利用不同材质的纸张让孩子练习。

(2) 利用儿童周边的生活物品练习触摸，如磁砖、门、压条、墙壁、地板。

十五、重量板/压觉板

1. 教具构成

(1) 一个木盒被分成三个小木盒，其中各放三种不同材料的木板7块，共21块。每块木板尺寸相同，重量有所不同，分别为24g、18g、12g，如图7-23所示。

(2) 教师自制卡片一套：轻、重、中等。

图7-23　重量板/压觉板

2. 工作目的

(1) 培养孩子辨别重量的能力以及敏锐的判断力。

(2) 将重、较重、最重等抽象词汇转化为具体的亲身感受。

3. 操作方法

配对练习：（用于首次操作）

(1) 准备工作毯，向幼儿介绍教具，将装有重量板的木盒放到工作毯上。

(2) 从木盒中取出轻的和重的木板各两块，将其中一组放在工作毯左上方备用。

(3) 用另2块木板对幼儿进行"三阶段"教学法的训练，让孩子理解"轻的"和"重的"的概念。

(4) 把这两块木板作为控制组摆放在孩子和老师面前的工作毯上。

(5) 把备用的2块木板作为操作组，让幼儿进行配对。

(6) 以上操作熟练后可取重量差距较小的2组重量板进行配对，如18g与12g的，24g与18g的。

(7) 将2组3种重量的木板进行配对。在其过程中可插入"三阶段"教学法，让孩子感知"轻的""重的""比较重的"（"中等"）等概念。

(8) 可根据孩子接受能力，逐步增加难度，最后把全部3种各7块木板放在一起，进行辨别重量的练习。

(9) 结束工作，送回教具。

4. 错误控制

依据视觉来观察和判断木板材质的颜色，以进行错误的修正。

5. 变化与延展

让孩子去感知周边物体的重量。

十六、温觉板

1. 教具构成

(1) 一个木盒里装有金属、大理石、木板、石棉四种不同的材料各两片，如图7-24所示。

(2) 教师自制字卡一组。

图7-24　温觉板

2. 工作目的

(1) 培养孩子对温度差异的分辨能力。

(2) 学习形容温觉的词汇如"暖的""温的""凉的""冰的"等。

(3) 认识各种材质。

3. 操作方法

(1) 向孩子介绍温觉板教具，准备工作毯，把教具放到工作毯上。

(2) 示范取出温觉板的方法：用拇指和食指将一组温觉板取出。

(3) 用"三阶段"教学法，让孩子感知"暖的""温的""凉的""冰的"等概念。

(4) 当孩子熟练掌握温感概念后，还可用"三阶段"教学法让孩子认识各种材质，同时让孩子体会各种材质给人的温感。

(5) 将另一组温觉板取出，把这两组温觉板分为控制组和操作组。

(6) 先将控制组散放，然后以整个手掌触摸每一块，由冷到热，由左到右，排成一列，然后操作组散放在右下角，再以整个手掌触摸配对。

(7) 鼓励孩子动手工作。

(8) 结束工作，将教具放回原处。

4. 错误控制

可由视觉上和触觉上识别得知。

5. 变化与延展

让孩子感知身边物体的冷暖。

十七、温觉筒

1. 教具构成

在木箱中有8个金属筒，在进行工作前，要放入不同温度的水，如图7-25所示。

热筒——冷热水比例为1∶3；

暖筒——冷热水比例为1∶2；

温筒——冷热水比例为3∶1；

冷筒——冷水。

图7-25　温觉筒

2. 工作目的

同温觉板。

3. 操作方法

(1) 把幼儿领到教具展示架前，介绍教具，并准备工作毯。

(2) 取出温觉瓶轻放在地毯上，以一手提起提环，将控制组中热、冰的瓶子拿出来放在地毯上，先取热的瓶子，轻轻触摸后传给幼儿依样触摸，并说"这是热的"，再拿出另一个冰的瓶子，操作步骤和前面一样，让幼儿触摸时说"这是冰的"。

(3) 剩余的温和冷的瓶子依照以上步骤完成，可引入"三阶段"教学法。

(4) 将控制组的温觉筒从冷到热、从左到右依次摆放。

(5) 接下来请幼儿将操作组的温觉筒与之进行配对。

(6) 结束工作，协助幼儿收回教具。

4. 错误控制

圆筒底下所贴的记号可帮助这项教具进行错误控制。

5. 变化与延展

(1) 加上字卡(热、温、冷、冰)进行操作。

(2) 全部散放后再配对。

十八、神秘袋

1. 教具构成

神秘袋(见图7-26)是一个布制的袋子，里面装着性质相同或相异的各种物品，主要用于教会儿童各种物体的性质如软硬、粗滑、形状等概念，操作者依照所需的条件找出符合的物品，神秘袋中可以放置大小形状或材质不一的物品。

图7-26　神秘袋

2. 工作目的

(1) 培养孩子对立体的感觉。

(2) 加强触觉敏感性。

3. 操作方法

(1) 先将袋内的两组物品摆放在地毯上，让幼儿一一触摸后叙述其感觉。

(2) 将其中的一组放入袋内，老师指着地上的另一组任何一个，请幼儿找出相同的东西配对。

(3) 再以相同的方法完成剩余几组。

4. 错误控制

由视觉进行控制。

十九、听筒

1. 教具构成

两个木箱中各装有6个木制的圆筒，一组筒盖为红色，另一组筒盖为蓝色，如图7-27所示。圆筒内分别装有不同的材料，例如铃铛、通心粉、绿豆、谷类、色砂、面粉等物，示范的时候先将教具分成两组，一组为控制组，另一组为操作组。

图7-27　听筒

2. 工作目的

(1) 教导孩子辨别声音的强弱。

(2) 丰富儿童形容声音强弱的词汇。

(3) 培养孩子高度的专注力。

3. 操作方法

(1) 红色盖为控制组，蓝色盖为操作组，先将红色长方形盖子打开，从中取出最响的与最不响的听筒放在正前方。

(2) 用"三阶段"教学法，让幼儿学习并体会声音"最强"与"最弱"的概念。

(3) 取出操作组中"最强"和"最弱"的两个听筒，与控制组的那两个听筒进行配对。可利用听筒底部的纸贴的颜色来判断配对是否正确。

(4) 老师再多取出控制组的1个听筒，将其按照从强到弱、从左到右的顺序排列。将操作组的听筒与之进行配对。等幼儿能够熟练配对后，逐渐增加配对个数，直至将所有听筒成功配对。

(5) 鼓励孩子自己动手操作。

(6) 结束工作，协助幼儿收回教具。

4.错误控制

利用听筒底部的纸贴的颜色来判断配对是否正确。

5. 变化与延展

用一个木盒中的听筒，让幼儿由强到弱或由弱到强排列。

二十、嗅觉筒

1.教具构成

两个木箱，每个木箱中各放6个木制的圆筒，内装各种不同的自然香料或者调味品，如咖啡、香水、痱子粉、胡椒粉、薄荷、花茶等，相同的味道各有两瓶。其中一组筒底贴有红色的纸贴，另一组贴有蓝色的纸贴。嗅觉筒如图7-28所示。

图7-28　嗅觉筒

2.工作目的

(1) 培养幼儿的嗅觉能力。

(2) 培养幼儿分辨不同味道的能力。

(3) 增强其嗅觉灵敏性。

3.操作方法

(1) 准备工作毯，向孩子介绍教具，将嗅觉筒放到工作毯上。

(2) 老师先用左手从第一个木盒中取出一个嗅觉筒，用右手轻轻扇动筒口，请幼儿闻闻，闻过后老师马上盖上盖子，放在左边，并告诉幼儿这是什么味道。

(3) 从另一组中取出一个嗅觉筒，请孩子闻闻，问他这个气味是否与左边控制组的那筒一致，如相同，就给他们配对，并从左到右依次摆放在工作毯中央。

(4) 再依照前述做法拿起控制组中第二筒练习，直到所有控制组中的嗅觉筒都成功地与操作组进行配对。

(5) 结束工作，协助整理并收回教具。

4.错误控制

可以在瓶底贴上不同形状的贴纸进行核对。

5. 变化与延展

引导幼儿闻身边物品的气味，并描述这些物品。

二十一、味觉瓶

1. 教具构成

(1) 一个木盒内装有8个带滴管的瓶子，分成两组即控制组与操作组，一组各有4个瓶子，4个瓶子里面装有透明的液体，味道可分别为酸、甜、苦、辣、咸等。味觉瓶如图7-29所示。

(2) 教师自制卡片：酸、甜、苦、辣、咸等。

(3) 汤勺、水杯、水瓶、漱口用的小盆。

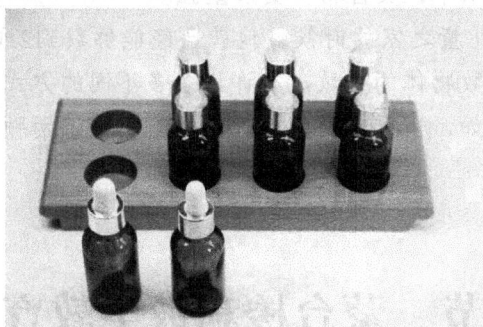

图7-29 味觉瓶

2. 工作目的

(1) 教会幼儿用舌头来识别不同的味道。

(2) 培养儿童辨别基本味道的能力。

(3) 扩充幼儿形容味觉的词汇。

3. 操作方法

(1) 准备工作毯，向幼儿介绍教具，把味觉瓶放到工作毯上。

(2) 让幼儿漱口后坐到老师的右侧。

(3) 告诉幼儿味觉瓶有两组，一组底部有红色原点标记，另一组底部有蓝色圆点标记。

(4) 老师从控制组取出糖水，滴在汤匙内，让幼儿品尝并且说出其感觉，如果幼儿不能描述，老师便告诉幼儿此味道的名称。

(5) 让幼儿漱口，把汤勺放在水杯中清洗掉原来的味道。

(6) 然后再以相同的方式完成其他瓶子味道的辨别。在此过程中可用字卡配合教学。

(7) 完成控制组以后，再将操作组在下方排成一列，并从中找出与控制组相同的瓶子的味道。

(8) 用"三段式"教学法教授酸、甜、苦、辣、咸等。

(9) 结束工作，协助幼儿整理并收回教具。

4. 错误控制

靠味觉及瓶子底下的标志进行控制。

5. 变化与延展

让孩子品尝不同水果或食品的味道，并进行描述。

第八章
数学教育课程及教具操作

【蒙氏格言】

1. 如果没有手的帮助，儿童的智力可以发展到一定的水平，但如果有手的帮助，儿童的智力可以发展到更高的水平，其性格会更加坚强。

2. 当3岁的孩子来到儿童之家的时候，他就已经能够数到2或3了，因此，他们可以很容易地学会数数，也就是数物体的个数。有许许多多不同的方式可以达到这一目的，日常生活提供了许多机会。比如，当母亲说，"你的衣服上掉了两颗扣子"或者"我们还有三个盘子"。

第一节　蒙台梭利数学教育概述

从蒙台梭利的教育背景来看，我们不难理解她重视幼儿数学教育的原因。她13岁就进入工科学校读书，对数理产生了极大的兴趣，而后又钻研医学，这样的科学背景是她认为发展"数学心智"是"培养抽象思考能力最好途径"的思想渊源。最早她深受17世纪法国哲学家与科学家巴斯葛的影响，巴斯葛认为人心的本性是属于数学的，意思是数学最本质的要素就是秩序与精确。因为它有一定的排列方式与展现最精准结果的特质。而这两个特质从人类自小在环境中自我探索就可以看出来。在幼儿时期就有细微秩序敏感期，一两岁的幼儿对环境中的人、事、物就已有强烈的秩序感和确定性等要求。生活环境中过多的不确定变化都会让幼儿的身心产生不适的状况，而这项特质也符合数学中的特性。蒙台梭利博士称幼儿的秩序感是人类数学的基础，认为如果能按这种自然特性为幼儿建立具有秩序精确特性的环境，将可以强化幼儿在数学思考方面的能力。同时她认为学习数学与我们学习讲话、语文没有什么区别，但是为什么很少听说有人抱怨学讲话或学写字很难，倒是常常听到有人抱怨数学好难懂，太抽象了，那么问题出在哪里呢？蒙台梭利博士认为这是因为教法的差异。

蒙台梭利认为，数学应该是一连串逻辑性思考与串联，经过比较、分类、归纳，找出其中的相关性，并且借着计算方法得到理想的答案，所以重点应该是思考方法和过程。然而，传统的教学法常常本末倒置，是错误的，蒙台梭利数学教育的方法是提供给幼儿数学练习思考、归纳结果的最佳途径。面对"数学"这种抽象的知识，让孩子快乐学习的唯一方式就是从简单、具体开始，让孩子在教具操作中逐步了解多与少的概念，然后再由具体到抽象去理解一些数学的抽象概念。

　　蒙台梭利数学教育是以感官教育和日常生活教育为基础的。因此，应在引导幼儿进行基础的感官训练和日常生活训练的前提下再对其进行数学教育。与传统或其他教学法来比较，蒙台梭利数学教法不但可以帮助幼儿奠定稳固的数理基础与逻辑思考方式，而且能从小培养孩子喜欢数学不怕数学的习性。下面我们详细讨论蒙台梭利数学教育的目标、内容及特点等方面的知识。

一、蒙台梭利数学教育的目的

　　(1) 让幼儿了解、掌握数学知识。通过蒙台梭利数学教育，让幼儿熟悉数字、数量、几何图形、时间与空间等数学知识，建立起相关的抽象概念，并明白他们之间的逻辑联系，能够通过操作蒙氏教具进行加减乘除的运算。

　　(2) 促进幼儿智力发展。数学知识是自然知识中的基础知识，学习数学知识是对幼儿进行智力教育的重要任务。通过蒙台梭利数学教育，促进儿童智力的发展，培养儿童初步的抽象思维能力。恩格斯曾经说过："为了计数，不仅要有可以计数的对象，而且要有一种在考察对象时撇开对象的其他一切特征而仅仅关注数目的能力。"这说明数学教学的目的不仅在于学习数学知识，更应该发展智力。要把幼儿数学教育的重点放在培养幼儿的思维力上，放在发展幼儿智力上。

　　(3) 促进幼儿非智力因素的发展。通过蒙台梭利的数学教育，培养儿童学习数学的兴趣和良好的学习习惯，增强幼儿对文化的热爱，提高幼儿的整体素养，促进幼儿形成完美的人格。数学活动组织得不好容易造成枯燥乏味。因此，应该将培养儿童学习数学的兴趣和愿望作为对儿童进行数学教育的一个任务，贯穿于整个数学教学过程中。

二、蒙台梭利数学教育的内容

　　蒙台梭利数学教育的内容分为三个部分：算术教育、代数教育和几何教育。这三种教育主要通过孩子动手操作蒙氏教具，让幼儿从最形象、最具体、最基本的数、量与形的认识开始，逐步建立起实物大小、多少的概念，再由具体到抽象，进行一些综合运算。蒙台梭利数学教具的种类及教育内容可用图8-1来表示。

代数教育　算数教育

- 三项式
- 二项式
- 立方彩色串珠链
- 平方彩色串珠链

其他　高阶运算

几何教育

- 商高定理模型 ($a^2+b^2=c^2$)
- 分数小人面积等分

十进位法的
四则计算
- 除法板
- 乘法板
- 减法板
- 加法板

十进位法
（二）
- 1000串珠链
- 100串珠链
- 数字卡片
- 金黄色串珠组

十进位法
（一）
- 一百板
- 赛根板 (I) (II) (11-99) (11-99)
- 彩色串珠棒

10以内
数概念
- 数字与筹码
- 纺锤棒与纺锤棒箱
- 砂纸数字板
- 数棒

- 几何卡片
- 几何卡片订正表
- 学习基本的图形、
  线、角，知道其
  关系

数量概念的基础

- 色板

感官教育

- 构成三角形
- 几何图形嵌板

- 长棒
- 棕色梯
- 粉红塔
- 圆柱体组

日常生活练习——数学教育之基础

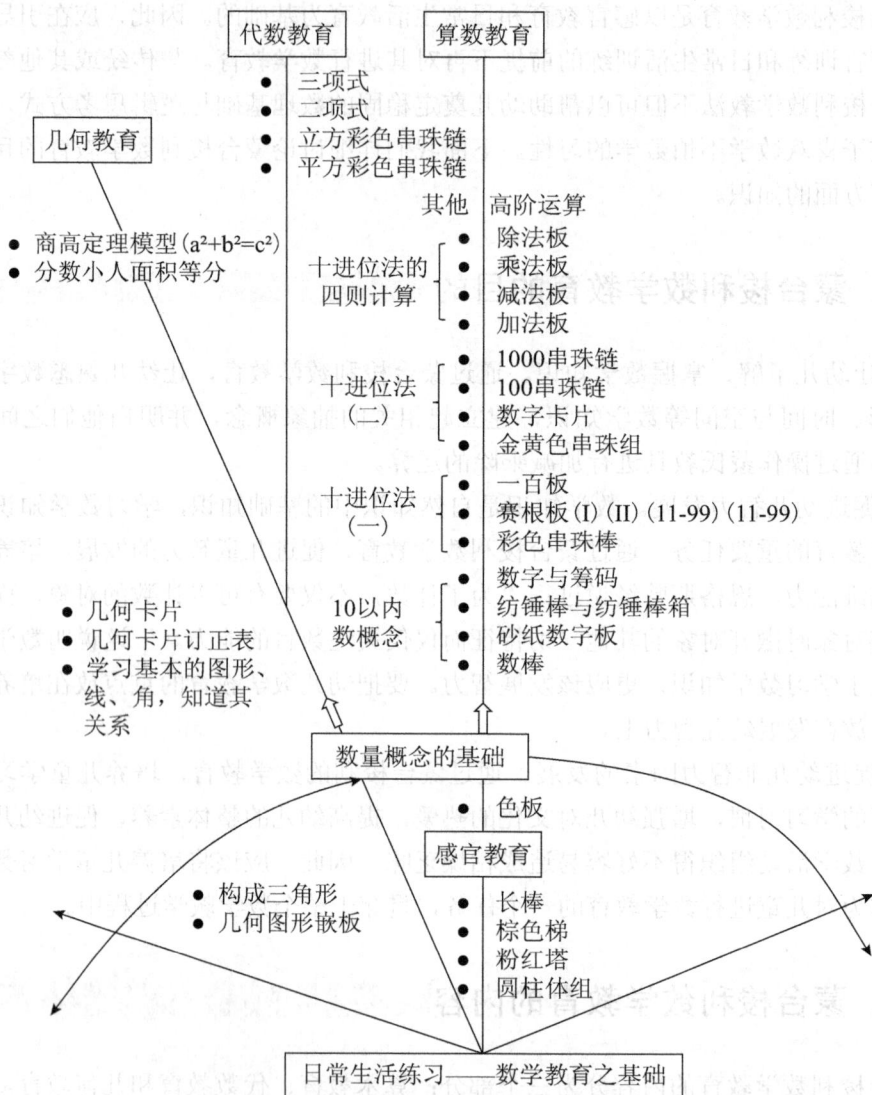

图8-1　蒙台梭利数学教育系统图[①]

三、蒙台梭利数学教育的意义

1. 帮助儿童学习和理解数学知识，初步形成数的概念

数学教育向儿童揭示了事物内在的逻辑关系和规律，丰富了儿童的感觉和经验。如给儿童一个苹果，不仅应该让他感受到苹果是圆圆的、红红的、酸甜的，而且应该让他感知到，这是1个苹果，如果再拿来1个就变成2个，2个比1个多1个，1个比2个少1个，揭示了事物的数量关系，把儿童带到现实生活中难以感受到的另一个世界——认识事物与事物的关系。如果说，有些知识儿童可以通过事物的外部特征体验到，那么数学知识是不能直接

① 段云波. 蒙台梭利数学教育及教具操作手册[M]. 济南：山东教育出版社，2007：22.

通过事物的外部特征感受到的，它需要儿童思维的再建构。没有数学教育，儿童是不能充分学习数学知识的。

2. 有利于儿童逻辑思维的发展

发展智力是儿童教育的重要任务。智力是认识活动的综合能力，包括感知、观察力、注意力、记忆力、想象力、思维能力和语言能力等，其中逻辑思维能力是人学习的一种能力。幼儿通过对具体事物的排列、分类等数学活动，学习简单的数学逻辑推理，为进一步学习复杂抽象的逻辑推理能力作准备。数学可以发展儿童的抽象思维是显而易见的。

3. 增强孩子适应生存环境的能力

数学可以帮助幼儿认识环境、了解环境，增强幼儿实际生活的能力。通过运用所学习的数学知识，幼儿可以和大人一样在遇到一些具体问题时进行计算、逻辑推理与判断。

4. 在数学敏感期内激发儿童对数学活动的兴趣

幼儿阶段是学习数学的敏感时期，幼儿的逻辑能力萌发于1～3岁，这时幼儿对事物之间的排列顺序、分类、配对表现出浓厚的兴趣。数学、几何图形、运算测量的敏感期出现在4岁左右。因此在孩子的幼儿期选择合适的数学教育内容是使孩子对数学保持兴趣的关键。为儿童选择数学内容一定要符合儿童的接受能力和接受水平，要站在儿童的角度上决定教什么或不教什么。儿童的接受能力既有年龄上的差异，也有个体上的差异，甚至也存在着地域差异。教育者不仅要了解儿童的年龄特点，还要了解每个儿童的特点，根据儿童不同的特点选择针对性更强的教育内容。

5. 为小学学习数学奠定基础

数学比较抽象，为了更好地理解数学，必须训练儿童学习数学的感觉，通过大量的感性教育，让儿童逐步理解数的概念，只有这样儿童才能适应小学阶段比较抽象的数学学习，因为以后所学习的数学内容与幼儿阶段的数学教育是密不可分的，例如小学学习的四则运算就需要以幼儿数学教育作为基础。

四、蒙台梭利数学教育的特点

1. 以感官为基础

在感官教育中，我们不但可以训练孩子感觉器官的灵敏性，培养五种感官精确、敏锐的感受力和鉴别力，并且要为蒙台梭利数学教育做好准备工作。通过感官教育孩子能认识自己器官的作用并感受不同物品的特质，然后认识数和量，发展孩子的语言能力。

在感官教育的练习中，我们常教孩子运用三种方法：序列(Grading)、配对(Pairing)和分类(Sorting)，这三种能力是一个人进行逻辑思维的基础，思考各物体之间的相似性，找到共同点，排列出比值的大小，这样可以协助幼儿提高对数学的分析、归纳、综合等抽象思维能力。

以粉红塔教具为例，粉红塔的外观全为粉红色，形状都是立方体，共有十块，棱长从10厘米递减到1厘米，孩子在造塔的过程中必须用眼睛观察，然后判断哪一个最大，哪一个第二大，一直到最小，这样才能依序建成塔。所以他一定要能比较、会判断。另外，立方体大小不同，孩子在造塔时不仅能学会大与小的区别，同时也能认识和感受到体积改变的意义。因此，幼儿在认真造塔时，除了锻炼肌肉、视觉、触觉和培养审美观念之外，也间接培养了数学的思考能力，如大于与小于的概念。关于配对我们再以带插座的圆柱体为例，教具中每一个圆柱体都有一个相对应的圆洞，这是数学计算中需要遵守的一对一的对应。一定要在圆柱与洞穴大小深浅都符合的情况下，才算配对完成，在众多的选择中，如何找寻相互的配对关系，是孩子操作的时候常遇到的难题。同时在带插座圆柱体中，圆柱体的体积与圆洞的容积是完全相等的，一个是圆柱，一个是空洞，即使外观不一样，但大小是一样的，所以在配对的过程中，孩子就有等于的概念了。分类的目的是在一群相似物中寻找共同性，反过来，也可以归纳出相似性。如色板3中一共有63片彩色板，幼儿要先分出不同色系的九种颜色，依照深浅排序，这便是在培养孩子的分类能力。

综合以上说明，感官教育的确可以培养幼儿良好的数学思考方式，感官教育的内容事实上已经包括了数值化的数的教育，通过实物培养了数学上量的概念和算的概念。

2. 由具体导入，让幼儿感悟抽象的概念

蒙台梭利数学教育遵守由具体到抽象、由简单到复杂的教育原则。在实施数学教育的过程中，要以具体的例子进行"名称练习"，直到幼儿在生活中熟悉数量，协助幼儿掌握基础的数的概念。

让幼儿全心全意以他的视觉和触觉来理解数量，这样才能达到蒙台梭利所希望的教学效果。身体力行的教学法一直是最明白、直接、有效的幼儿教学法，我们实际让幼儿感受1是什么？1和2有什么不同？这比口念千百次1、2、3，描写千百遍1、2、3更能让幼儿印象深刻。

3. 重视数量、数名与数字三者结合的关系

蒙氏数学教育很重视对数量的具体认识，然后过渡到对符号的认识和与语言的配合。蒙台梭利数学教育先教幼儿去感受、辨别物品之间有什么相同和不同的地方。有了深刻具体的肌肉记忆以后，再学习社会群体中认定的符号如文字，这样的认知过程才是正确的，不是靠背诵和强记的，是来源于经验与生活的。

在1到10的认识中，先教数棒，让幼儿充分感受到数量之间的不同，增加或者减少与数名之间的关系，边教边算。在砂纸数字学习过程中，没有数棒，没有数量，只有符号，通过描摹数字与数名，使孩子的经验与记忆得到印证与呈现。当数棒和数字一起排列在地毯上的时候，我们会看到幼儿自行结合第一阶段的数量与数名和第二阶段的数名与数字。这样锻炼了幼儿整合、归纳的思维，是一种自动教育的方式。

4. 采用"三阶段"教学法

"三阶段"的意思是把教学内容分为三部分：命名、辨别、发音。"三阶段"教学法大多在第一次教导幼儿认识新物品名称或新词汇的时候运用。在教导时，至少要准备两件相关物品，教师所运用的语言要精简、准确，这样才会让幼儿准确地了解到新词汇的发音和它对应的具体意义。

5. 注重教学过程的针对性

蒙台梭利教学注重的是操作过程，注重的是幼儿通过自身的活动获得经验，相信孩子

的自我学习能力，为幼儿的自主学习创设环境，在学习过程中没有统一的目标要求，不强调教学进程的统一，而是根据每个幼儿发展的状况及幼儿的兴趣，制定出每个幼儿的发展计划，允许幼儿之间的差异，允许幼儿不断地尝试，体现出了学中玩、做中学的原则，幼儿是教学的中心。

6. 采用阿拉伯数字，统一字体

数学教学为了让幼儿熟悉数字的字形和读法，最好在认知教学过程中运用固定的符号和字形。例如：砂纸数字板、数棒与赛根板上所运用的都是字体完全相同的阿拉伯数字。蒙台梭利选择阿拉伯数字的原因有以下几点。

(1) 它是世界通用的数字符号。

(2) 简单易懂。

(3) 可以任意组合。

(4) 代表量可以无限延伸，不怕中断。

在数字教学中，砂纸数字不仅能让孩子认识其符号，还能让孩子用手指来触摸、描摹。这也是为书写作准备。既然与书写有联系，我们在制作字体的时候，就应该先考虑到书写的特点和方法。一定要让幼儿在日后握笔书写的时候有完整清晰的印象，所以在第一次教幼儿数字的时候，重点不是在于美观或者艺术性。

7. 重视0的概念

在1~10的认识中，有一项工作叫纺锤棒箱，目的在于练习量与量累计后的改变以及对应的符号，在教具功能中蒙台梭利博士特别加入对0的认识。大概没有一位教育家会这么细腻地思考过如何教导幼儿认识0这个问题，蒙台梭利博士觉得其他数字与数量是容易明白的，但是0是不可以被触摸，也无法被计算，它的存在非常抽象。另外0的存在也影响人类计算时习惯使用的十进位法，因为0的出现，使我们在进位时，能清楚无误地记录下计算过程，所以对0的认识非常重要。

8. 以不同颜色代表不同数位名称

为了帮助孩子认识这些数量及与其相对应的数字，更迅速地掌握正确的知识，蒙台梭利博士把代表不同位数的数字卡用颜色来加以区分，个位数是绿色，十位数是蓝色，百位数是红色，千位数又是绿色，让孩子在使用数字的时候非常清楚不同位置的数字代表不同位数。这种绿、红、蓝的排列方法很容易继续延伸，例如万位数是蓝色，十万位数是红色，这些都符合现今我们在计算时以三位数为一个循环的方法。

9. 利用订正板代替教具中的错误控制

蒙台梭利教具在设计的时候为了配合幼儿进行自我教育，大都具有错误提醒和修正的功能，数学中的计算比较难从答案或过程中发现错误，因为误差常常因为一时的疏忽，这时候，订正板可以省下督导的时间，能让孩子在自我发现中建立信心及独立性。连续数中的一百板是简单又明白的订正板，孩子可以依照订正板上的数字排列，寻找到正确的答案。

10. 课程有固定流程，自成体系

蒙台梭利数学教育具有条理分明、层次清晰的特点。其课程设计从具体到抽象，从简单到复杂，体系完整，按部就班的学习让儿童游刃有余地接受下一阶段的挑战。

11. 教师指导的间接性

无论是"蒙台梭利"教育还是当前的传统教育,都离不开教师的示范与指导,但是蒙氏教学法对教师的示范要求非常规范,要求多用肢体语言,教师指导占用的时间应极短,更多的时间用于观察幼儿活动,了解每个幼儿的发展状况,并及时地进行指导。幼儿自由操作的时间占主要部分。数学学习是个性化的建构过程,要通过个人的多次反复操作才能理解数学知识。外界的干预和指导必须建立在帮助幼儿积极主动地进行操作的基础之上,即教师的指导应当更多地体现在为幼儿创设操作情景并将教育目标隐含在情景和材料之中,激发幼儿的探索兴趣,启发幼儿积极思考,而不是要求和告知,这正是我们所说的间接指导。

第二节　数学教具的操作

一、0~10数字、数量、数名的认识与数的积累

(一) 数棒

1. 教具构成

红蓝相间的木质长棒10根,最短的一根为10厘米,颜色为红色;第二根长20厘米,其中红、蓝两色各占10厘米;以此类推,第十根长度为1米,颜色为红蓝交替。数棒如图8-2所示。

图8-2　数棒

2. 工作目的

(1) 让孩子认识1到10的数量与数名。

(2) 记住1~10数字的顺序。

(3) 为学习加减法做准备。

(4) 培养孩子的注意力、协调性与秩序感。

3. 操作方法

(1) 准备工作毯,向幼儿介绍教具,将数棒放到工作毯上,取教具的方式同长棒。

(2) 引导幼儿将数棒按照长棒的排列方式排列,必须注意都以红色开始,而且每一根数棒都要从1数起。排列后引导儿童观察数量从多到少的变化。

(3) 运用"三阶段"教学法,对幼儿进行1~3的数量与数名的教学,使幼儿充分认识数名的意义。

(4) 教学时,教师应配合清晰、明确的手势,指引孩子触摸"量",注意口语的配合。如:1、2,这是2。在触摸过程中让幼儿感觉到量以及量在累积形成不同量时的感觉。

(5) 当1~3的数棒学习完毕后,教师可征询幼儿意见,是否还想继续学习其他的数量与数名。教师可根据幼儿的兴趣与接受能力,自行安排4~10数量与数名的学习。

(6) 在学习数棒之后,可以接着学习数字卡,1~10与数棒作配合。

(7) 结束工作,收回教具。

4. 错误控制

从视觉上进行控制,排列后的数棒应形成红、蓝相间的阶梯形状。

5. 变化与延展

(1) 10的合成与分解。

(2) 将数棒纵向排列。

(3)让幼儿按照老师指定的数名取出数棒。

(二) 砂纸数字板

1. 教具构成

(1) 贴有砂纸数字0~9的木板。

(2) 装砂纸数字板的盒子。

砂纸数字板如图8-3所示。

图8-3 砂纸数字板

2. 工作目的

(1) 让幼儿明白1~10的数名和数字之间的关系。

(2) 掌握数字的书写方式。

(3) 加强触觉训练及手部肌肉的控制力。

3. 操作方法

(1) 将盛有数字板的盒子放在桌子的右上角,然后把写有1、2、3的数字板从木盒中取出,反面朝下摆放在盒子的下方。

(2) 把写有1的数字板放在教师和幼儿中间,用左手压住砂纸板的左面,使数字露出来,右手的中指和食指沿着数字的正确写法在砂纸数字板上轻触,同时轻触说出数字的名称。然后让幼儿触摸砂纸数字板并说出数字名称。

(3) 用同样的方法学习2和3，可以运用"三阶段"练习法强化幼儿的记忆。

(4) 经过一段时间后，按照数字的排列顺序向幼儿介绍所有的数字板，经常与幼儿一起复习学过的数字板，一直到学习完0～9的所有数字。

(5) 练习完成后，请幼儿将教具放回原位，或建议幼儿自行练习。

4. 变化与延展

(1) 拓印砂纸数字：为孩子准备蜡笔以及和数字板相同尺寸的白纸。拓印时将白纸铺在数字板上，再以蜡笔用力来回拓印出数字的线条。

(2) 在沙盘、黑板、纸张上练习书写数字。

(三) 纺锤棒箱

1. 教具构成

(1) 放在一个盒子中的45根木质纺锤棒。

(2) 标明0～4、5～9的两个数字箱。

纺锤棒箱如图8-4所示。

图8-4　纺锤棒箱

2. 工作目的

(1) 加强幼儿对数字1～9顺序的认识。

(2) 强化数量和数字的配合能力。

(3) 介绍0的概念。

(4) 培养儿童的秩序性、专注力。

3. 操作方法

(1) 将幼儿带领到教具展示架前，介绍教具，准备工作毯。

(2) 将纺锤棒箱放到工作毯上，把装有纺锤棒的木盒放在其右下方。

(3) 示范时，应先引导幼儿按顺序认读棒箱上的数字。目的在于加强数序的记忆，并为下一个步骤做准备。

(4) 老师指着纺锤棒箱中写有1的格子读"1"，然后用右手从木箱中取出1根纺锤棒放在左手手心，两手握住棒的中间垂直竖起向幼儿展示，同时做出说明，这是1，说完再指一遍木盒上的数字1，然后将数棒放到纺锤棒箱中写有1的空格里。

(5) 以同样的方法进行2～9的操作。

(6) 在1～9操作完毕之后，引导幼儿观察数字0，对幼儿说："这是数字0，我们应该取0根纺锤棒放进去。"然后老师从空的盒子里抓一下，再做放到0的格子里的动作。问幼儿："在0的格子里有几根纺锤棒？"幼儿会回答："在0的格子里面没有纺锤棒。"因此教师告知孩子："0就是没有的意思。"

(7) 按0～9的顺序将相应的纺锤棒从纺锤棒箱整理到木盒中。

4. 错误控制

纺锤棒数量正好全部用完。

5. 变化与延展

(1) 配合数字卡片进行练习。

(2) 纺锤棒与砂纸数字板配对练习。

(四) 零的游戏

1. 教具构成

(1) 盛放在一个篮子中的45个木制小球或核桃。

(2) 0～9可折叠的数字卡。

2. 工作目的

(1) 加强幼儿对于0～9，或1～10的范围内数字、数量与数名的结合。

(2) 加强对"0"的概念的理解。

3. 操作方法

(1) 在进行游戏前老师应事先检查材料的数量是否正确。

(2) 让10个幼儿坐在工作毯四周，将盛放45个小木球的篮子和折叠着的0～9数字卡放在工作毯上。

(3) 教师对幼儿说："请每个小朋友取一张数字卡。"

(4) 等幼儿每人都取完数字卡后，对幼儿说："请打开折叠的数字卡，仔细看看卡片上的数字，然后依序在篮子中拿出与卡片上数字相等的木球。"

(5) 让幼儿依序取出木球，抽到数字"0"的孩子不需要取木球。

(6) 等所有孩子取完木球后，让孩子读出自己卡片上的数字，并数一数自己所取的木球。

(7) 请所有小朋友注意，老师向没有拿木球的孩子提问："你为什么没有取木球呢？"孩子应该回答因为他的卡片数字是0，所以什么都没取。

(8) 如果在游戏的过程中有孩子拿错了，先不更正，因为木球或核桃的数量最后一定会出现错误。在这个情况下可让孩子一起检验自己取的量是否正确。

4. 错误控制

木质小球或核桃如有多余或不够，说明发生错误，应让孩子自己校正。

(五) 数字与筹码

1. 教具构成

(1) 盛放在一个木盒两个格子中的1～10数字卡与55个红色圆形筹码。

(2) 文字卡"奇数""偶数"各5张。

数字与筹码如图8-5所示。

图8-5 数字与筹码

2. 工作目的

(1) 使幼儿进一步理解数字与数量之间对应的概念。

(2) 了解数量累加的过程。

(3) 了解奇数与偶数的概念。

3. 操作方法

(1) 向幼儿介绍教具，准备工作毯，将教具放到工作毯上。

(2) 从木盒中取出1~10的数字卡，请幼儿按数字顺序取给教师，教师将数字卡按顺序从左到右排列。

(3) 教师用右手指着数字"1"，并告知幼儿这是数字"1"，我们应该取一个筹码放在数字"1"的下面。

(4) 依此方法，将2~10数字所对应的筹码，放在相应的位置上。放置筹码的时候应该注意筹码之间一定是相互挨着，分成两列放在对应的数字下面。

(5) 完成后，将数字卡与筹码放回木盒中。

(6) 鼓励幼儿自己动手操作。

(7) 当幼儿能够熟练操作以上步骤的时候，可以引入奇数与偶数的教学。

(8) 当幼儿把所有数字与对应的筹码排列好后，教师指着数字1及其下面的筹码，对幼儿说："数字1的下面的筹码是1个，它没有朋友，因此1是奇数"，同时将一个"奇数"的文字卡放在1的筹码下。

(9) 接着向幼儿介绍："数字2的下面是2个筹码，它们彼此是一对朋友，因此数字2是偶数。"并把"偶数"的文字卡放在筹码2的下面。以此类推，将所有的文字卡一一对应放置。

(10) 用"三阶段"教学法引导幼儿认识奇数与偶数的文字。

(11) 结束工作，放回教具。

4. 错误控制

操作到最后所有筹码应该正好用完。

5. 变化与延展

可以用数棒进行奇数与偶数的练习。

(六) 彩色串珠

1. 教育构成

(1) 一串串不同颜色不同数量的珠子，装在盒子里。

(2) 1~9数字卡。

(3) 数珠片2张。

彩色串珠如图8-6所示。

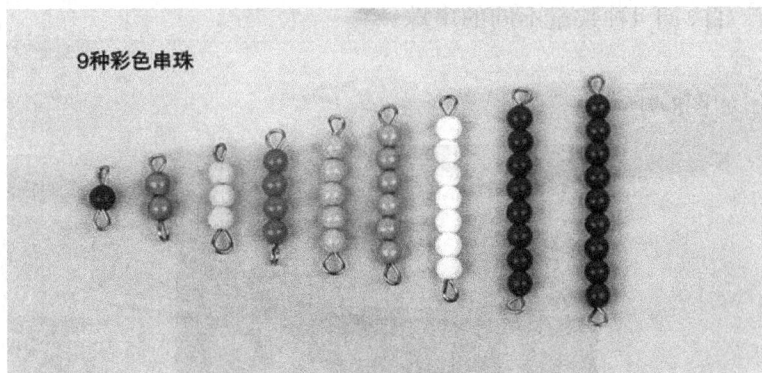

图8-6 彩色串珠

2. 工作目的

加强幼儿对1~10的数字、数量与数名的认识。

3. 操作方法

(1) 向幼儿介绍教具，准备工作毯，取出教具。

(2) 以"三阶段"教学法反复测试孩子对数名与数量及颜色的认识是否已充分掌握，在教学过程中注意示范运用数珠片的具体方法。

(3) 运用小数字卡进行基本练习。

(4) 一般一次只进行3~4个串珠的练习，在进行新知识教学之前要复习以前学过的内容，最终要让幼儿将串珠的颜色和数量联系在一起。

(5) 在孩子熟练掌握所有串珠的数量与颜色后，可配合数字卡进行练习。

(6) 将彩色珠串1~9按顺序呈阶梯状排列在工作毯上。

(7) 将数字卡散放在其下面。

(8) 引导幼儿将数珠和对应的数字卡配对，并将数字卡放在对应的数珠串的右侧。

(9) 将所有的彩色珠串和卡片对应配好，完成一个工作循环。

(10) 结束工作，收回教具。

4. 错误控制

(1) 视觉颜色的辨别。

(2) 珠串上的数量与卡片数字表示的数量应该一致。

5. 变化与延展

(1) 用彩笔画出对应的珠串。

(2) 用与珠串颜色相同的彩笔写出对应的数字。

二、十进位

(一)金黄串珠组

1. 教具构成

(1) 一、十、百、千4种数量不同的串珠。

(2) 一个托盘。

金黄串珠组如图8-7所示。

图8-7　金黄串珠组

2. 工作目的

(1) 让幼儿认识各个数位(个位、十位、百位和千位)。

(2) 为幼儿学习进位的知识打基础。

3. 操作方法

(1) 准备工作毯，向幼儿介绍教具并把教具放到托盘中。

(2) 教师从托盘中取出一粒金黄色珠，对幼儿说："这是1。"并交给幼儿感知后放在工作毯右侧。

(3) 教师把代表10的金黄色珠串取出，告诉幼儿："这是10，是由十个1组成的，让我们一起数一下，一个1，二个1……十个1。"数完后交给幼儿感知，并摆放在代表1的金黄色珠右侧的工作毯上。

(4) 以此类推，介绍百和千。

(5) 运用"三阶段"教学法加强幼儿对4个数位的了解。

(6) 结束工作，收回教具。

4. 变化与延展

可配合字卡识字。

(二) 九的排列

1. 教具构成

九颗1，九串10，九片百和九个千，如图8-8所示。

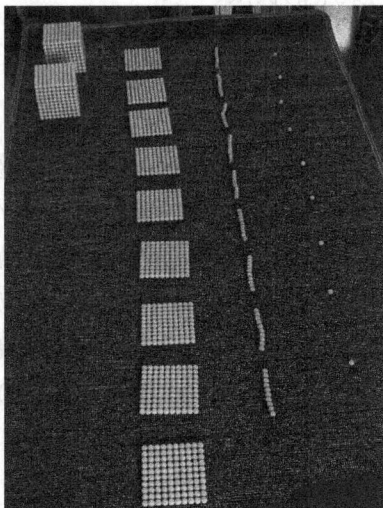

图8-8 九的排列

2. 工作目的

(1) 让已明白位数名称的孩子继续拓展在各个位数中的连续数的认识。

(2) 为学习数的进位做准备。

3. 操作方法

(1) 第一阶段是以九颗1、九串10、九片百和九个千让孩子对每个位数在进位前的基本元素极限有概念，而且提示由第一个量开始往下累计的过程让他们明白数量之间的关系。

(2) 第二阶段是数字卡的排列，因为涉及符号的辨认，不宜进行节奏过快，最好能不时地以"三阶段"教学法中的测试方法确认幼儿是否完全明白数字的书写与排列的秩序性，最后才将数量、数名、数字结合完成整合练习。

(3) 第三阶段是将数字与数量结合在一起，由金黄色珠的第一个量，开始往下累计。每做成一个量，就配合数字卡依序累计结果。每个位数的最后数量就是9、90、900、9000，这是在学习进位前最重要的准备工作。

(4) 另外九的排列也可以延伸为四十五排列，所谓四十五排列，就是将每个数字对应同等的金黄色珠，在每个位数中应精确地准备四十五份金黄色珠，以供排列。由于排列数量多、费时，可以采取小组或团体合作方式完成，这对幼儿来说是一件愉快又有成就感的活动。

(三) 九的危机

1. 教具构成

(1) 九颗金黄色珠，九串金黄串珠，九片金黄色串珠片。

(2) 一颗一、一串十、一片百、一个千。

(3) 装教具的托盘一个。

2. 工作目的

(1) 加强幼儿对十进位中逢10进位的理解。

(2) 让幼儿理解九为每个位数中的极限。

(3) 为四则运算做准备。

3. 操作方法

(1) 向幼儿介绍教具，准备工作毯，协助幼儿取出教具。

(2) 将大托盘中的9个金黄色珠垂直排列在工作毯上，与幼儿一起数金黄色珠，告诉幼儿："现在工作毯上有9个1，我们再拿一个1，那么就是十个1，十个1就是10，我们可以用一个黄金串珠来代替这十个1。这样，原来9加1就变成了10。"

(3) 将金黄色珠放回托盘，将9个金黄色珠串从左向右排好，接着向幼儿解释："我们已经有九个10了，如果再加一个10，就会是十个10，而十个10就是一个百，我们可以用表示100的金黄串珠板来代替这十个10。所以，90加10就成了100。"

(4) 以此方法再把九个百加上一个百等于一个千的过程，展示出来。

(5) 结束工作，收回教具。

(四) 变色蛇

1. 教具构成

(1) 彩色串珠1～9两组。

(2) 10的金黄色串珠九根。

(3) 用厚纸板或塑胶片制作的数珠片。

变色蛇如图8-9所示。

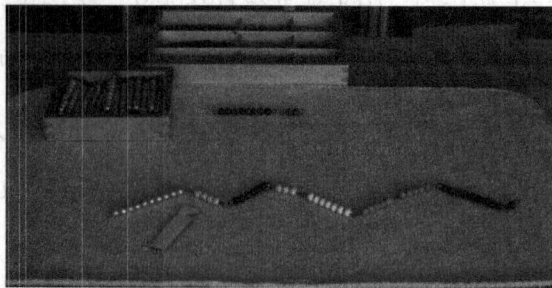

图8-9　变色蛇

2. 工作目的

(1) 直接目的：让幼儿在逢十与金黄色珠一一交换的变色过程中加强加法的概念与量的转换技巧。

(2) 间接目的：让幼儿理解数的组合与分解，且在转变成金黄色蛇时有加法的具体概念，并为以后记忆性的计算热身。

3. 操作方法

(1) 把儿童领到教具展示架前，介绍教具，准备工作毯。

(2) 彩色串珠棒从上到下以1~9的顺序排列成倒金字塔形，另取彩色串珠棒5放在金字塔下面。

(3) 出示金色蛇10的横式说："这是合10金色蛇。"

(4) 请幼儿倾听教师读横式："1+9，2+8"连续读后稍停顿，继续按此方法读完，以便幼儿听清，每组连加而成金色蛇。

(5) 取彩色串珠棒放在金色蛇的下方，与其数字一一对应，连成一排。

(6) 用数珠片从左往右点数，每数到10粒珠子都换成1根金色珠棒，换下的彩色串珠放在旁边的左下方，逐一将彩色的串珠棒用金色串珠棒全部换下。

(7) 交换结束后，请幼儿点数并回答有几根几色串珠棒，表示多少。

(8) 验算：将金色串珠10竖放在左边，1和9、2和8、3和7等彩色串珠棒合放在金色串珠棒10的右边，紧排在一起。点数确认是否每组都合成10。

(9) 抄写记录金色蛇合10横式，并填写得数。

(10) 请幼儿将彩色串珠先整理成金字塔形后，再逐一放回盒中。

4. 错误控制

(1) 数珠片的运用。

(2) 每两根彩色串珠棒组合起来与一根串珠棒的长度相等。

6. 变化与延展

(1) 活动结束后，在纸上抄写蛇形横式，并填写得数。

(2) 幼儿熟悉以上活动后，再将组成"蛇"的各数字变换位置，进行珠棒间的交换练习及抄写横式的练习。

三、连续数的认识

在介绍过1~10的认识和十进位法之后，我们继续学习连续数。在这个单元中，我们要让幼儿接触10以上的数字，让他们了解数的连续过程，倍数的概念和记忆性的计算，为幼儿的心算能力做准备，让幼儿对各种数学的形式有完整的认识。对于连续数的认识，应用的主要教具为：

(1) 赛根板I

(2) 赛根板II

(3) 一百板

(4) 平方链

(5) 立方链

进入连续数的单元里，我们首先要介绍的是赛根板。赛根板包括两组教具，第一组教具着重于10~19的学习，英文可称为(Teen Board)，意思是20以下的两位数练习的板子，第二组教具则拓展练习到所有两位数的数字、数量。我们以赛根板I与赛根板II来区分，并以此命名。为了使幼儿认识这些超过10的数，而且能充分又具体地明白期间的连续性，我们维持在1~10的认识单元中教学的原则，也就是先介绍数量、数名，再介绍数字、数名，最后再把数量、数名、数字三者结合。层次分明的特色仍是这项教学所应掌握的。

(一) 赛根板I

1. 教具构成

(1) 九串金黄色珠串(10)。

(2) 彩色串珠(1～9)一组。

(3) 赛根板I，如图8-10所示。

图8-10　赛根板I

2. 工作目的

(1) 让幼儿理解11～19的数字、数量及数名，及其对应关系。

(2) 理解十位数是由两个部分的数组成。

(3) 学习十位数的排列顺序。

3. 操作方法

(1) 向幼儿介绍教具，准备工作毯，协助幼儿取出教具。

(2) 先取金黄色珠串与彩色串珠，放在工作毯左上方。

(3) 教师将一根金黄珠串垂直摆放在工作毯中央，再取出代表1的彩色珠串放到它右边。对幼儿说："这是11，是由一个10和一个1组成的。"

(4) 再依此方法，介绍12～19的数量与数名。

(5) 可三个数量为一组对幼儿进行"三阶段"教学法的教学，让孩子对11～19的数量和数名有个充分认识。

(6) 介绍完数量与数名后，我们就可以介绍赛根板了，赛根板由两块长方形木板以及1～9的数字板组成，由于长方形木板上已经印有10的数字，我们的做法是将1～9的数字板，依序镶入个位数的位置而变化出不同的两位数，可用"三阶段"教学法教导孩子认识11～19的数字与数名，并注意在教学期间，教会孩子数字书写的正确方法。再以变化位置与反复询问的方式，确认孩子的学习成果。

(7) 待完成以上两阶段教学后，我们便可以指导孩子将串珠与数字结合，而串联出它们的对应关系。

4. 变化与延展

(1) 将木质数字板的顺序打乱，引导幼儿按照数的顺序在赛根板上排列。

(2) 在纸张上练习书写数字。

(二) 赛根板II

赛根板II与赛根板I的教学内容大致相似，只是材料的数量变大，数字间的连续关系变多了，孩子在这项教具中所得到的将是所有两位数的整体认识，也就是10～99，这对孩子的数学教育将是一个极重要的里程碑，因为接下来的蒙台梭利教学教具，会引领他们进入比较复杂和比较抽象的学习。

1. 教具构成

(1) 45串金黄串珠。

(2) 彩色串珠1～9一组。

(3) 赛根板II，如图8-11所示。

图8-11　赛根板II

2. 工作目的

(1) 学习10～99的数字、数量与数名及其对应关系。

(2) 了解10～99数字的顺序。

3. 操作方法

(1) 10～90整十数量的认识：教师取出一个金黄串珠，放在工作毯上，并对幼儿说："这是10。"再取2根金黄串珠并排摆在第一根金黄串珠的下面，并跟幼儿说："这是20。两个10就是20。"依此方法继续摆出30～90。然后三个数字一组，对孩子进行"三阶段"教学的教导。直至幼儿掌握了10～90的数量与数名。

(2) 10～90数字的认识：将赛根板II放在工作毯中央，运用"三阶段"教学法对10～90分组进行教学，让幼儿认识10～90的数字与数名。

(3) 10～90数量、数名、数字三者联合练习：当幼儿已经完全掌握10～90整十数时，就可以配合黄金串珠进行练习。教师指着赛根板上的第一个数字说："这是数字10。"然后拿一个金黄串珠，放在数字10的左边，告诉幼儿："这是数量10，我们已经把它和数字10配好了，你愿意帮助老师继续下面的工作吗？"接着可以让幼儿把其他的数字与数量进行搭配，如果幼儿没有这个能力，老师可以继续演示。直到幼儿可以独立操作，能够把10～90数量、数名、数字三者结合起来。

(4) 11～99数量、数字与数名的对应：将赛根板II放在工作毯中央，把木质数字卡片按照顺序摆放在赛根板的右边，把金黄串珠放在工作毯的左下角，把彩色珠串排成阶梯状放在金黄串珠右边。选取一根金黄串珠，放在赛根板数字10的左边，然后说："这是10，这也是10。"再在第一根金黄串珠的右边放一个彩色串珠1，说："这是11，10和1组成11。"从木质数字卡片中取出数字1，轻轻插入赛根板，说："这是数字11。"将彩色串珠1放回原位，再将木质数字卡片取出，也放回原位。继续工作，一直到19。其间也让幼儿自己组合数量和数字，让他们按照自己的进度进行练习。在19之后，教师拿彩色串珠1放到彩色串珠9的下面，告诉幼儿"9和1组成10，可以用一根金黄串珠来代替9和1"，观察幼儿反应，看幼儿是否明白。接着提示幼儿："19加1等于20。"同时把两根金黄串珠移下来，放到数字20的左边。这样继续一直到99。

4. 变化与延展

(1) 在纸上写出自己喜欢的数字，用金黄串珠和彩色串珠一起摆出相应的数量。

(2) 摆出自己喜欢的数量，用赛根板拼出对应的数字。

(三) 一百板

接下来我们要介绍的工作是一百板，在一百板中只有数字的出现，而没有具体的数量操作，这在蒙台梭利的教具设计原理中是少见的，因为蒙台梭利教具一向强调的是具体的感官经验。这项材料的教学目的在于强化数字排列次序的记忆。以整体教学流程规划来说，如果孩子能在赛根板I与赛根板II的练习中建立完整又清晰的100之内数量概念，那么当孩子在面对一百板时，将更容易串联起来。

1. 教具构成

(1) 100数字板。

(2) 分装在10个小木盒中的1~100的木质数字卡片。

(3) 订正板。

一百板如图8-12所示。

图8-12　一百板

2. 工作目的

(1) 加强1~100数字的记忆。

(2) 强化1~100数字的排列顺序。

(3) 培养孩子的观察力与注意力。

3. 操作方法

(1) 向幼儿介绍教具，把一百板和配套的数字卡放到工作毯上。

(2) 把1～10数字卡片从木盒中取出，把数字面朝上排成一排，然后按照从左到右的顺序将数字卡按照数字顺序一个个摆放在一百板上。

(3) 挑选11～20，重复以上动作，直到将所有的数字摆放在一百板上。

(4) 与订正板对应，看是否有错误。

(5) 鼓励幼儿自己动手尝试。

4. 错误控制

订正板。

5. 变化与延展

(1) 将所有数字卡混合，先分类1～10、11～20……然后放到一百板上。

(2) 在纸张上填写100表格。

(3) 将某些数字遮住，反问孩子哪些数字被盖住了。

(4) 改变成由下而上的排列方法。

(四) 平方链/一百串珠链

1. 教具构成

(1) 10根金黄串珠连接成的串珠链。

(2) 数珠板一个。

(3) 盛放在托盘中的数字标示签：包括1～9绿色的个位标识签、10～90共9个蓝色的十位标识签和一个表示100的红色百位标识签。

平方链/一百串珠链如图8-13所示。

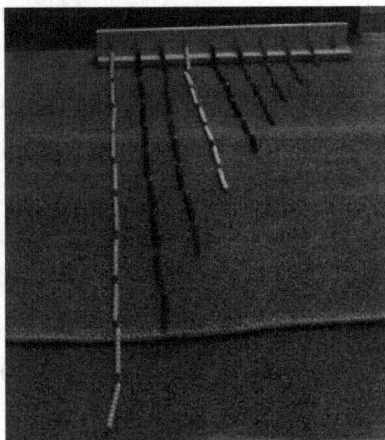

图8-13 平方链/一百串珠链

2. 工作目的

(1) 强化1～100数字的排列顺序。

(2) 加强对1～100数字的记忆。

(3) 培养孩子的专注力与独立性。

3. 操作过程

(1) 准备工作毯，向幼儿介绍教具，取出一百串珠链及相关教具，放在工作毯上。

(2) 在让孩子看到一百串珠链重叠的方式之后，教师将串珠链慢慢打开，这种拉开的动作不仅让孩子感受到量的连续性，同时也对接下来的工作有一个预期。

(3) 在拉开串珠链之后，取出数字标示签，指引孩子看指标，有不同的颜色以及大小尺寸。这些大小尺寸和颜色代表着不同的量，请幼儿将数字标示签按顺序摆放在工作毯的右下角，由个位数绿色开始排列，绿色排完之后，排蓝色数标，也就是两位数的指标。这种有秩序排列指标的方法，有助于孩子在操作过程中明确地寻找出答案。

(4) 跟孩子说："现在，我们要开始数串珠了。"教师拿着数珠板由第一颗金黄色珠开始数，数完第一串之后，让孩子去找相对应的绿色指标，放在正确的金黄色珠位置上。

(5) 数到第10颗的时候，取出蓝色的指标。帮孩子对比绿色的蓝色的指标的改变，让孩子感受到数量以及位数的变化。

(6) 数完10颗以后，接下去的第二串，不再拿个位数的指标而是取过20的指标，接着，每逢10会放一片蓝色的指标，直到最后一串10，孩子会发现所对应的指标，是红色的100，这也代表着这串串珠链最后的数量。

(7) 在所有的指标都对应完之后，引导幼儿将地毯上所有呈现的指标一一唱名，也可以将数字倒数一次，这种唱名的方式，可以让他加深记忆。

(8) 如果幼儿仍有兴趣，可让幼儿自己动手重复这项工作，教师在一边观察，适时指导。

(9) 在孩子能够熟练进行以上操作后可让孩子将100的串珠链折叠起来，教师对幼儿说："现在一百串珠链变成一个正方形，成了一个串珠板，但它还是100。"将一百串珠板放到折叠后的一百串珠链上面，做完比对，发现二者大小一样，然后移开，对幼儿说："这是100，这是一百串珠板。"

(10) 将一百串珠板和一百串珠链重新垂直放好，邀请幼儿尝试。

4. 变化与延展

(1) 制作不同的数字标签，让幼儿将标签放在对应串珠旁边。

(2) 随意指出一个串珠，让幼儿说出其对应的数名，或写出对应的数字。

(五) 立方链

1. 教具构成

(1) 1000串珠链。

(2) 1000串珠立方体一个，100串珠链一条，100串珠板10片。

(3) 放在托盘中的数字标识签一套：

① 1～9绿色箭头标签(最窄)。

② 10～90的蓝色箭头标签(两倍宽)。

③ 100～900的红色箭头标签(三倍宽)。

④ 1000的绿色箭头标签(四倍宽)。

(4) 数珠板一个。

立方链如图8-14所示。

图8-14 立方链

2. 工作目的

(1) 让幼儿明白平面(也就是面积)以及立方(也就是体积)的概念。

(2) 为幼儿认识几何学奠定基础。

(3) 让幼儿熟悉1～1000数名、数量、数字的结合。

(4) 熟悉1～1000以内的数字。

(5) 导入间隔计数。

(6) 帮助孩子理解"量的守恒"。

(7) 培养孩子的专注力与注意力。

3. 介绍串珠橱

(1) 最上一层是指标盒，每盒中装的是对应串珠倍数的彩色指标。为了使孩子使用时便于寻找，而且有秩序性，在盒外注明了数字名称。

(2) 各数的立方体，是为了做比对用的。

(3) 串珠橱的主体是一串串彩色串珠，串珠间互相扣连，而数量为各数的立方倍数，为了拿取方便及延续倍数的意义，悬挂时，应该符合各数的平方倍数，一段一段地挂上去。

(4) 小平台是各数的平方面，其目的一是可比对，二是可在算完数之后，做成立方体，以归纳整个流程的结果。

4. 操作过程

现在我们就以3的立方链为例，说明这个工作。

(1) 将幼儿引领至串珠橱，介绍教具，准备工作。

(2) 在工作毯上，将立方链打开。

(3) 把指标盒中的彩色指标依序排列。因数字量大而且繁多，可先指示孩子，依指标外观大小排列即可。

(4) 接下来开始数串珠，并在正确的位置上放指标，指标是以3的倍数制作的，所以会呈现出3、6、9、12、15、18等的次序。

(5) 每逢在平方的位置，链子就会出现一个较大的铁环，以提醒孩子平方的概念，所以此时可以放上一片3的平方面，做更准确的比对。依序完成整条串珠立方链。

(6) 指导孩子将所有平方链收集并堆高就组成了一个立方体，此时再取出串珠橱上3的立方体，两者做比较得知其相等关系。

5. 错误控制

(1) 数珠板的运用。

(2) 数字标签的运用。

6. 变化与延展

(1) 让幼儿练习书写1～1000的数字。

(2) 自制数字标签，随意取出一个，如256放在其对应的串珠旁。

(3) 教师指示一个串珠，让孩子说出对应的数名，并找出对应的数字。

四、四则运算

在该部分中幼儿将更详细地学习十进位法以及初步接触与十进位法并行的四则运算，并将学习很多数量、数字与数名之间结合的工作。其主要活动包括以下内容。

(1) 银行游戏；　　(2) 邮票游戏；　　(3) 点的游戏；　　(4) 小数架；

(5) 加法蛇；　　(6) 减法蛇；　　(7) 乘法板；　　(8) 除法板。

(一) 银行游戏

1. 教具构成

在银行游戏教具中所使用的材料仍旧是数字卡和金黄色珠，如图8-15所示。

图8-15　银行游戏

2. 工作目的

(1) 让孩子了解加减乘除的符号与计算概念。

(2) 熟悉十进位法的规则与演变。

(3) 锻炼幼儿的基本计算能力。

(4) 培养孩子操作的独立性与秩序性。

(5) 增强孩子学习数学的兴趣。

3. 注意事项

教师在操作这项教具时尤其需要注意关键字的正确使用，譬如加法是合起来，减法是拿走，乘法是重复，除法是平均分配。合起来、拿走、重复和平均分配，这些字眼是将加、减、乘、除符号概念化。让孩子先了解这些意义之后再学习运算的方法，循序渐进地学习，正是蒙台梭利教学法所强调的理解式教学而非记忆式教学。除此之外有关除法中余数的练习可在幼儿充分了解平均分配及退位概念之后加以引导或由幼儿自行发现提出疑问，老师再做解说。

4. 加法不进位的操作

术语：加数+加数=和

(1) 准备工作毯，向幼儿介绍教具。

(2) 将一套完整的金黄串珠和数字卡片以连续的方式摆放在桌子上，作为银行。

(3) 取出题目卡，如"1223+1243=？"出示给孩子，让孩子拿着托盘到银行去取和题目卡上一模一样的金黄色珠和小数字卡，然后拿到工作毯上，如图8-16所示。

图8-16　加法不进位I

(4) 教师将串珠从右向左、从个位往千位排列。然后教师引导幼儿读出数字，同时把数字卡放在串珠的左边，把串珠放在工作毯中间靠右的位置。

(5) 教师再次给幼儿出示题目卡，并告诉幼儿："我们要做加法的练习，加法的意义就是将几部分的量合起来，所得的量就是算式的结果。"

(6) 提示幼儿由个位数也就是一的部分开始做计算，把所有金黄色珠都合起来。(注意：个位和个位合，十位和十位合……)

(7) 在把所有金黄串珠合起来之后(如图8-17所示)，请孩子到银行去取大数字卡做出合起来的量，也就是答案，放在左边小数字卡的下方，并对照题目卡后面的提示看自己是否做对了。

图8-17　加法不进位II

(8) 告诉幼儿："1223+1243等于2466。"把答案写到题卡上。

(9) 请幼儿自己动手进行练习，教师可检查答案。

5. 加法进位的操作

基本操作与不进位的加法一样。只是在合金黄串珠的时候，先从上到下数个位的串珠，每数够10粒，就拿着这10粒珠子去银行换取一根金黄串珠棒，放在十位串珠棒下面。个位上其余的串珠不动。十位、百位、千位操作与个位操作方法相同。

6. 减法不借位的操作

术语：被减数－减数=差

(1) 准备工作毯，向幼儿介绍教具。

(2) 将一套完整的金黄串珠和数字卡片以连续的方式摆放在桌子上，作为银行。

(3) 取出题目卡，如568－123=？

(4) 提示幼儿："今天我们要做减法，它的方法与加法不同。我们先从银行中取出大数字卡 568，再找出相应数量的串珠。"教师指导幼儿取出相应的卡片与串珠，并放在工作毯上，注意数字卡要放在串珠的左边。

(5) 提示幼儿："我们下面要用托盘取出表示123的小数字卡。"取出后，教师将小数字卡放在大数字卡568的下方。

(6) 教师向幼儿提示减法的意义："从一个大的量中拿走一部分的量，剩下的量就是结果。"

(7) 教师指着工作毯上的串珠说："现在我们要从568中拿走123的量。"

(8) 提示幼儿从摆放在工作毯上的串珠中取走123的量，取的时候要从个位开始，然后放在托盘中。

(9) 教师指导幼儿清点剩下的串珠(也就是"差")。边清点边把串珠挪到工作毯的下方，再从小卡片中找出对应的数来代表差，摆好后读给老师："568拿走123剩下445。"

(10) 教师指导幼儿将答案写在题卡上。

(11) 让幼儿自己动手，重复练习。

7. 减法借位的操作

操作步骤基本同不借位减法。在减法借位中，我们会让孩子发现当减数大于被减数的时候就必须借位。请孩子拿着一串十到银行去换十个一，并且点收无误，换来的十个1必须和1这一行放在一起，当确定被减数已经大于减数的时候，我们就可以取走减数的量了，地毯上剩下的金黄色珠就是所要的答案。

8. 乘法不进位的操作

术语：被乘数×乘数=积

该活动的操作步骤基本与加法的步骤一样，只不过在操作过程中教师要向幼儿强调"乘"就是重复的意思。例如抽到的题卡是"123×2=？"，我们可以引导孩子说："这里有一组金黄色珠123，下面有另外一组123的金黄色珠，现在123的金黄色珠被重复了两次，接下来我们就要将所有金黄色珠如做加法一样把它们合在一起。"

9. 乘法进位的操作

在银行游戏中乘法进位中和加法进位一样，指导重点是孩子逢十做交换的过程，如果能充分地掌握加法进位的练习，在这个工作中必能触类旁通。

10. 除法不退位的操作

术语：被除数÷除数=商

在银行游戏的除法练习中，我们要让孩子明白的是"除"就是平均分配的意思，所以我们可以由老师在地毯上先排出一个被除数，再经由平均分配的概念平均分配到每个孩子面前的托盘中，只是在这一次的分配过程我们不再由1，也就是个位数开始做计算，而是由最大的位数千位数开始做分配。为了让孩子清楚地明白什么叫作平均分配，在分的时候应以一次一次清楚的分配过程，让孩子明白我们所要传达的意思。平均分配完之后，我们可以请孩子分别检查他们面前托盘内的金黄色珠各是多少，而这个量，就是我们刚才在地毯上的被除数，被除以除数之后，所得出来的就是商了。

11. 除法退位的操作

在除法退位中，我们要让孩子感受到的是，当一个量无法再做平均分配的时候，他必须要做交换，也就是将它转换成为另外一个量。比如说一千，可以交换成为十个百，交换之后的数量，就足够让孩子继续做平均分配了。

(二) 邮票游戏

1. 教具构成

(1) 颜色为绿、蓝、红、绿的小木质邮票，其中绿色代表个位数，蓝色代表十位数，红色代表百位数，绿色又代表千位数。

(2) 29个颜色不同的邮票小人，与邮票对应，绿色小人共11个，其中只有一个稍大的绿色小人代表千位，其他10个与红、蓝色小人等大。红色和蓝色小人各9个。

(3) 定位筹码12个，红色代表个位、蓝色代表十位、绿色代表百位和千位。

邮票游戏如图8-18所示。

图8-18　邮票游戏

2. 工作目的

(1) 加强孩子四则运算及进位/借位的能力与观念。

(2) 邮票与钱币极为类似，孩子可以延伸到日常生活的钱币运算。

3. 操作过程

邮票游戏的操作过程与银行游戏大同小异，特别是计算时数量放置的方法与移动的过程，只是邮票游戏中，数量是以符号1、10、100、1000以及颜色绿、蓝、红、绿为代表。取代了银行游戏中精确的数量能够被接触到的设计，所以邮票游戏比银行游戏抽象。

(三) 点的游戏

1. 教具构成

(1) 一张练习板。

(2) 红、蓝、绿、黑四色色笔。

(3) 题目卡。

点的游戏如图8-19所示。

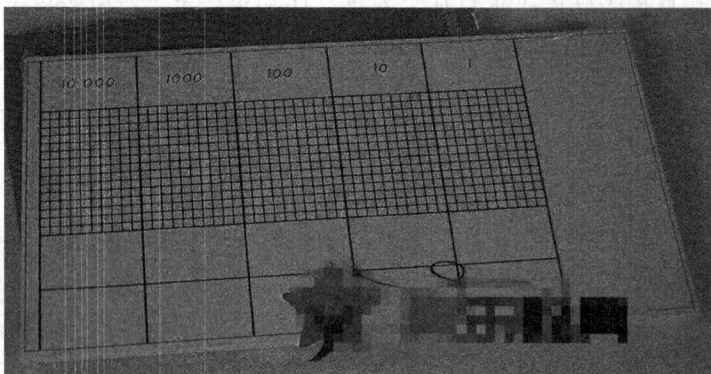

图8-19　点的游戏

2. 工作目的

(1) 加强从低位数到高位数计算的概念。

(2) 熟悉比较抽象的加法教具的操作。

(3) 让孩子从眼口的训练进入书写的训练。

(4) 为幼儿学习运用记忆的四则运算打下基础。

(5) 培养幼儿的逻辑思维能力。

3. 操作步骤

(1) 教师事先在练习板最右边的空白处写上一个多个加数的竖式，如"1564+2781+1369=?"。

(2) 从最上面一行的第一个加数开始，在小方格里画点。位数要对应，从右开始往左划，每个小格子一个点。

(3) 所有的加数画好后，开始进位。用一支黑色的笔做进位记号，从个位开始，每满10个点就划掉一行，然后在第三横排的左边，用大点来表示上面所划掉的行数，再进行十位的标记，一直到所有的标记都整理好。

(4) 清点个位栏里剩下的点的个数，然后记录在个位栏最后一个横栏上。

(5) 对每个位数栏都依此进行，不要忘记进位，要把第三行的点也算进去。

(6) 把最后一行上的数字，也就是和，写到最右边的纵行里。

(7) 鼓励幼儿自己动手重新练习。

4. 错误控制

教师。

(四) 加法蛇

1. 教具组成

(1) 彩色串珠1~9两组。

(2) 黑白串珠1~9一组。

(3) 金黄色珠50根。

(4) 数珠片与题目卡。

(5) 盛放以上教具的托盘。

加法蛇如图8-20所示。

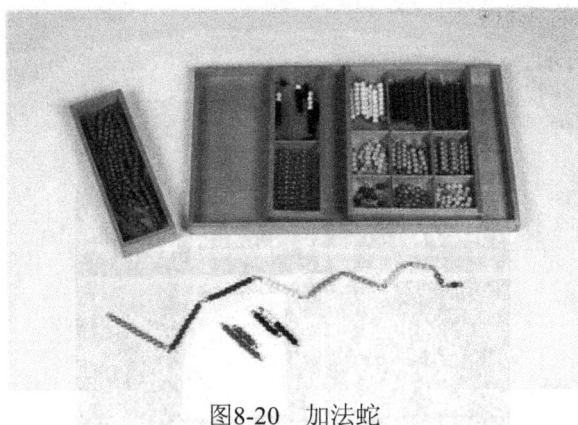

图8-20　加法蛇

2. 工作目的

(1) 会用串珠做连加运算。

(2) 理解连加的概念，加强秩序训练。

3. 操作方法

(1) 向幼儿介绍教具，准备好工作毯，协助幼儿取出教具。

(2) 取出一张题目卡，如"7+8+5+6+9+4+5=？"。

(3) 取出彩色串珠棒，按照1~9的顺序在工作毯上方排成一个三角形。

(4) 再把黑白串珠按照1~9的顺序在工作毯上方排成一个三角形。

(5) 把金色串珠棒放在摆好的黑色串珠棒旁。

(6) 读题目卡，按照题目卡取出相应的彩色串珠接成长龙。所有的加数都用彩色串珠棒表示。放置好各串珠后，从左到右用数珠板一粒一粒数，每数到十，就用一根金黄串珠代替；若某根彩色串珠被数珠板隔成两段，则将数珠板右边剩下的彩色串珠换成黑白串珠。

(7) 把换下的彩色串珠放在右下方。

(8) 从黑白串珠重新点数，每数到10重复上述交换串珠的步骤，将交换后的黑白串珠放回原位。

(9) 按照同样的方法完成点数与交换工作，最后得到新的"长龙"。

(10) 请幼儿点数金黄串珠棒和黑白串珠总量并告诉幼儿："这就是答案。"

(11) 将题目卡翻过来，与背面的答案作比对。

(五) 减法蛇

1. 教具组成

(1) 彩色串珠1~9一组。

(2) 黑白串珠1~9一组。

(3) 灰色串珠棒代表减的数字。

(4) 金黄串珠棒若干。

(5) 数珠片与题目卡。

(6) 盛放以上教具的托盘。

减法蛇如图8-21所示。

图8-21　减法蛇

2. 工作目的

(1) 学会用彩色串珠棒、黑白串珠棒、灰色串珠棒与金黄串珠棒进行10以内的连减运算。

(2) 理解连减的概念，加强秩序训练。

3. 操作方法

(1) 向幼儿介绍教具，准备好工作毯，协助幼儿取出教具。

(2) 取出一张题目卡，如"9-3-4-1-=？"。

(3) 取出彩色串珠棒，按照1~9的顺序在工作毯上方排成一个三角形。

(4) 再把黑白串珠按照1~9的顺序在工作毯上方排成一个三角形。

(5) 把灰色串珠按照1~9的顺序在工作毯上方排成一个三角形。

(6) 把金色串珠棒放在摆好的黑色串珠棒旁。

(7) 用彩色串珠棒9和灰色串珠棒3、4、1按题卡各数字的顺序对应连接成串珠链，用数珠板从最左端开始，点数到9，问幼儿9后面有几个灰色串珠？然后退数3粒珠，此时数珠板在第6粒珠子右侧。

(8) 用左手取黑色串珠6放在左侧的彩色串珠棒上方。

(9) 将彩色串珠9和灰色串珠3取下，放在工作毯左下角。将黑白串珠6与余下的串珠接在一起，重新数。

(10) 参照第9步方法，直至操作到"－1"步骤，最后剩下的黑白串珠棒1就是答案。

(11) 将答案填写到题卡上。

(12) 可取另一张题卡让幼儿自己操作做出答案。

4. 错误控制

(1) 与题卡背面的答案作比对。

(2) 验算：将换下来的灰色串珠3、4、1与最后剩下的黑白串珠棒1组合起来之后，与彩色串珠棒9作比较，串珠数量一致则答案正确。

5. 变化与延展

可尝试加减混合运算。

(六) 加法板

1. 教具构成

(1) 18×12格的加法板一块。

(2) 红色定规(1~10)、蓝色定规(11~18)。

(3) 托盘一个，盛放着题目卡与铅笔。

加法板如图8-22所示。

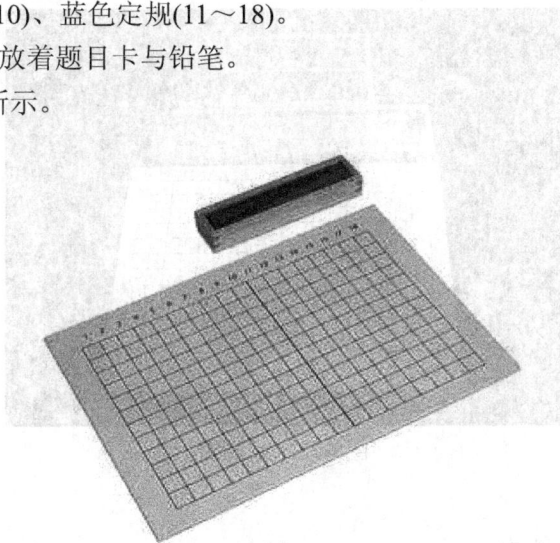

图8-22　加法板

2. 工作目的

(1) 加强幼儿的加法运算能力。

(2) 为幼儿以后的心算做准备。

3. 操作过程

(1) 带领幼儿到教具展示架，向幼儿介绍教具："今天我们要用加法板进行工作，做简单的加法运算。"与幼儿一起准备工作毯，取出教具。

(2) 抽取题卡，如"9+6=？"，教师取出蓝色定规9，从加法板最左端开始，放在加法板上，提示幼儿加法板的数字正好是9。

(3) 教师取红色定规6，并把红色定规6放在蓝色定规9的右边。

(4) 提示幼儿："现在能不能看出9+6等于多少？"如果幼儿自己看不出结果，那么教师应该为幼儿指出得数。

(5) 把答案写在题卡上。

(6) 取出另一张题卡，鼓励幼儿自己操作计算。

(7) 结束工作，收回教具。

4. 变化与延展

可引导幼儿用加法板，以多种方法合成10。

(七) 减法板

1. 教具构成

(1) 减法板一块。

(2) 红色定规(1～9)、蓝色定规(1～9)、原色定规(1～17)。

(3) 托盘一个，盛放着题目卡与铅笔。

减法板如图8-23所示。

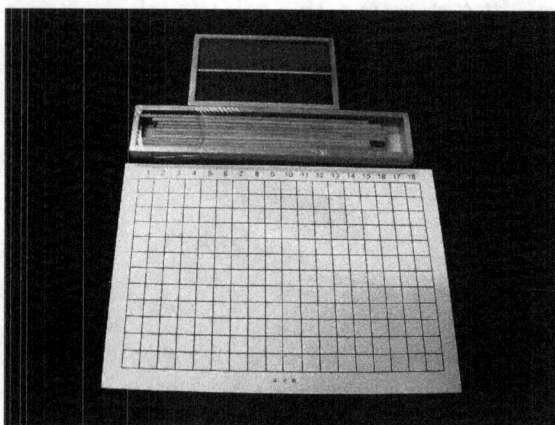

图8-23　减法板

2. 工作目的

加强幼儿减法运算能力。

3. 操作步骤

(1) 带领幼儿到教具展示架，向幼儿介绍教具："今天我们要用减法板进行工作，做简单的减法运算。"与幼儿一起准备工作毯，取出教具。

(2) 将减法板摆放在工作毯的中间，将红色定规放在其左侧，蓝色定规放在其上方的中间位置，原色定规放在右侧。

(3) 先做被减数为18，减数在10以内的减法。取出题卡，如"18－6=？"。

(4) 向幼儿解释："我们要利用减法板计算这道减法题目，蓝色定规代表减数。"

(5) 挑选出蓝色定规6，放在数字18下面的一行格子里，与减法板数字18的最右端对齐。

(6) 点数蓝色定规左端空格，提示幼儿看答案为12。

(7) 取红色定规12，将定规带数字的一端与蓝色定规左端对齐排列。

(8) 请幼儿观察：红色定规右端的数字和减法板表格上边的数字相同，这就是答案。

(9) 将答案写到题卡上，将定规归位。

(10) 用同样的方法，让孩子自己操作，进行其他的减法练习。

4. 错误控制

减法表。

(八) 乘法板

1. 教具构成

(1) 乘法板一块。其最上面横行写好数字1～10，下面有100个布置均匀的小孔，最左侧中央有一个方形的凹槽，可以插入数字卡片。

(2) 1～10的数字卡片。

(3) 一个红色乘法筹码定规，放在乘法板的左上角。

(4) 一盒红色小珠100颗。

乘法板如图8-24所示。

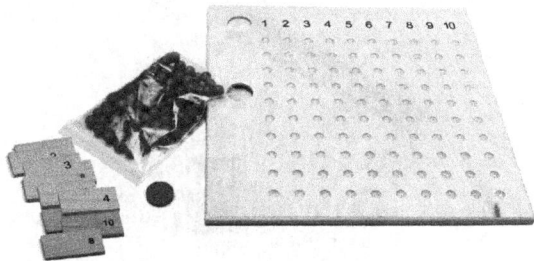

图8-24 乘法板

2. 工作目的

(1) 理解乘法的意义。

(2) 能用乘法板进行乘法运算。

(3) 感知多个相同数相加为乘法。

(4) 记忆在100之内的乘法运算。

3. 操作步骤

(1) 在操作之前应确定幼儿是否已经有了加法板及加法心算的经验。检查珠子是否有100颗。

(2) 向幼儿介绍教具，准备工作毯，协助幼儿取出教具。

(3) 抽取题卡，如"6×3=？"请幼儿一起读题。提示幼儿回忆乘法的意义，并应用到该题目上，"6乘3就是将6的量重复3次"。将红色定位筹码放在数字6上面，表示要重复的量是6。

(4) 挑选数字卡片3并插入乘法板左侧的凹槽中，表示要重复3次。

(5) 请幼儿来数珠子的数量，告诉幼儿这就是答案：6×3=18。将答案写在答题卡上。

(6) 鼓励幼儿自己动手操作，计算另一道乘法题目。

(7) 结束工作，收回教具。

4. 错误控制

乘法订正板；教师指导。

5. 变化与延展

在纸上练习乘法运算。

(九) 除法板

1. 教具构成

(1) 除法板一块。其最上面的绿色区域表示除数，共有9个洞，可放置1～9的绿色除法小人。最左边有垂直排列的数字1～9，板中间均匀分布着81个孔。

(2) 一个小盒子，其中盛放9个绿色除法小人，代表除数。

(3) 盛放绿色小珠子的小盒子。

(4) 小碗一个。

除法板如图8-25所示。

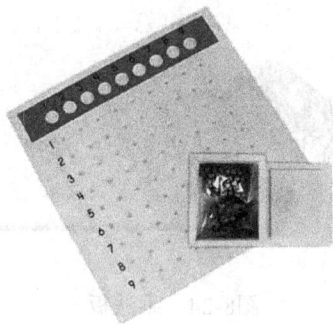

图8-25　除法板

2. 工作目的

(1) 加强除法的概念。

(2) 会使用除法板进行整除运算，理解平均分配。

(3) 为幼儿心算作准备。

(4) 发展幼儿专注、独立的工作态度。

3. 操作步骤

1) 整除运算

(1) 向幼儿介绍教具，准备工作毯，用托盘取出教具。

(2) 将除法板放在工作毯中间，盛有绿色珠子的盒子放在除法板下方。

(3) 抽取题目卡，如"36÷6=？"，进行整除练习。

(4) 指着除法横式中的"36"，请幼儿将36颗珠子逐个点数到小碗中。

(5) 指着横式中的"6"，请幼儿取出6个小人——排列在除法板上横排数字下面的圆穴中。

(6) 把36颗珠子由左到右一行一行平均分配给6个除法小人。

(7) 引导幼儿："现在小朋友看看每个除法小人能分到几个珠子？"向幼儿解释："每个小人都分到珠子，珠子的数目相同，谁也不多，谁也不少，这就叫作平均分配。""在这里每个分数小人分到了6颗珠子，6就是这道题目的答案。"

2) 有余数的运算

(1) 向幼儿介绍教具，准备工作毯，用托盘取出教具。

(2) 抽取题目卡，如"10÷3=？"。

(3) 教师指着式子中的10，请幼儿点数10颗珠子放到小碗中。

(4) 教师指着式子中的3，请幼儿将3个除法小人放在除法板上横排数字下的圆穴内。

(5) 提示幼儿："现在我们把这些珠子平均分给这3个除法小人，看看每个人能分几颗。"分珠子的方法与整除相同，分配到最后，教师指着碗中余下的珠子，请幼儿观察并回答："现在还剩下几颗珠子？还能平均分配给每个小人吗？"

(6) 向幼儿解释："剩下的这颗珠子不能平均分配给每个小人了，那我们就把它放在这里。"同时指着除法板右下方的圆穴，并告诉幼儿这就是余数。

(7) 在题卡上把答案写上。

(8) 如幼儿还有兴趣，可指导幼儿再抽取其他题目进行计算。

4. 错误控制

验算。

(十) 分数小人

1. 教具构成

四个木质的小人，一个是整体的；其余三个分别分割成两等份、三等份和四等份，如图8-26所示。

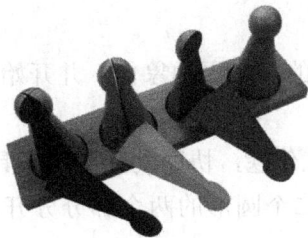

图8-26 分数小人

2. 工作目的

(1) 知道一个整体可以分成若干部分。

(2) 认识分数。

(3) 学习与分数有关的表达。

3. 操作步骤

(1) 向幼儿介绍教具，准备工作毯，协助幼儿取出教具。

(2) 教师把整体"1"的小人拿在手中从上向下触摸，同时向幼儿描述："这是一个完整的分数小人。"

(3) 取出分数小人2放在1的下面，左右手各握半块向两侧拉开，说："一个完整的分数小人，可以分成相等的两个部分，这边是1/2，这边也是1/2。"

(4) 轻轻拿起比较它们的底部，说："两个1/2已经合成1了，他们是一样大的。"再用手上下抚摸合在一起的小人。

(5) 同样的方法来介绍1/2与1/4。

(6) 教师用"三阶段"教学法，让幼儿巩固记忆。

(7) 工作完毕，收回教具。

4. 变化与延展

(1) 将1/2、1/3、1/4与整体"1"做比较，按照大小排列顺序。

(2) 将西瓜、苹果等水果分成1/2、1/3、1/4。

(十一) 分数嵌图板

1. 教具构成

一个盛放10个金属圆片的木框。第一个圆片为整体，第二个平均分成2份……第十个平均分成10份，如图8-27所示。

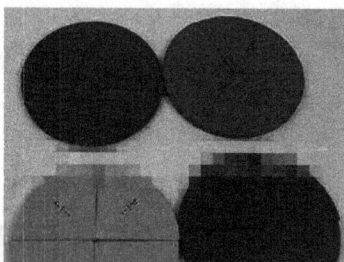

图8-27　分数嵌图板

2. 工作目的

分数小人的延伸，是将分数的概念更抽象化，并开始为分数计算做准备。

3. 操作过程

(1) 向幼儿介绍教具，准备工作毯，协助幼儿取出教具。

(2) 取出前两个圆形，将第二个圆形的两个部分分开，让幼儿将其合并成一个圆形，并与第一个圆形做比对。

(3) 依次再进行第3～5个圆形的工作。

(4) 取出所有分割的圆形混在一起，让幼儿重新拼成整圆的形状。

(5) 让幼儿将写有分数1/2、1/3、1/4、1/5的卡片摆放在相应圆的旁边。

(6) 第一组熟练后，再进行第二组，即1/6～1/10的练习。

4. 变化与延展

用幼儿自己喜欢的彩色笔画出各个镶嵌板，并裁减开。

第九章
日常生活教育课程及教具操作

【蒙氏格言】

1. 我建议采用一个自由的练习系统。我不喜欢让孩子们复制东西。相反，我喜欢给他们一些黏土，让他们能按照自己的意愿制造出任何他们想要制作的东西。我没有指导孩子们必须生产有用的东西，我不需要完成什么教育计划。因为我认为，泥塑工作，应该是帮助孩子们自发表现出他们身上的一些特性。

2. 手工劳动和手工锻炼的区别在于目的不同，后者是为了锻炼双手，增强体质，完善个人；而前者则是为了完成特定的任务，生产出对社会有用的产品，增加世界的物质财富。

第一节　日常生活教育概述

日常生活教育是蒙台梭利教育中一个重要的板块，用来帮助孩子在每天的日常生活中学习必要的生活技巧，从而形成独立健康的人格。蒙台梭利在日常细致观察孩子的基础上发现孩子的玩耍与大人的休闲是根本不同的，孩子们喜欢重复进行手中的工作，并且可以长时间地集中精力。他们愿意模仿大人的行为，如打扫、清洁、打磨、烹饪等，这些都为儿童日常生活教育的可能性提供了依据。在日常生活教育中，蒙台梭利给幼儿安排了大运动与小运动的练习，这样可以增强幼儿对自己身体的控制能力，因此也就慢慢地摆脱对成人的过度依赖，实现蒙台梭利理念中的"自由"。通过日常生活训练，孩子能够逐渐学会照顾自己，照顾周围的其他的人与物。从而慢慢地培养出孩子的责任感，使他们成为懂礼貌、有社会责任感、独立自强的人。

一、蒙台梭利日常生活教育的含义

蒙台梭利日常生活教育是指在一定的地理、社会和文化的环境中，幼儿人格形成过程中的一门必修课程，是按照人类生活的自然规律，帮助幼儿进行大小肌肉的练习、引导儿童对日常生活中成人的生活模式产生兴趣、使其具有基本的社会文明礼貌，使幼儿在反复练习中，形成健康完整的人格。日常生活教育的课程主要依据以探索儿童发展为目标的文化人类学和生物学而设计的。

二、蒙台梭利日常生活教育的意义

从人类学角度来说，日常生活教育可以在日常生活中，帮助孩子增强其对社会和生活的适应性，同时通过发展他们的日常生活技能(包括照顾自己和照顾好环境)，可以培养孩子的责任感，从而让孩子获得自信心与荣誉感。从发展心理学与儿童生理学角度来说，日常生活训练可以满足儿童内在的发展趋势、锻炼其运动能力，促进幼儿独立性、理解力、专注力、秩序感以及对事物认知能力的发展。从我国当今的国情来看，我国一直实施独生子女政策，很多父母特别溺爱孩子，为孩子包办一切，剥夺了儿童社会生存能力的发展，最终导致孩子缺乏自信心，独立生存能力、意志力差，经受不住生活的挫折。从这个角度来看，在我国对孩子进行日常生活训练与教育具有非常重要与深远的意义。

三、蒙台梭利日常生活教育的目的

(1) 从文化人类学的角度来说，儿童依靠日常生活教育的过程来掌握做一个"社会人"所具备的生活能力，并且不断地调整自我，使自己具有"进展型人格"，能够创造出新的高层次文化。蒙台梭利日常生活教育可以使儿童在现实生活中遵守生活秩序，一种从虚构游戏世界中无法获得的秩序，能使自己在现实生活中向更高层次发展的秩序。所以蒙台梭利日常生活教育的目的之一就是在现实生活中，在个人融入社会的同时，来调整自我适应环境，以形成新的高层次文化和进展型人格。

(2) 从生物学的角度来看，儿童人格的形成主要依赖"运动"。蒙台梭利所指的"运动"并非体操或其他体育活动，而是日常生活的练习。儿童人格形成过程中，所必需的身心各方面的功能都是由"运动"促成的。

综上所述，通过日常生活教育，孩子学到的技能可以使其逐渐自立。通过具体的日常生活的学习过程、针对性的练习以及运动的调整，来养成孩子的独立精神。与此同时，孩子通过运动，其意志力、理解力、专注力和秩序感也会得到更好发展。

四、蒙台梭利日常生活教育的内容与分类

近代教育学者杜威是蒙台梭利教育法的支持者，他认为"生活即教育"，跟蒙氏的主张"凡是属于日常生活的一切活动，都可以纳入日常生活教育当中"一样。因此她希望老师及家长们能根据本国文化的特点，根据儿童发展的需要，自己研制教具，让孩子能得到独立而完美的成长。蒙台梭利所提倡的儿童日常生活活动依照不同的环境有所差异，大致可分为4个主题。

1. 动作教育

所谓动作教育，就是让孩子练习日常生活中所做的基本动作，动作教育是其他三个练习活动的基础。动作教育中，孩子不仅练习手指的动作，而且连整个身体的活动都包括在内：如走、坐、站、拿、搬运、倒、剪、缝、捏、敲、削、拉、揉等。

2. 生活礼仪

为了使孩子的社会生活能够顺利进行，蒙台梭利博士设计了生活礼仪的教育课程，教师教给孩子社会交往礼仪、规则。最基本的要求是：行为不给别人添麻烦，言语不使别人感到不愉快，能站在别人的立场来思考问题。如：打招呼、打电话、与人接触的方法、问路、敲门、吃饭礼节等。当然，课程的具体练习应随各地风俗的不同而呈现出不同的特点。

3. 照顾自己

照顾自己，主要是指提高孩子的生活自理能力以适应现实生活，主要包括：穿脱衣服与鞋子、刷牙、洗手、洗脸、梳头、修剪指甲、洗烫衣物等。与其他活动相比，这个练习需要教师的直接帮助。

4. 照顾环境

所谓环境是指人类以外的其他生物或无生命的物体。照顾环境是让孩子学习美化、打扫、整理环境的方法，并掌握照顾、饲养、管理动植物的相关技巧，如除灰尘、扫地、擦桌子、擦拭镜子、擦铜器、插花、洗碟子等工作。该部分练习的特点是需要的用具很多，也需要很多的相关操作。

五、蒙台梭利日常生活教育教具的选择标准

在蒙台梭利日常生活教育中教具的选择直接影响到操作活动的目的，所以每一种教具的选择，教师都需要用心钻研，考虑周全，做教具演示时，教师的每个行为都要遵守规则。蒙氏教师在选择日常生活教育教具时应考虑如下几个方面。

(1) 教具功能。这项教具操作能够简单地完成吗？它看起来符合美的标准吗？便于幼儿使用吗？易碎吗？如果发生碎裂，会不会伤害到幼儿？操作中教具的指示明确吗？与教具操作本身的意义相符合吗？教具的指示包含了安全性吗？

(2) 错误控制。采用的教具具有明确的错误控制纠正机制吗？能够促使幼儿独立地完成工作吗？

(3) 工作目的。这项教具的操作合乎幼儿的内在需要吗？

(4) 组织和秩序。怎样在演示中展现秩序和礼貌？这项教具操作能发展幼儿秩序感吗？

(5) 教师角色。教师是怎样支持幼儿学习的？本土化教学和环境的社会化在教学过程中体现了多少？

(6) 教具的吸引力。教具能够吸引幼儿吗？教具能够激发幼儿的兴趣吗？它们时时刻刻都引人关注吗？

(7) 文化涵养。教具能够体现出幼儿所在的文化氛围吗？教具能适应幼儿需求的变化吗？教具是否尊重其他文化？

(8) 发展感官。这项操作是否鼓励幼儿运用自己的感官去探索？教具的颜色协调吗？质地能吸引幼儿吗？

六、教具操作原则

日常生活教育的目的在于保证孩子能够学到基本的生活技能。因此，在给孩子演示任何一项工作之前，所有的蒙氏教具的操作原则都必须考虑以下几点。

(1) 操作目标明确。每次只演示一种活动，目的性要强。

(2) 动作要规范。以孩子跟得上的节奏进行演示，以孩子理解的方式进行演示。两个动作之间稍作停顿，一次一个动作。

(3) 语言要简练。在教具操作过程中要运用简单明了的语言。

(4) 操作过程要符合逻辑。操作要按照从易到难、从具体到抽象、从左到右、由上至下的逻辑顺序。

(5) 注意观察。要时刻注意孩子的反应，观察其兴趣所在与操作动作，如孩子有任何需求，应随时做出反应。

(6) 适时介入。在适当的时机，引导孩子进入操作程序。当孩子完全可以独立做这项工作了，就要离开；当孩子需要时，要马上给予帮助。

(7) 避免干扰。操作教具之前，教师必须胸有成竹，并保证教具的完整性。

(8) 鼓励为主。在幼儿操作教具时，应尽可能地鼓励幼儿重复工作，多用正面语言激励孩子，千万不要因孩子出现错误而责怪他。

七、蒙台梭利日常生活教育的提示方法与评估体系

在蒙台梭利日常生活的教育过程中，为了使每项作业都能有秩序地进行，教师需要对儿童的活动进行示范与提示。提示方法分为团体提示、小组提示和个人提示三种，日常生活教育就是依据相应的教育内容和教学状态而使用这三种提示的。

儿童在刚入园时，所参加的活动只有动作教育和社交礼仪，主要在这两个方面进行团体性活动。儿童刚入园的2个月内，主要进行团体提示和小组提示的活动。而到6个月左右，考虑到儿童的发展状态、练习内容、练习效果等因素，再适当地引入以个人提示为主的其他日常生活教育练习，如手指的动作、照顾自己等。因此，这就要求教师要注意观察儿童的发展状况及操作的状况，譬如，在指导儿童收工作毯的提示方法中，究竟哪个方法更有效？此时，教师必须做出正确的判断，必须在上课以前确定好提示的方法，这一点在教学过程中非常重要。

为了帮助孩子正常地发展，教师自己首先要掌握正确的操作方法，然后进行有计划的提示，提示一定要具有吸引力，能让儿童全心地投入到操作中。对于"基本操作""延伸操作""错误控制"等更要加以注意，谨慎地进行提示。为了提高提示的效果，既要考虑到儿童的心理因素，还要顾及儿童思维的逻辑性，应注意以下几点。

(1) 根据孩子对该项练习所表现出的关心程度，斟酌使用具有吸引力的提示来加以引导。

(2) 应考虑到儿童心理和逻辑两方面的发展特点。

(3) 要用简洁、适当的语言来提示。

(4) 反复提示重要的部分。

教师在提供适当提示的同时，还有一项重要的任务，即评估他们提示的效果。对日常生活的教育应从两个方面进行评估。首先评估教师所提供的提示。观察儿童在提示后是否能正确、反复地进行操作。教师由此反省自身的方法是否适当、考虑是否周详，或者儿童本身是否存在问题。其次，对修正错误的过程进行评估。根据发生的错误，观察孩子本身能否自行纠正，评估孩子是否具有发现问题、解决问题的能力。

评估的目的是为了进一步考查日常生活练习是否达到如下目标。

(1) 手眼协调。评估孩子的大脑技能和动作协调能力，能否控制自己的行为。

(2) 自我尊重。孩子完成某项工作后，他的成功会促使其自尊与自豪感得到发展，老师要长期注意孩子这方面的进展情况。

(3) 社会意识。在"照顾环境"中，孩子们只有相互协助才能完成工作，从中能够学习怎样帮助别人，怎样进行团队工作，并学会整理环境的技巧，日常生活教育能够从实践中培养孩子的社会意识。

(4) 秩序感。教导孩子保持环境的秩序性——如何把教具拿到地毯上，如何把教具放回正确的位置，如何尊重他人的工作，如何在教室中小心地行动，如何在工作的时候相互关心等。这些行为都能培养孩子的逻辑思维能力和秩序感，并有利于孩子个性的发展。

(5) 智力的发展。孩子在日常生活教育中，可以了解人与环境的相互依赖性，使自己能够逐渐适应环境，并在学习和环境中完善自己。儿童通过逻辑思维的训练来获得科学的思维方法，从而有助于其智力的发展。

第二节　日常生活教育活动与教具操作

一、基本动作

(一) 走

1. 提示方法

小组或团体提示。

2. 教具构成

工作地毯、教室地面上贴有蒙氏线。

3. 教育目的

(1) 发展肢体动作与大脑控制的协调性、平衡性。

(2) 培养儿童的专注性和独立性。

4. 操作方法

(1) 绕地毯走。准备一块或四块工作地毯，把地毯铺好后绕着地毯以平常走路的方式行走，这项活动主要训练大肌肉及身体的平衡，另外一个重要目的则是利用小地毯区隔出自己的工作范围，不让别人侵犯，以此来帮助孩子学会尊重他人。

(2) 走线运动。首先在教室或大房间内的地板上画圆形、椭圆形或直线。

由老师指导儿童保持上身平衡，两手自然垂摆在身体两侧，脚踩在线上，眼睛直视前方，慢慢地把一只脚放在另一只脚的前面，脚尖接脚跟，顺着线直走。两脚交互前进，一脚迈出的同时，另一侧手臂随之自然向前摆出，要求速度缓慢，沉着稳定地走。

刚开始，用这种特殊方式来学习沿着线走，对小孩子来说非常困难，看他们小心翼翼地调整步伐，尽量达到平衡以免跌跤，不久之后他们自己平衡地走来走去，注视自己的脚，脸上流露出专注的表情。在这个过程中，也可以加入慢节奏的音乐，或者给孩子一面旗子要他高高举起，或者请他拿着装满水的杯子绕着线走，而水不能溅出来。这些动作由简而繁地增加及稍做变化后，既可以提高小孩子的兴趣，又可以练习身体平衡从而学习到优雅的姿势，还可以帮助平衡儿童左、右脑的发展，使其获得平衡感，学会控制动作和辨别左右方向。

5. 注意事项

(1) 要求幼儿独立行走，不相互拉着。

(2) 蒙氏线的宽度应与幼儿脚掌的宽度相仿，可为一圈，也可为两圈，椭圆形。圈的颜色与教室的整体色调要一致。内外圈的距离以幼儿张开双手不互相碰到为准，外圈与教具柜的距离也以幼儿张开双臂不碰到教具柜为准。

6. 变化与延展

在教室内走、在人群中走、拿着东西走、后退走等。

(二) 站立

1. 提示方法

小组或团体提示。

2. 教具构成

镜子。

3. 教育目的

(1) 学习站立的正确姿势。

(2) 培养儿童的专注力。

4. 操作方法

(1) 邀请幼儿站在镜子前面，教师示范站立的正确姿势。

(2) 身体正直，挺胸收腹，两眼平视前方。两腿伸直，两臂自然垂放于身体两侧。脚跟并拢，脚尖自然分开(脚跟夹角约45度)。

5. 变化与延展

长时间站立，两脚分开站立或背手站立。

6. 注意事项

幼儿站立时间不宜过长，可加入原地不动踮脚尖的姿势缓解疲劳。

(三) 坐

1. 提示方法

小组或团体提示。

2. 教具构成

适合儿童身高的小椅子。

3. 教育目的

(1) 学习正确的坐姿。

(2) 培养儿童的专注力。

4. 操作方法

(1) 走到椅子前方，站在离椅子稍有距离的前方，转过身去。

(2) 身体略向前倾，用手压住裤子或裙子，轻轻地弯腰坐下。

(3) 背部挺直，腰部稍稍贴住椅背坐好。

(4) 膝盖合拢，两手自然放在大腿上。

(5) 起立时双手轻压椅子，撑起身子，慢慢站起来。

(6) 把衣服整理好。

5. 变化与延展

坐各种椅子与凳子。

6. 注意事项

(1) 坐时身体挺直，膝盖不向两侧张开。

(2) 不把一只腿叠在另一只腿上。

(3) 初入蒙氏幼儿园的小朋友需练习此动作。

(四) 跑

1. 提示方法

小组或团体提示。

2. 教具构成

50平方米以上宽阔的场地。

3. 教育目的

(1) 学习正确的跑步姿势。

(2) 锻炼平衡能力。

(3) 培养儿童的自制力、注意力与积极乐观的精神。

4. 操作方法

(1) 组织幼儿站成一列，前面保持一定距离，后面也保持一定距离，排成队自然跑。教师在前进行示范。

(2) 注意跑步正确姿势的示范与指导。

(3) 两臂曲肘置于身体两侧，跑时自然摆动。

(4) 头部保持正直面向前方，躯体稍微向前倾。

(5) 前脚先着地，脚落地时要轻。

5. 变化与延展

(1) 听口令向前或向后改变方向跑。

(2) 听口令或听音乐节奏变速跑。

(3) 绕障碍物跑。

(4) 负重跑。

6. 注意事项

注意安全，不要拥挤，不要跌倒。

(五) 跳

1. 提示方法

小组或团体提示。

2. 教具构成

画线的地面、长条凳子、系铃铛的绳子。

3. 教育目的

(1) 学习正确的跳跃姿势。

(2) 加强腿部肌肉力量。

(3) 加强弹跳能力与身体协调性。

(4) 提升自我控制能力，培养儿童勇敢的精神。

4. 操作方法

(1) 练习向前跳：引导幼儿站在起跳线前，起跳前的姿势为两脚自然分开，身体下蹲，双手后伸。起跳时双臂向前上方抬直，双脚蹬地，身体向前方跳出。双脚同时落地，双腿稍变弯曲，保持身体平衡。

(2) 练习向下跳：双脚并拢站在长条凳子上，身体稍微向前倾，眼睛向前看，蹬凳板跳下，双脚同时落地，前脚掌先着地。

(3) 向上跳练习：起跳前，身体稍微向下蹲，双手后伸，起跳时，双手向前抬起，双脚用力蹬地将身体抬起。着地时，前脚掌先着地，双腿稍微弯曲，身体保持平衡。

5. 变化与延展

(1) 设障碍物跳跃。

(2) 连续跳圈。

6. 注意事项

(1) 注意安全，不要跌倒。

(2) 向前跳时，双手向后伸，身体下蹲，落地时双腿弯曲。

(3) 向下跳时，注意并腿，两脚同时着地。

(4) 向上跳时，双腿弯曲，用力蹬地，落地保持身体平衡。

(六) 钻爬

1. 提示方法

小组或团体提示。

2. 教具构成

圆拱形的障碍物。

3. 教育目的

(1) 学习正确的钻爬姿势。

(2) 提高手脚动作的协调能力。

(3) 加强灵敏性与平衡感。

(4) 提升自我控制能力。

4. 操作方法

(1) 教师将圆拱形障碍物间隔放置于地面上，请小朋友们观看老师钻圆拱形障碍物的示范动作。

(2) 钻的标准动作为：半侧身体对着圆拱门，左脚左腿先跨过，然后右脚和右腿跟上，最后整个身体弯曲钻过。

(3) 爬的标准动作为：双膝跪下，双手扶地面，在前方支撑住身体，身体呈桥状，右手、左膝同时向前移动，左手与右膝跟上，持续向前爬行。

(4) 儿童自己练习。

5. 变化与延展

(1) 膝盖不着地爬行。

(2) 练习钻各种障碍物。

6. 注意事项

(1) 注意安全。

(2) 钻时身体弯曲，侧对拱门。

(3) 注意轮流做动作，教会孩子耐心等待。

(七) 攀登

1. 提示方法

小组或团体提示。

2. 教具构成

适合孩子的攀爬架。

3. 教育目的

(1) 学习正确的攀爬姿势。

(2) 提高手脚动作的协调能力。

(3) 加强灵敏性与平衡感。

(4) 提升自我控制能力，培养勇敢的精神。

4. 操作方法

(1) 双手抓住与前额同高的架格，双脚脚掌蹬在最低格上。

(2) 左手和右脚同时向上抓，蹬一个架格，然后换左脚和右手，交替前进。

(3) 到一定高度时后退，同样方法，退左脚时，右手向下退一格，退右脚时，左手向下退一格。

(4) 一脚探地，从攀爬架上爬下。

5. 变化与延展

(1) 为幼儿计时，鼓励幼儿加快速度。

(2) 一次爬两个格。

(3) 练习爬绳梯。

6. 注意事项

(1) 注意脚掌中部落在架格上，保持身体重心稳定。

(2) 注意安全性。

(3) 在儿童攀爬时培养孩子的耐心。

(八) 静寂游戏

1. 提示方法

小组或团体提示。

2. 教具构成

安静的空间环境。

3. 教育目的

(1) 静寂练习有助于提升儿童自我控制能力。

(2) 帮助儿童认识自我，了解与别人之间的关系。

(3) 这项练习能够让儿童注意声音刺激，提升对环境的观察力。

(4) 静寂练习可以帮助儿童感受内在的宁静并发现自我，对于促进儿童的创造力也很有帮助。

(5) 让孩子体会安静的美好。

4. 适用年龄

两岁半到三岁的儿童处于无意识到有意识的过渡阶段，还无法配合静寂活动，因此，这项活动要满三岁以上的幼儿才能进行。

5. 操作方法

(1) 刚开始请小朋友围个圆圈站好，慢慢坐下，两手放在膝上。

(2) 这时候老师请小朋友不要动，闭上眼睛，静静地用耳朵听。

(3) 等到老师问有没有听到什么声音的时候，才睁开眼睛回答老师。

(4) 教师问："小朋友们，声音在哪里？还有谁愿意来指一下并说出来是什么声音？"

6. 变化与延展

闭眼睛辨别乐器的声音。

7. 注意事项

活动时间不宜太长，以7～10分钟最为恰当。

(九) 滑滑梯

1. 教具构成

和幼儿身高适应的不同高度的滑梯。

2. 适用年龄

2.5岁以上。

3. 教育目的

(1) 发展从高处向低处滑动的平衡能力和自控能力。

(2) 培养孩子自信心和勇敢精神。

4. 操作方法

(1) 指导幼儿用双手轻轻地抓住滑梯两侧的梯板。

(2) 腰背挺直，双腿伸直，头不向前伸，也不后倒，手轻轻抬起，扶着侧板慢慢滑下。

(3) 前一名幼儿滑下去，站起后，后面的幼儿再开始滑下，注意不要踢到前面的小朋友。

5. 变化与延展

(1) 可以从滑梯板下面向上爬至高处再翻身滑下。

(2) 以大带小，小的坐前面，大的坐后面双手抱前面小幼儿的腰，两人一起滑下。

(3) 熟练后，可以练习蹲滑，两手臂张开或躺在滑梯上滑下。

6. 注意事项

(1) 使用运动器材前，查看是否有破损，引导幼儿使用器材时要耐心等待。

(2) 使用滑梯、秋千和吊环等室外器械时，教师应事先仔细检查是否有老化破损的情况。

(3) 在这些室外活动中，应引导幼儿明白，当别人正在使用器械时要耐心等待，逐渐建立分享意识。

(十) 跳床

1. 教具构成

跳床。

2. 适用年龄

3岁以上。

3. 教育目的

(1) 发展腰腿部大肌肉向上弹跳能力及身体平衡感。

(2) 培养专注力和勇敢精神。

4. 操作方法

(1) 站在跳床上，两脚轻轻用力，借助跳床弹力将身体弹起，落下时适当用力弹起并保持身体平衡。

(2) 开始跳时教师可用一只手牵着幼儿帮助幼儿保持平衡。

(3) 在弹跳过程中，用力幅度由小渐大，适应后再用力跳高。

5. 变化与延展

弹跳在空中时，身体可转动方向。

6. 错误控制

(1) 身体能自然地落下弹起。

(2) 下落后身体保持平衡。

7. 注意事项

通过滑梯、荡秋千、跳床等运动，孩子动作协调性应该有所提升，在弯腰转身和停止时不再突然跌倒，蹦跳时也不会跌坐下来。这种对身体的控制力使幼儿变得更爱运动，更加自信和勇敢，而团体的参与也让他们更加兴趣盎然。

二、手的使用

(一) 拿

1. 教具构成

硬木和软木托盘，托盘上放碗、杯。

2. 适用年龄

2.5岁以上。

3. 工作目的

(1) 能正确地拿取物品，锻炼手眼协调能力。

(2) 培养独立性、专注力和认真做事的能力。

4. 操作方法

(1) 教师取托盘置于桌上，向幼儿示范拿法，两手分别握住托盘边，轻轻将托盘托起，手臂与地面平行成直角，上身挺直，眼睛在注意托盘的同时也注意前进方向。

(2) 保持本姿势缓步走向目的地，行走时注意保持平衡，不要使盘内碗或杯偏向一边。

(3) 放下托盘的动作要轻，不发出声音，水平放下。

(4) 可询问幼儿要不要试试，请感兴趣的幼儿练习。

(5) 其他活动结束时，教师可请愿意帮忙的幼儿将教具用托盘送回。

5. 变化与延展

拿或搬工作毯，方法如下。

(1) 双手捧住卷起的地毯位置大约在地毯的二分之一处。

(2) 手持地毯慢慢站起。

(3) 稍微将地毯离开身体一点，距离身体5~10厘米。

(4) 以此方式将地毯拿到毯架旁或打开。

(5) 将毯竖直放在地毯架上，不要使地毯散开。

6. 错误控制

(1) 地毯与地面平行不倾斜。

(2) 托盘内物品不晃动。

(二) 分米粒

1. 教具构成

(1) 装米的大玻璃杯一个。

(2) 三个小玻璃杯或同样大小的容器。

(3) 托盘一个。

2. 准备工作

引导孩子把用具放在桌子中央，托盘右侧放装米的大玻璃杯，三个小玻璃杯放在左侧。

3. 工作目的

(1) 学习正确的倒法。

(2) 增强手眼协调能力。

(3) 发展独立性、专注力。

4. 基本操作

(1) 教师坐在孩子的右侧。

(2) 握住大玻璃杯的把手，轻轻地提起来。

(3) 在小玻璃杯中分别倒入三分之一的米。

(4) 将三个杯子都倒完后，把米倒回大玻璃杯里。

(5) 看看有没有倒在外面的米粒，将掉落的米粒捡回大玻璃杯里。

(6) 鼓励孩子进行练习。

(7) 将用具放回桌子上。

5. 错误控制

(1) 米满出来。

(2) 容器相碰。

6. 变化与延展

将沙子、小石子倒入小容器。

7. 注意事项

(1) 容器的口不要和其他容器碰撞。

(2) 大玻璃杯里米的量与平均分配到三个小玻璃杯里的量相同。

(三) 用海绵移水

1. 教具构成

(1) 两个相同的碗，左边一个碗盛有水，右边的是空的。

(2) 一块长方形海绵。

(3) 一个托盘。

2. 工作目的

(1) 增强手眼协调能力。

(2) 提高动作控制能力。

(3) 锻炼生活自理能力。

(4) 加强手部肌肉的训练。

(5) 独立性、专注力、自信心的培养。

3. 基本操作

(1) 告诉孩子，老师将示范海绵移水的动作。

(2) 请孩子一起工作，确定孩子可以看清楚示范动作，没有其他干扰。

(3) 双手握住干海绵，给幼儿示范如何用力挤压海绵，可以配合语音提示："挤、放。"

(4) 用右手握住海绵并放在装水的碗里，等待海绵吸水。

(5) 用两只手握住海绵，拉出水面，稍作停顿，将水沥干。

(6) 将海绵移动到空碗上方，双手挤压海绵，将水挤到空碗里。

(7) 在移水的过程中，观察孩子反应，然后请孩子尝试。

(8) 结束练习后，用海绵擦拭有水区域，并将托盘放回原位。

4. 错误控制

水滴在托盘上。

5. 注意事项

(1) 挤压吸足水的海绵的力度应由小到大。

(2) 若有水滴在托盘上，应引导幼儿用海绵把水吸干。

6. 变化与延展

(1) 用一小块布代替海绵。

(2) 更换不同大小、颜色和形状的碗。

(四) 用大滴管取水

1. 教具构成

(1) 两个相同的碗或广口瓶，左边盛有水，右边是空的。

(2) 一个大型的滴管。

(3) 一个大的托盘。

(4) 一块海绵。

2. 工作目的

(1) 发展手眼协调能力。

(2) 锻炼左右手部肌肉，增强手的灵活性。

(3) 发展专注力、观察力。

(4) 通过独立完成整个工作来树立幼儿的自信心。

3. 操作过程

(1) 告诉孩子，将示范用滴管取水。

(2) 邀请孩子一起工作，确认孩子可以看清楚示范动作，没有其他干扰。

(3) 用右手轻轻地拿起滴管，左手放在右手的上面，给孩子示范如何用力挤压滴管，可以配有语音提示："挤，放。"

(4) 把滴管缓缓插入左边盛有水的容器中。

(5) 用两手挤压滴管，然后松开手，等待水进入滴管中。

(6) 慢慢地举起滴管，等待多余的水珠沥干。

(7) 将滴管移到右边空碗中，并将其悬于空碗中，两手慢慢地将滴管中的水挤出。

(8) 在移水过程中，观察孩子反应，然后请孩子尝试。

(9) 练习结束后，用海绵擦拭有水区域，并将托盘放回原位。

(10) 将所有的教具放回托盘中，然后放回架子上。

4. 错误控制

水滴落在托盘上。

5. 注意事项

若有水滴在托盘上，应引导幼儿用海绵把水滴吸干。

6. 变化与延展

(1) 更换碗的大小、形状和颜色。

(2) 用带有颜色的水进行练习。

(五) 五指抓

1. 教具构成

托盘，豆，碗两只。

2. 适用年龄

2.5～3岁。

3. 工作目的

(1) 练习五指的灵活性，发展手眼协调能力。

(2) 培养专注力和独立性。

4. 操作方法

(1) 请幼儿把用具取来放在桌上，将盛豆的碗放左边，空碗放右边。

(2) 伸开右手五指，慢慢移向左碗中，五指合拢，将手中的豆抓起，平移到右碗上方，手指张开，将豆子放入碗中，请幼儿观察手指张开的状态。

(3) 鼓励幼儿尝试。

(4) 引导幼儿将左碗中豆子全部移到右碗中，再从右碗抓到左碗中。

(5) 练习完毕后，请幼儿协助整理将教具归位。

5. 变化与延展

(1) 可根据五指抓的情况，将豆子改为小米、绿豆，加大难度。

(2) 用小盒装豆子,分抓到多个碗中。

6. 错误控制

手握紧,不撒落一粒豆子。

7. 注意事项

(1) 注意初练时用敞口的碗。

(2) 注意幼儿安全,避免幼儿将豆子吸入鼻子。

(六) 三指抓

1. 教具构成

托盘、小木块、容器。

2. 适用年龄:

2.5岁以上。

3. 教育目的

(1) 学会用拇指、食指、中指协调取物,控制小肌肉的力量。

(2) 培养专注力、独立性与认真做事的能力。

4. 操作方法

(1) 将盛有用具的托盘端在桌上,将木块全部放在一个容器内。

(2) 教师示范,张开右手拇指、食指与中指合力抓住一个木块,慢慢地拿到一个器具上方轻轻放入,请幼儿观察三指张开的状态。

(3) 鼓励幼儿操作,将所有木块移到一个容器中,再从另一个容器中一一抓回。

(4) 让幼儿反复练习。

(5) 结束活动后,清理杂物。

5. 变化与延展

夹球所需工具:镊子、彩珠、盒子。夹胡萝卜丝。

6. 错误控制

(1) 三指协调用力。

(2) 每次只抓1块小木块。

7. 兴趣点

(1) 转移物体的乐趣。

(2) 物体落在碗里的响声。

(七) 用筷子

1. 教具构成

托盘、筷子、盛有花生米的碗。

2. 适用年龄

3岁以上。

3. 工作目的

(1) 学会用拇指、食指、中指协调持物，控制小肌肉力量，夹住物品。

(2) 培养专注力、独立性与认真做事的态度。

4. 操作方法

(1) 请幼儿用托盘将用具端到桌上。

(2) 示范持筷子，用右手拇指及中指像拿笔写字一样的姿势夹住一根筷子，用拇指下方夹住另一根筷子，放在无名指上面，挪动两根筷子下方就可夹住食物。

(3) 鼓励幼儿操作，请幼儿把花生米夹起放入空碗中。

(4) 反复练习，做完将东西放回原处。

5. 变化与延展

练习用筷子夹豆子、水果块等物。

6. 错误控制

(1) 拿筷子的手法正确，花生米未漏掉。

(2) 不将筷子指向别人，不去打碗盆。

(八) 拧毛巾

1. 教具构成

洗脸盆、毛巾、水壶、海绵、抹布、小篮子等。

2. 工作目的

(1) 学习拧的方法。

(2) 发展肌肉运动的能力。

(3) 专注力、独特性的培养。

3. 基本操作

(1) 用水壶装水。

(2) 在洗脸盆里倒入约三分之一的水，用海绵拭去水壶口的水滴。

(3) 毛巾对折好浸入水里，直到全部吸水。

(4) 把毛巾拿出水面，在较低处用两手将其拧干。在毛巾的中心点两侧，左右两手向相反方向转动。

(5) 把拧干的毛巾放入装毛巾的小篮中。

(6) 倒掉洗脸盆的水。

(7) 用抹布把洗脸盆擦干，台上的水滴也要擦干。

(8) 水壶放入洗脸盆，把东西都放回原位。

4. 兴趣点

扭转，让水流出来。

5. 错误控制

(1) 水滴溅散。

(2) 毛巾没有拧干，水还滴着。

6. 变化与延展

(1) 拧干海绵、抹布。

(2) 换大一点的器具和其他小朋友一起做。

(九) 布的折叠

1. 教具构成

(1) 边长30厘米的方布6种，用棉或麻等易折叠的布料，每块用有色的线在折线处划出一条线做记号，线形有一字形、单对角形、十字形、X字形。

(2) 每种布各两三块折好放在盒子里，装布的盒子形状要比折起来的布稍大。

2. 适用年龄

三岁以上。

3. 工作目的

(1) 发展叠衣服的能力。

(2) 发展手眼协调能力。

(3) 发展专注力。

(4) 树立照顾自己和照顾环境的自信心。

4. 基本操作

(1) 孩子到教具架，拿取放布的盒子，并将其端到工作地点。

(2) 从盒子里取出一块布放在手上，用右手轻压着，拿到桌子中央。

(3) 用两手的手指捏住布的两角，轻轻地展开。

(4) 左手轻轻压着布，用右手掌将布抚平。

(5) 让孩子注意有折线的地方，用食指、中指沿着折线从左向右滑过。

(6) 用两手捏住打开时的两个角，提起有折线的地方，再慢慢地对应上端的两角。

(7) 用左手轻轻地按住布边，以免对好的角移动，右手沿着折线压过去。

(8) 暂时把手放开。

(9) 左手轻轻按着折好的布，右手的食指、中指从左到右把纹抚平并压出折线。

(10) 放回原来盒中。

(11) 取出第二块布料，根据单对角线提示，将其折成三角形。

(12) 用相同的方式，继续折叠剩下的布料。

(13) 鼓励孩子进行操作。

(14) 整项工作结束，将教具放回教具架上。

5. 兴趣点

(1) 沿着缝线折叠。

(2) 角的重合对正。

6. 错误控制

(1) 折叠不佳，布料的边缘没有对齐。

(2) 可以看到两个折痕。

7. 变化与延展

(1) 折手帕、布、纸巾等。

(2) 选择各种各样的布料，也可变换颜色、形状、大小、质地等。

(3) 用洋娃娃的衣服练习折叠。

(4) 用各种衣服练习折叠。

(5) 练习手工折纸，由孩子自己构想简单的图案描绘到纸上自己折。

(十) 开锁

1. 适用年龄

2岁半以上。

2. 教具构成

(1) 大锁和小锁(带着钥匙)两把，已锁好。

(2) 一个托盘。

3. 工作目的

(1) 学会开锁。

(2) 发展手眼协调能力。

(3) 培养专注力和独立性。

(4) 培养逻辑思维和秩序感。

4. 基本操作

(1) 告诉孩子：将示范"开锁"的动作。

(2) 邀请孩子到适合工作的地方，确定孩子可以清楚看见示范动作，没有其他干扰。

(3) 左手拿锁，用手指一下锁孔，示意将钥匙放进去，然后右手拿起钥匙放进锁孔里，转动一下，锁被打开了。

(4) 把打开的锁放在桌子上，并把上半部分转向相反方向，再开另一把锁。

(5) 合大锁时，要双手用力上下挤压，合上后把钥匙拔下来，并放在锁下面对应。

(6) 合小锁时用一只手用力向下挤压，其他步骤如同合大锁。

(7) 请孩子操作。

(8) 做完练习后，将用品放回。

5. 错误控制

锁没打开或没合上。

(十一) 舀珠子

1. 教具构成

托盘内装两个同样颜色的碗，其中一个空碗，另外一个内装玻璃珠、小勺一个，工作毯。

2. 适用年龄

2岁。

3. 工作目的

(1) 学习舀的动作，培养小手肌肉的控制力，增强手眼协调能力。

(2) 感知动作的顺序性。

4. 操作方法

(1) 教师示范左手捏勺柄的根部，轻轻拿起，右手的拇指、食指、中指慢慢张开准备好，左手将勺柄放在右手三指上，右手握住勺柄的中间偏上部分。左手控制(轻扶)碗，右手用勺将珠子舀起，保持角度不变，轻轻地提起来，在空碗的中央上方时，再把勺里的珠子倾倒下去。

(2) 舀到后面会越来越难，这时用左手托住容器，把容器稍微倾斜比较好舀。

(3) 邀请小朋友体验。暂不工作的时候，要把勺子放下。

(4) 请小朋友把教具归位，并认识教具在活动室的位置。

5. 变化与延展

请幼儿舀不同的物品。

6. 错误控制

拿法正确，没有物体洒落。

7. 兴趣点

物体流动的声音。

8. 注意事项

(1) 注意纠正幼儿满把抓勺子的错误动作。

(2) 注意幼儿安全，避免幼儿将珠子吸入鼻腔。

(十二) 三指捏

1. 教具构成

托盘、盛有木钮的小碗或小盒。

2. 适用年龄

2.5 岁以上。

3. 工作目的

(1) 练习拇指与食指协调的小肌肉运动。

(2) 培养孩子的专注力，促进对应概念的形成。

4. 操作方法

(1) 请幼儿取出托盘放在桌上。

(2) 教师示范：用食指、大拇指合力将木钮拔出后分别放入小盒内，再将木钮一一插进槽内，请幼儿注意观察。

(3) 请感兴趣的幼儿操作。

(4) 练习完，指导幼儿将用具整理好，放回原处。

5. 变化与延伸

请幼儿用指夹跳棋，将不同颜色的跳棋放在棋盘的相应位置上。

6. 错误控制

拿法正确，木钮插槽内。

7. 兴趣点

木钮排列整齐。

8. 注意事项

注意木钮取放的顺序。

(十三) 缝

1. 提示方法

个人提示。

2. 适用年龄

3岁以上。

3. 教具构成

(1) 画有花草、动物等单纯图样的纸(绘画用纸或厚纸)。

(2) 毛线、毛线针、垫子、剪刀、刺针(以牛奶瓶盖作针插)。

4. 准备工作

从教具架上把教具搬到桌子上，若为初学者，预先在图形上按适当的间隔打孔。

5. 工作目的

(1) 练习手指的动作。

(2) 为缝纫做准备。

(3) 培养独立性、专注力。

(4) 培养秩序感。

6. 操作过程

(1) 把毛线穿过针孔，剪取约50cm长的线，线的两头拼在一起打结。

(2) 左手拿打好孔的图形纸边缘，右手持针。

(3) 决定起点后，针从背面刺入，正面穿出。

(4) 接着从正面向背面刺入。

(5) 这样交互进行。

(6) 缝好后，线从背面拉出，打个结后剪断。

7. 兴趣点

针从一点到另一点正背交互进行。

8. 错误控制

(1) 跳点，针没有按照孔交互穿过。

(2) 线拉得太用力。

9. 注意事项

(1) 孩子在图案上刺孔时，要依据相等间隔用针刺孔，针距不要太密。

(2) 下面要铺垫子，垫子可用泡沫或瓦楞纸，这样不易产生危险。

(3) 打结若对孩子太难，教师可帮助来完成。

10. 变化与延展

(1) 会用针缝小布块制作简单的袋子。

(2) 缝扣子等。

(十四) 穿线

1. 教具构成

有孔珠子10粒，放在碗中；穿线板、托盘、约1m长的手工线或塑料绳一根。

2. 适用年龄

2岁以上。

3. 工作目的

(1) 培养手眼协调的能力，尤其是小肌肉的精细动作和控制能力。

(2) 培养孩子的专注力和稳定性。

4. 操作方法

(1) 引导幼儿将盛有用具的托盘取来，置于桌上。

(2) 教师示范，指导幼儿穿珠。右手取线，在线头处打个结，左手拿起木珠，使无结的线头对着珠孔；右手拇指和食指捏住线头距珠孔1.5厘米处，对准珠孔穿进去，再抓住穿起来的线头，左手将穿入的珠子放下，再拿第二个、第三个，直至完全穿完10粒木珠。在线头处打结，也可将两头结成圈。

(3) 穿线板的动作与穿珠类似，先在线头处打结，然后左手拿住线板，右手拿线对准针要穿的小眼，从反面穿过去，再从正面穿过来，如此交替穿孔，穿完后将线从正面拉出打结。

5. 变化与延展

(1) 将小木块和珠子间隔地穿在一起。

(2) 用不同形状的线板，可引起幼儿兴趣。

6. 错误控制

依珠子大小决定右手的位置，手距离线头不要太近。

7. 兴趣点

球的洞眼可从大到小，最后可以发展为穿孔等。

(十五) 贴

1. 教具构成

(1) 胶水、毛巾、刷子、托盘、盛在盒中的用色线剪成的各种图形。

(2) 用来粘贴图形色纸的面纸。

2. 适用年龄

2岁以上。

3. 工作目的

(1) 灵活运用手指，手眼协调，学会"粘贴"的方法。

(2) 培养幼儿的独特性、专注力、自信心与创造力。

4. 操作方法

(1) 将面纸放桌中央。

(2) 将木板放在面纸右侧，小毛巾放在木板旁边。

(3) 将盛色纸的盒子放在桌面上方。

(4) 从盒中取出要粘贴的色纸，反面置于木板上，打开胶水盒盖，用小刷子蘸点胶水在图形色板线上薄薄地抹一层。

(5) 用手指轻轻地将色纸提起，依照想好的设计将色纸贴在面纸上。

(6) 用手指轻轻抹平贴在面纸上的色纸的皱褶，用毛巾擦净粘到手指上的胶水。

(7) 贴完所有图形后，轻轻地将粘在图形周围的胶水擦拭干净。

(8) 粘贴完毕后，盖上胶水盒盖，把用具送回原处。

5. 变化与延展

(1) 请幼儿粘贴自己剪或叠的作品。

(2) 用各种树、开心果壳、瓜子壳或蛋壳等进行构图粘贴。

6. 错误控制

涂抹适当，没在面纸上留下多余胶水。

7. 兴趣点

粘贴后的图案。

三、照顾自己

(一) 梳头发

1. 提示方法

个人提示。

2. 适用年龄

2岁半以上。

3. 教具构成

(1) 一个纸巾盒。

(2) 一把适合孩子用的梳子。

(3) 一面能够竖直放置的镜子。

(4) 一个托盘。

4. 基本操作

(1) 告诉孩子教师将示范"梳头发"。

(2) 让孩子在桌前坐好，确认孩子可以看清楚示范，没有其他干扰。

(3) 将镜子放到桌子上，调到合适的位置，让幼儿从镜子里可以看到自己。

(4) 用右手拿起梳子，开始梳理，在梳至发梢时，用另一只手轻轻拽住发梢。

(5) 持续这样的动作，要从前面的头发开始，先梳理左侧的头发再梳理右侧。

(6) 最后梳后面的头发。

(7) 停下来，照一下镜子看头发是否都已梳好。

(8) 将梳子上的头发拿下来，放到纸巾上。

(9) 将梳子放回托盘，请孩子尝试。

(10) 告诉孩子要将脏纸巾扔到垃圾桶中。

(11) 将镜子放平，放入托盘，将托盘放回架子。

5. 错误控制

头发没有梳好。

(二) 擤鼻涕

1. 提示方法

小组提示或个人提示。

2. 适用年龄

2岁以上。

3. 教具构成

手帕、卫生纸或棉纸。

4. 准备工作

孩子在教师前面集合成半圆形。

5. 工作目的

(1) 擦干净鼻子，养成良好习惯。

(2) 对自身的观察。

(3) 培养独立性、专注力。

6. 基本操作

(1) 拿出卫生纸。

(2) 将卫生纸展开。

(3) 对折。

(4) 双手拿两边，掩住鼻子。

(5) 用手指(食指和中指)压住一边鼻孔，从另一边鼻孔以呼气的方式擤鼻涕。

(6) 接着做另一边。

(7) 两手手指捏合，将卫生纸向前拉出，折叠。

(8) 再把鼻子擦干净。

(9) 再折小一点丢到废纸篓里。

7. 兴趣点

一边一次地擦鼻涕。

8. 错误控制

鼻子未擦干净。

9. 注意事项

(1) 由于文化、场所、习惯不同，擤鼻涕的方法也不一样。

(2) 注意不要用力太大。

(三) 洗手

1. 适用年龄

2岁半以上。

2. 教具构成

(1) 水壶一个(有把手、壶嘴的容器)。

(2) 洗手盆一个。

(3) 洗手液一瓶。

(4) 海绵一块(放在容器内)。

(5) 指甲刷一把(放在容器内)。

(6) 毛巾一条或者擦手纸。

(7) 干抹布一条。

(8) 水桶一个，用来盛放使用过的水。

(9) 适合儿童用的小围裙一条。

3. 准备工作

(1) 孩子手脏了，用餐前或如厕后，提示孩子要洗手。

(2) 让孩子穿上围裙，用水壶接水。

4. 工作目的

(1) 学会洗手。

(2) 增强秩序感。

(3) 提高生活自理能力。

5. 基本操作

(1) 首先引导孩子到洗手区，按照使用顺序的先后，介绍洗手用具的名称，并将物品放在合适的位置。

(2) 拿出水壶，然后使壶嘴沿着洗手盆边缘，向洗手盆缓慢倒入适量的水(提示孩子将水倒至控水线或者某个图案处)。

(3) 将手放入洗手盆内沾湿至手腕处，将手拿出水面，在洗手盆上方停留数秒，待手指端的水滴完，再按压洗手液至手心处(提示孩子按一下即可)。

(4) 掌心有洗手液后，先相互搓手心，可配上语言"搓搓手心"，再分别互搓两手背("搓搓手背")，然后再分别搓洗每一根手指头("搓搓手指，大拇指、食指、小指……")。

(5) 将双手浸入水中，一手握成杯状，舀水从另一手的手腕处淋下，并由上而下搓洗掉肥皂泡沫，直至洗净。

(6) 冲洗双手的泡沫后，手离开水面，在洗手盆上方滴完水滴，然后小心端起洗手盆至水桶上方，将脏水慢慢倒入水桶内。

(7) 用海绵擦净洗手盆，再从水壶中倒适量的水至洗手盆，将双手放入洗手盆内，再次冲净肥皂泡沫，然后将手离开水面，滴完水滴。

(8) 提示孩子观察指甲缝，检查是否有脏物，然后用指甲刷刷洗指甲缝，依次确定十根手指是否都已洗干净，再同步骤6和7，将双手浸入水中搓洗。

(9) 同步骤7，将用过的水倒入桶内，并用海绵擦净洗手盆。

(10) 最后以擦手巾擦干手，若有必要，再以干抹布擦净工作区域。

6. 错误控制

手未洗干净，工作区到处是水。

7. 变化与延展

(1) 更换不同的盆、毛巾和肥皂的形状等。

(2) 可以在洗手的工作区放置镜子。

(3) 幼儿可以做"洗澡"的游戏。例如：为洋娃娃洗澡。

(四) 拧瓶盖

1. 活动准备

小篮子内装高矮不同的瓶子6个、工作毯。

2. 适用年龄

2.5岁以上。

3. 工作目的

(1) 学习拧的动作，会双手配合。

(2) 锻炼手腕及手指的灵活性。

4. 操作方法

(1) 请小朋友取工作毯，并铺放。教师介绍今天的工作是拧的工作，并出示工作材料。

(2) 把瓶子从小篮子里取出，并按从低到高的顺序横着排列在工作毯的中部，拿起最左边的一个瓶子，放在工作毯中间，左手控制(扶)瓶身，右手抓住瓶盖，向逆时针方向旋转，完成拧的动作，把瓶子归位，把拧下来的瓶盖放在瓶子的上边。

(3) 用同样的方法，取后面的瓶子，放在工作毯中间，拧下瓶盖，请小朋友参与。再按照从左到右的顺序，依次把瓶子和瓶盖取放到工作毯中间，顺时针方向拧上瓶盖。请小朋友参与，可用提示语："谁想来试一试？"

(4) 请小朋友把以上工作材料归位，并强调其在教具柜中的位置。

5. 变化与延展

拧螺丝、拧笔筒等。

6. 错误控制

瓶盖和瓶子一一对应。

7. 兴趣点

手指运动的乐趣。

8. 注意事项

注意一一对应。

(五) 擦鞋

1. 适用年龄

3岁以上。

2. 教具构成

(1) 幼儿皮鞋一双。

(2) 鞋刷一把。

(3) 鞋油一盒。

(4) 鞋油刷一把，可用牙刷代替。

(5) 棉花球数个，放在小容器内。

(6) 擦亮布一块，放在小容器内。

(7) 报纸一张。

(8) 小篮子或托盘一个，放置上述材料。

3. 工作目的

(1) 学会擦鞋。

(2) 培养专注力、秩序感。

(3) 提高独立完成工作的能力。

4. 基本操作

(1) 引导孩子观察鞋子，并告诉孩子，鞋子脏了就需要清理。

(2) 拿出准备好的材料，将报纸铺在合适的地方，例如：鞋柜旁或者阳台上。

(3) 依照使用顺序拿出材料，由左到右摆放在报纸上，并且一一告知名称。

(4) 一只手伸入鞋内，另一只手拿着鞋刷，把鞋子上的尘土(由身体近端到远端)刷至报纸上。

(5) 拿出鞋油，示范如何开关盒子后，往鞋油刷上挤少许鞋油，将鞋油均匀地刷在鞋面上，请孩子一起检查，确定鞋面上需擦拭的部位都已经沾上鞋油了。

(6) 拿出棉花球，将鞋油均匀涂抹在鞋面上，最后拿擦亮布将整个鞋面擦亮，与孩子一起检查是否还有需要擦拭之处，并与未清理过的鞋子比较，看看擦拭过的鞋子是否干净且光亮多了。

(7) 请孩子擦拭另一只鞋子，必要时给予协助。

(8) 完成工作后，引导孩子将材料有序地放回篮子内，将棉花球丢进垃圾桶，并将报纸折好后放入垃圾桶，与孩子一起去洗手。

(9) 告诉孩子既然已经知道如何擦鞋了，以后可以保养自己和家人的鞋。

5. 错误控制

擦完的鞋不亮。

(六) 按扣

1. 教具构成

一块正方形木框，左右两块布在中央相合，用按扣连接。

2. 工作目的

(1) 学会按扣。

(2) 发展手眼协调能力。

(3) 锻炼手部肌肉，尤其是三指。

(4) 培养孩子独立穿衣的习惯。

(5) 培养秩序感。

3. 基本操作

1) 打开

(1) 用左手的食指与中指压住最上面按扣凹部(下襟)。

(2) 用右手拇指、食指和中指按住按扣的凸部(上襟)的旁边，用力向上掀开按扣。

(3) 从上往下一个一个地拉开按扣，一直到最下面一个被拉开为止。

(4) 双手把左右两块布向两边分开。

2) 扣紧

(1) 双手把两边的布拉到中间合起来。

(2) 从最上面开始，右手拇指、食指和中指捏住上襟的第一个按扣。

(3) 左手食指和中指压在下襟的按扣旁。

(4) 然后把扣子的凹部与凸部重合，手指用力压下，继续操作直到全部做完。

(5) 整理布料，使其平整。

4. 兴趣点

压按扣时发出的声音。

5. 错误控制

扣子没有吻合。

(七) 穿衣服、脱衣服、挂衣服

1. 工作目的

(1) 学会穿脱衣服、挂衣服。

(2) 培养独立性、专注力。

2. 基本操作

1) 穿衣服

(1) 把挂在挂钩上的衣服连衣架拿到桌子上，前襟向上平放。

(2) 解开衣扣，打开前襟，取出衣架放回原处。

(3) 右手提左边的衣领，让左手先穿过左袖。

(4) 右手把衣服向右手方向拉，然后左手拿住左衣襟，右手伸进右袖里，同时松开左手。

(5) 把两边衣襟对齐，扣好纽扣。

(6) 一边照镜子，一边整理衣服。

2) 脱衣服

(1) 双手解开纽扣，打开前襟。

(2) 先用双手将衣服向外打开，然后两手转到背后，右手抓住左袖口，抽出左手。

(3) 双手伸到前面，左手抓住右边袖口，让右手抽出来。

(4) 衣服的前襟向上平放在桌上，抚平上面折痕。

3) 挂衣服

(1) 把衣服拿到桌子上。

(2) 衣服前襟向两边拉开。

(3) 衣架两端一次一边伸进衣服肩部，前襟合拢，扣上纽扣。

(4) 将衣架连衣服挂回原位。

3. 兴趣点

(1) 穿上、脱下的过程。

(2) 挂上衣架。

4. 错误控制

(1) 袖子扭成一团。

(2) 扣子和扣孔没有一一对应。

(3) 衣服穿反了。

5. 变化与延展

(1) 自己穿脱外套、夹克、毛衣(有扣子)、裤子等。

(2) 穿、脱日常生活训练用的围裙。

(3) 在穿、脱时幼儿间可以互相帮助。

6. 注意事项

为了帮助练习穿、脱衣服，蒙台梭利专门设计了一系列"衣架框"的教具，教育工作者应尽量采用此套教具，规范训练。

(八) 插牙签

1. 活动准备

牙签盒、放牙签的一个小碟子、泡沫块、托盘、工作毯、桌椅。

2. 适用年龄

2.5岁以上。

3. 工作目的

(1) 练习手眼协调，训练指尖小肌肉运动的准确性。

(2) 培养认真做事的态度。

4. 操作方法

(1) 请一位小朋友去拿取工作毯。

(2) 教师出示教具，请小朋友们辨认牙签。牙签放在一个小碗里。

(3) 示范：二指捏起牙签，对准牙签盒上的洞，插入。

(4) 邀请小朋友尝试，并鼓励。再示范，注意把所有的牙签都插入牙签盒。

(5) 归位。

5. 变化与延展

往储蓄罐里投硬币。

6. 错误控制

牙签正对着孔，正好放进去。

7. 兴趣点

牙签与孔的对应。

8. 注意事项

注意幼儿安全，避免牙签伤到幼儿。

(九) 纽扣

1. 教具构成

一块正方形木框，左右两块布在中间相合，用纽扣连接。

2. 适用年龄

2岁半以上。

3. 工作目的

(1) 学会穿带纽扣的衣服。

(2) 发展手眼协调能力。

(3) 锻炼手部肌肉，尤其是二指。

(4) 培养孩子独立穿衣的习惯。

(5) 培养秩序感。

4. 基本操作

1) 解开

(1) 用左手拇指、食指拉住扣孔边的衣襟，右手捏住纽扣，从扣孔里脱出。

(2) 左手接住穿过的纽扣，将其拉出。

(3) 余下的扣子按照同样方式进行操作。

(4) 将左右两侧的布料分别打开。

2) 扣紧

(1) 把两襟合在中央。

(2) 右手捏住衣襟，左手指一下洞，然后拿起纽扣送进洞中。

(3) 右手接住穿出的纽扣，左手接住衣襟，左右拉。

(4) 用同样的方法扣纽扣，直到扣完为止。

(5) 整理布料，使其平整。

5. 兴趣点

纽扣从扣孔拉进拉出。

6. 错误控制

纽扣穿错了孔。

7. 注意事项

大纽扣和小纽扣的操作方法相同。

(十) 皮带扣

1. 教具构成

一个正方形木框，左右两块布在中央相合，用皮带扣连接。

2. 适用年龄

2岁半以上。

3. 工作目的

(1) 学会皮带扣的系法。

(2) 发展手眼协调能力。

(3) 锻炼手部肌肉，尤其是二指。

(4) 培养孩子独立穿衣的习惯。

(5) 培养秩序感。

4. 操作过程

1) 解开

(1) 从衣饰框的顶端开始，从上方握住扣环。

(2) 用左手拇指、食指抓住皮带的尖端向右推。

(3) 右手拿住拱起的部分从扣环中抽出。

(4) 右手捏住皮带的尖端再向右拉，左手食指和中指捏住针从针孔里拉出来。

(5) 使用两手将皮带与扣环完全拉开。

(6) 继续进行，一直做到最下面的皮带扣完全被拉开。

(7) 双手把布料向左右掀开。

2) 扣紧

(1) 将布料左右合上，从上面皮带扣开始系。

(2) 右手拿皮带的尖端。

(3) 左手拿扣环，把皮带尖端伸进扣环。

(4) 把穿过的皮带用右手向右拉。

(5) 给孩子指示针孔，用左手将针穿进针孔。

(6) 左手拿住扣环，右手捏住皮带穿过扣环的左端。

(7) 用同样的方法，直到扣上最下面的皮带扣。

(8) 整理布料，使其平整。

5. 兴趣点

将针穿入皮带孔及拔出针。

6. 错误控制

布料从头到尾看起来不对称。

7. 变化与延展

为幼儿选择不同物品上的皮带扣，比如鞋子、皮夹、背包、皮带等上面的扣子来练习。

(十一) 蝴蝶结

1. 教具构成

一块正方形木框，左右两块布在中央相合，被不同颜色的丝带连接。

2. 适用年龄

2岁半以上。

3. 工作目的

(1) 学会系蝴蝶结。

(2) 发展手眼协调能力。

(3) 锻炼手部肌肉，尤其是二指。

(4) 培养孩子独立穿衣的习惯。

(5) 培养秩序感。

4. 基本操作

1) 解开

(1) 从最上面开始，从上而下解蝴蝶结。

(2) 两手同时抓住带子的两端向左右拉，把蝴蝶结松开。

(3) 用左手的食指和中指按住两襟，用右手的食指将节挑开。

(4) 解开结后，把每条带子往旁边拉直。

(5) 再把两襟向左右掀开。

2) 打结

(1) 把两襟合向中央，从上往下系蝴蝶结。

(2) 用右手把左边带子拉向右边，用左手将右边带子拉向左边，左边的带子与右边的带子成交叉状。

(3) 用右手将上面的带子从交叉点下方的孔洞中穿过，用左手接住，然后左右拉紧。

(4) 再将左边的带子在距打结4～6厘米处绕个圈，用拇指和食指牢牢捏住圈的底部。

(5) 用右边的带子从后面绕个圈，用右手食指把带子从孔中塞进去，又形成一个圈。

(6) 两手捏住圈，同时向两边拉，使其成型。

(7) 用同样的方式系以下的蝴蝶结。

(8) 整理布料，使其平整。

5. 兴趣点

用食指把带子穿过绕圈的地方。

6. 错误控制

蝴蝶结歪斜。

(十二) 夹的工作

1. 教具构成

托盘、夹子、塑料模型放在一个小盘子里，光球、空碗、工作毯。

2. 适用年龄

2.5岁。

3. 工作目的

(1) 会用夹子夹东西。

(2) 训练小肌肉运动的灵活性。

4. 操作方法

(1) 教师介绍今天的工作，取教具轻轻地放在工作毯上。

(2) 把盛模型的盘子和空碗拿出放在工作毯上。

(3) 把夹子取出，放在工作毯右侧，把托盘放在右下角。

(4) 示范拿夹子，手握住夹子上端，示范慢慢开合。用夹子夹住模型，一一夹到空碗里。

(5) 请幼儿尝试。

(6) 收回教具。

5. 变化与延展

用不同的夹子夹不同的物品。

6. 错误控制

没夹住。

7. 兴趣点

夹子的开合及物体落到盘子里发出的声音。

8. 注意事项

尽量给幼儿更多的机会。

(十三) 切香蕉

1. 活动准备

香蕉、生食菜板、水果刀、牙签、小碟子、盘。

2. 适用年龄

2.5岁以上。

3. 工作目的

(1) 使幼儿学会熟练地使用水果刀切东西。

(2) 培养幼儿使用工具解决问题的能力及动手操作的兴趣。

4. 操作方法

(1) 教师选择在桌面上进行此项工作。将教具放在托盘里，教师介绍："今天的新工作是切香蕉。"将教具按顺序取出放在桌子上方。

(2) 教师示范：将生食菜板放在自己面前，左手取香蕉放在案板上，右手拿刀。左手按住香蕉，右手使用水果刀用力切，将香蕉块切下。依次将香蕉切完。将香蕉块插上牙签一一剥皮，放在小碟子里。香蕉皮放进小盘。

(3) 请幼儿参与工作。再切一根。

(4) 请幼儿一起品尝香蕉。

(5) 将物品收到托盘里归位。

5. 变化与延展

进行切西瓜、切萝卜、切黄瓜的练习。

6. 注意事项

注意幼儿操作时的安全。

(十四) 穿线板

1. 教具构成

穿线板(不同形状、图案的)、托盘、约1m的线或者塑料绳、桌椅。

2. 适用年龄

2岁以上。

3. 工作目的

(1) 培养精细动作的协调和控制能力。

(2) 培养孩子的专注力和稳定性。

4. 操作方法

(1) 教师介绍今天的工作，并从日常区取准备好的盛有用具的托盘，展示教具。

(2) 右手取线，在线的一端打个结，左手拿穿线板，右手拿线未打结的部分，右手拇指和食指捏在这一端距线头约2cm处，对准要穿的小眼，从反面穿过去，再从正面穿过来，如此交替穿孔。

(3) 请幼儿实践操作，教师进行有针对性的再示范。

(4) 穿完后将线拉出打结，观赏作品。

(5) 收回展示材料。

5. 变化与延展

练习穿不同的图案。

6. 错误控制

针与孔对应。

7. 兴趣点

长长的线。

(十五) 擦桌子(使用海绵)

1. 教具构成

(1) 要擦拭的桌子、放教具的小桌子。

(2) 塑胶围裙、塑胶垫。

(3) 水壶、脸盆、水桶。

(4) 海绵、抹布、毛巾。

2. 准备工作

(1) 把工作教具搬过来，放在塑胶垫上。

(2) 在进入基本操作练习之前，先复习一下捏海绵的动作。

3. 工作目的

(1) 学会擦桌子。

(2) 学会肌肉运动的调整。

(3) 培养独立性、专注力和责任感。

4. 基本操作

(1) 系上围裙，把水壶中的水慢慢倒进脸盆里。

(2) 擦干壶嘴上的水滴，把壶放回桌上。

(3) 把海绵轻轻放入脸盆中，用右手捏干。

(4) 从左向右擦拭桌子。

(5) 桌子太大时，一次擦拭一半。

(6) 接着用干抹布从左向右擦拭。

(7) 在脸盆中把海绵洗干净，捏干后放回托盘里。

(8) 将用过的水倒入水桶中。

(9) 用抹布擦干脸盆和塑胶垫上的水滴。

(10) 水壶里再装满水，以备下一个孩子工作用。

(11) 将所有教具归位。

5. 兴趣点

(1) 海绵擦脏了。

(2) 桌子擦拭得干干净净。

6. 错误控制

桌子仍不干净。

7. 延伸操作

(1) 用海绵擦拭椅子、门、架子、地板瓷砖等。

(2) 擦黑板。

(3) 可以用较湿的抹布代替海绵。

8. 注意事项

在工作前亦可先戴腕套。

第十章
科学文化教育课程及教具操作

【蒙氏格言】

1. 孩子们与动植物的关系类似于观察他们的老师和他们的关系。随着观察兴趣的逐渐增长，关心生物的热忱也随之增长，这样孩子们也就会合乎常理地去感激妈妈和老师对他们的爱护。

2. 人类从社会生活中获取了欢乐，但是仍然还是属于自然，特别是在孩提时代，他们必须从自然中获取必要的力量以促进其身心发展。

第一节　蒙台梭利科学文化教育课程概述

蒙台梭利博士指出，幼儿4～6岁是科学文化发展的敏感期，这时应该进行科学文化教育。蒙台梭利曾经提出过一个著名的宇宙教育论，就是将宇宙整体面貌展现给儿童，使儿童形成对宇宙和其中生命的感激之情。蒙台梭利博士曾经这样写道："让我们提供给他们一个探索整个宇宙的视野。这个宇宙是一个宏伟的现实世界……，所有的事物都是它的一部分，并且相互关联而形成一个整体。只有这种视野，才能帮助孩子们的心智变得稳定，而不再漫无目的。因为在万物中知道了自我的宇宙中心，孩子们将会感到满足。"

蒙台梭利是在1907年创设的自己的教育方法，由于间隔年代久远且文化背景差异较大，因此我们在探讨该领域课程时必须结合我国学前教育的实际状况来解读。

一、相关概念的界定

1. 科学

英国科学家贝尔纳指出："科学在全部人类历史中确已如此地改变了它的性质，以致于无法下一个适合的定义。" 也有学者认为科学是不能用定义一劳永逸地固定下来的单一体。但我们也可以借用一下比较权威的概念界定来认识科学。有学者认为科学是分科而学的意思，后指将各种知识通过细化分类(如：数学、物理、化学等)研究，形成逐渐完整的知识体系。它是关于发现、发明与创造实践的学问，是人类探索研究感悟宇宙万物变化规律的知识体系的总称。1988年，达尔文曾给科学下过一个定义："科学就是整理事实，从中发现规律，做出结论。"达尔文的定义指出了科学的内涵，即事实与规律。也就是说，科学要发现人所未知的事实，并以此为依据，做到实事求是，而不是脱离现实的纯思维空想。至于规律，则是指客观事物之间本质的必然联系。因此，科学是建立在实践的基础上，经过实践检验和严密逻辑论证的关于客观世界各种事物的本质即运动规律的知识体系。目前较为公认的定义是：科学是一种以有系统的实证性研究方法所获得的有组织的知识。

在中国，教科书上一般将科学分为自然科学(或称为理科)和社会科学(或称为文科)。而诸如心理学、哲学(有别于科学)在中国与自然科学、社会科学等概念被认为存在划分不清、界限模糊的情况，因而"科学"一词常被模糊地使用。工程学科称为工科，理科和工科合称理工科，而文科和理科又合称文理科。

2. 文化

文化(culture)是一个非常广泛且具人文意味的概念，给文化下一个准确或精确的定义，的确是一件非常困难的事情。对文化这个概念的解读，一直众说不一。但东西方的辞书或百科中却有一个较为共同的解释和理解：文化是相对于政治、经济而言的人类全部精神活动及其产品。

文化普遍存在于人类社会、人类生存之中。笼统地说，文化是一种社会现象，是人们长期创造形成的产物。同时文化又是种历史现象，是社会历史的积淀物。19世纪后期，文化开始成为学者专门的研究对象，一些西方学者从教育学、心理学、历史学、人类学、社会学、生物学、生态学等不同角度来界定"文化"的概念。

文化既然是社会历史现象，那么不同时代不同地域的人类社会也就具有不同的文化背景。蒙台梭利科学文化教育也带有特定国家特定时期的地域性与时代性，因此，中国传统文化也应当隶属于蒙台梭利科学文化教育的范畴之内。中国传统文化(traditional culture of China)是中华文明演化而汇集成的一种反映民族特质和风貌的民族文化，是民族历史上各种思想文化、观念形态的总体表征，是指居住在中国地域内的中华民族及其祖先所创造的、为中华民族世世代代所继承发展的、具有鲜明民族特色的、历史悠久、内涵博大精深、传统优良的文化。简单来说，文化就是通过不同的文化形态来表示的各种民族文明、风俗、精神的总称。

二、科学文化的内涵

科学文化具备一般文化的基本属性，又有其自身的特殊属性。它是以科学家为代表，进行科学探索、实践和创造活动，并辐射向全社会的一种文化。

因为科学是文化的，所以它能够整合、积累群体长期的成果，使人们能够吸取他们的同伴和前辈们所做出的发现和思想。从社会文化大系统来看，科学同哲学、艺术、信仰、宗教、道德、习俗等人文因素交织在一起，相互影响、相互作用、相辅相成。

现代科学具有文化内涵，所以它才能够成为高层次的文化。在分析主义、还原主义影响下，淡化甚至舍弃文化内涵的"科学"只能是低文化品位的。从广义上，科学文化泛指人类所创造的各种科学成果与财富的总和。科学文化系统的基本机构及其当代特征，可以相应地从精神文化、物质文化和规范文化这三个层面上展开，精神文化是科学文化系统中的核心与精髓。

三、蒙台梭利科学文化教育

蒙台梭利博士认为孩子很容易接受科学文化知识，因为孩子们本身对这些知识就非常敏感并充满兴趣。因此，孩子们从小就应该了解自己所处的是怎样一个世界。蒙台梭利希望通过科学文化课程启发儿童的探索与实验精神，引发他们对世界的热爱，对知识的热爱，学会用科学的头脑来思考问题、解决问题。

蒙台梭利认为儿童是环境的一部分，也是文化的一部分。蒙台梭利倾向于把科学文化作为一个整体，认为宇宙的万事万物(有生命的和没生命的)都是相互联系和相互依存的。蒙台梭利让孩子们通过多种感官感知世界，从而获得丰富的感性经验，并通过精心设计的教具和环境了解更多的细节内容，使得那些大人们看似很深奥的知识和经验，能很自然地纳入儿童的知识结构之中。

蒙台梭利科学文化教育包括植物学、动物学、地理学、地质学、天文学、历史学、物理学、人体生理学等方面的知识。在蒙台梭利科学文化教育的实施过程中，教师利用周围的物质世界和给幼儿提供的材料，让幼儿通过自身的活动，对周围物质世界进行感知、观察、操作，这是一个发现问题和寻求答案的探索过程。在这一过程中，教师做不同程度的指导，让幼儿去获取感性经验，培养好奇心和对科学的兴趣，学习科学知识和科学方法，培养感情和价值观。

四、幼儿学科学的特点

幼儿学科学具有不同于成人的特点，具有其特有的年龄特征及认识特点，具体表现如下。

(1) 幼儿有着与生俱来的好奇、好问、好探究的欲望，但由于幼儿思维发展的特点，幼儿学科学往往只能通过动作水平的摆弄、操作和尝试而有所发现，即使能进行推断，也是建立在直觉和具体形象的基础上。

(2) 具有以自我为中心的特点。在认知方面，幼儿不能客观地认识事物，经常用主观的想法代替客观的事实；在情感方面，幼儿容易移情，也容易受感染，常以自己的情感来代替或理解别人的感情；在社会方面，幼儿很难从别人的立场来考虑问题，因此也很难有真正的交流和讨论。

(3) 幼儿通过直接经验来认识事物。心理学的研究一再表明："幼儿的年龄特点决定了他们对物质世界的认识还是感性的、具体形象的；幼儿的思维还常常需要动作的帮助，他们对物质世界的认识还必须以具体的事物和材料为中介和桥梁，在很大程度上借助于对物体的直接操作。"

(4) 幼儿的探究过程、方法具有试误性。幼儿科学活动是幼儿的主动探究，探究性学习是幼儿科学活动中的重要方法，其内涵是指幼儿在教师指导下，通过自己独立的观察、操作、思考，报告自己的发现，得出自己的结论。在探索的过程中，幼儿还能通过自己的切身体验逐步掌握一些科学的方法和技能，比如观察、测量、记录数据等。幼儿的探究过程一般包括以下几个必要环节：一是产生疑问或疑惑。幼儿真正的主动探究和学习是从意识到有问题开始的。幼儿有了疑问，并产生想寻求答案的愿望，主动探究才能进入真正的准备状态。教师预想的问题如果不能成为幼儿自己的问题，接下来的操作就不是幼儿的主动探究。二是幼儿运用已有的知识经验，对所遇到的问题和产生的疑问进行解释、猜想和判断，这是幼儿调动原有的经验和认识的过程，它为幼儿认识的主动构建，(即原有主观认识与客观物体及事实的相互作用)提供了可能。三是幼儿按自己的想法作用于物体，作用的结果、事实调节幼儿的认识，验证幼儿的解释是否正确。这是客观现实与幼儿的主观认识相互作用的过程，由于经验水平和思维特点所限，幼儿探究解决问题的过程和方法具有很大的尝试错误的性质，他们对事物特点的认识和对事物间关系的发现需要多次尝试和长时间的反复探索，不断排除无关因素，才能得到正确结果。四是幼儿所获得的知识经验具有非科学性。"幼儿对周围事物的认识和解释以及所获得的知识经验受其原有经验和思维水平的直接影响，从而形成了幼儿期所独有的天真幼稚的理论和非科学性的知识经验。"①运用原有的经验解释事物，对事物的认识不能抓住本质特征，对事物及其关系的认识和解释只是根据具体接触到的表面现象来进行。幼儿不能客观地解释自然事物与现象，往往从主观意愿出发或赋予万物以灵性，幼儿总是用儿童独特的眼光来看待事物及其关系。因此其形成的科学知识具有一定程度的非科学性。

五、蒙台梭利科学文化课程的内容

1. 动植物学

蒙台梭利认为与大自然的生命亲近是儿童的天性，与手中的积木相比，孩子们更喜欢有生命的小动物。幼儿园里如果饲养了小动物，就会增加幼儿情感的付出。教师应让儿童学习如何照顾小动物，让儿童了解动物的生活习性及生活基本条件，从而培养儿童对大自然的热爱。蒙台梭利曾经说过："最能培养孩子对大自然感情的是栽培植物，因为植物不断变化并展示它的美，在其自然发展的过程中给予的远比索取的要多。"这种情感会内化成一种对生命的珍惜与感恩。观察大自然中植物的生长使孩子们有了更多专注的眼神和兴奋的表情，这说明孩子们活泼的本性和生命力被唤醒，这些更能激发孩子潜能的发挥。

蒙台梭利动植物学教育的目的是让儿童了解关于动植物的常识性知识，了解动植物与人的关系，了解动植物与环境的关系，培养幼儿热爱动植物、保护动植物的意识，培养幼儿对动植物的兴趣，对于自然的热爱，树立热爱生命的信念，通过照顾和保护动植物培养幼儿的责任感等人格品质。

从植物的分类开始教授，可以让孩子在熟悉教具操作的基础上，继续进行辨别异同的

---

① 刘占兰.幼儿科学教育[M].北京：北京师范大学出版社，2000：23-26.

练习。首先对有生命和无生命进行区分，先给孩子展示来自环境里的真实物体，然后是模型，最后是图片。再用同样的方式教孩子区分植物和动物。在动物学中，选取有代表性的六类重要动物，了解它们的组成部分、生活习性及喂养方法。有条件的幼儿园还可以用显微镜观察生命现象，了解动物的进化历程，这样孩子就会懂得爱护和尊重生命。通过观察动物和植物之间的关系，来关注动植物以及人类生存的基本需求。另外，还可以研究生命的时间线及生物进化过程。

蒙台梭利动植物学教具主要包括：各种动植物嵌板、三步卡、各部位名称配对、小书、定义册等。其中动物学教具主要分为：昆虫类、鱼类、两栖类、爬行类、鸟类和哺乳类；植物学教具主要分为：树、根、叶子、花和果实等。

2. 地理教育

地理教育涉及有关地球表面的一切，如地球的运动、陆地、海洋、气候、空气、人类的演变等。地理教育的目的是培养幼儿对地理学的兴趣，帮助幼儿建立空间方位感，了解各个国家的地理和文化，进一步建立世界观和宇宙观。蒙台梭利让孩子们先从自身开始学习，先认识自身的不同方位，了解"自身的地理"，然后再扩展到地球构造、地理区等知识。

在学习自然地理时，先介绍陆地和水的构成，然后再学习各大洲和各大洋。学习人文地理时，让孩子了解人类是怎样根据不同的生存环境来满足不同的生活需求。蒙台梭利地理教具内容广泛且实用性强，均是精心设计和制作而成的。

3. 天文地质学

天文地质学的教育主要为了激发儿童兴趣，使幼儿了解我们居住的地球，包括地球的构成和活动、我们生存的空间，以及人类与地质环境、人类与宇宙之间的关系，帮助幼儿形成科学的世界观和探索精神。

地质学研究地球的物理构成，目的是引导孩子学习地球的结构层次，观察地壳运动形成的地貌，观察不同种类的岩石以及它们在现实生活中的用途，还可以了解与地理学相关的海洋学和气候学。岩石标本是蒙台梭利地质学的主要学具，包括各种各样的岩石、矿石、化石和有关岩石的书籍以及探索岩石奥妙的工具等。地质教育要求教师从简单到复杂地使用教具，以开放有序的系统方法布置教学环境。地质学教具主要有：地球的层次构造三步卡、地层构造——断层和褶皱、火山爆发实验、火山爆发三步卡、岩石的三种形态、沉积岩实验教具等。

蒙台梭利天文学教育的主要内容有行星家族、星座和太空的奥秘。教具主要有八大行星嵌板、八大行星三步卡、八大行星拼图、八大行星符号拼图、太阳系的介绍、月亮的变化、太阳的构造、星座的介绍、望远镜的使用等。

4. 历史学

蒙台梭利历史教育的目的是让孩子感受时间是连续不断的，是段落的、有节奏的，让幼儿感受人类与历史的关系。其学习方法是以时间为线，把众多事情演变成时间轴的故事，时间的意义依赖于一个一个事件的产生和发展。蒙台梭利在历史教育中通过日历牌介绍日、月、年，再通过教具学习四季、小时、分钟等抽象概念。在这部分的学习中，教师可以与孩子讨论一天或一年内发生的事情，为学习时间线做好准备。历史教具非常丰富，主要有以下几种。

(1) 时间的流逝部分：计时器。

(2) 时间的测量部分：时钟。

(3) 日历的认识：日历。

(4) 时间成长线：目的是认识人的生命的成长、生活的变化及延续的变化，用到的教具有日期印章、照片等。相关延伸活动还包括衣服、船、飞机、汽车、家庭的生命线。此类活动的目的是：学习认识日期，能用日期印章印出正确日期；让幼儿了解地球绕太阳一圈是一年，知道不同年龄的人做不同的事情；了解人类生命的成长过程，知道生命变化与时间延续的关系。

(5) 地球生命线：目的是知道人类的生命与地球生命比起来十分短暂；知道先有地球，后有人类。

5. 科学实验

学习科学实验的意义，在于帮助孩子建构物质世界观，这将有益于孩子的实际生活。给孩子提供简单的科学实验器材，可以是光、水、空气、电等生活常见物品。通过亲身参与实验过程，他们将真正体会科学的奥妙以及各学科之间的相关性，引发对周边物质世界的科学兴趣。

6. 人体生理学

在该部分的学习中，幼儿将对自己身体的组成部分进行更加深入的学习，重点内容是骨骼系统和器官功能。由此，孩子可以意识到健康的重要性。教师还可以在课堂中引入保健、饮食以及情绪识别等内容。

7. 传统文化

在传统文化学习中，通过对国粹、民俗、民间艺术、中国文学等多领域知识的初步了解，使孩子感受到传统文化对当代生活的影响，从而培养孩子对祖国传统文化的兴趣，使他们了解到我国传统文化的博大精深。

第二节 蒙台梭利科学文化教育活动及教具操作

一、动植物学

(一) 有生命和无生命

1. 适用年龄

进入文化敏感期的孩子。

2. 教具构成

(1) 教师和孩子一起收集各种各样的有生命和无生命的实物或模型。

(2) 教师和孩子一起收集整理有生命和无生命物体的图片。

(3) "有生命"和"无生命"的标签。

3. 工作目的

(1) 发展孩子对有生命的物体和无生命的物体的鉴别能力。

(2) 对有生命和无生命的特征有初步的认识。

4. 实物的基本操作

(1) 教师说："今天我们来讨论一下哪些物体是有生命的，哪些是无生命的。"

(2) 把这些物体放在孩子们面前。

(3) 询问孩子："这里都有什么？"

(4) 请孩子说出名称或描述物体。

(5) 教师说："这些物体的分类方法有很多，我们可以根据颜色对它们进行分类，也可以根据大小进行分类，而今天我要按它们是否有生命来进行分类。"

(6) 选择一个有生命的物体(树叶或虫子)，让孩子们讨论它是否有生命，并说出原因。

(7) 教师总结："因为虫子能够自己爬行，所以它是有生命的。"

(8) 把虫子放在安全的位置。

(9) 选择一个无生命的物体(石头)，让孩子们讨论它是否有生命，并说出原因。

(10) 教师总结："因为石头自己不能活动，所以是无生命的。"

(11) 把石头放在桌子或工作毯的右边。用同样的方式让孩子试着把剩下的物体按照有生命或无生命进行归类。

(12) 教师引导："所有活着、能够变化的物体都是有生命的，它们可以自己生存，属于第一个组。"

(13) 讨论："什么原因使这些物体活着呢？"教师引导孩子们积极回答。

(14) 教师说："所有无生命的物体都在第二个组里，这些无生命的物体自己不能活动。那么为什么它们是无生命的呢？它们和有生命物体有什么区别呢？"

(15) 如果孩子们能够阅读，可以让他们把"有生命"和"无生命"的标签放在相应的组。

(16) 最后可以利用环境中的物品来向孩子提问。

(17) 工作结束后，物品放在教具架上，方便儿童随时操作。

5. 图片的基本操作

(1) 拿出所有物体的图片。请孩子们讨论哪些物体是有生命的，哪些物体是无生命的。

(2) 请孩子说出怎样判断物体是有生命的还是无生命的。

(3) 把所有有生命的物体放在一起，放上对应的标签。

(4) 把所有无生命的物体放在一起，放上对应的标签。

6. 兴趣点

有生命的物体所具有的不同的活动方式。

7. 语言

有生命的(living)、无生命的(non-living)。

8. 变化与延展

(1) 可以引导孩子思考第三个种类——某些物体以前是有生命的, 现在是无生命的。如：标本、动物化石等。

(2) 参观自然博物馆或相关展馆。

(3) 在生活环境或自然界中确认、巩固。

9. 错误控制

(1) 教师或其他孩子的指正。

(2) 图片背面做上标记, 孩子可以进行自我检查。

(3) 确保有生命的物体和无生命的物体的数量相同。

10. 注意事项

在进行这项活动前, 请家长协助孩子收集相关资料, 丰富幼儿对"生命"概念的理解。

(二) 动植物分类

1. 教具构成

(1) 动物卡片(猫、鱼、青蛙、麻雀、蛇、蜻蜓、蜗牛、水母), 卡片背面标记有字卡"动物"上一样的符号。

(2) 植物卡片(向日葵、玉米、杨树、小草、海藻、月季花), 卡片背面标记有字卡"植物"上一样的符号。

(3) 字卡："动物"、"植物"。

2. 适用年龄

4岁以上。

3. 工作目的

了解动物与植物的区别。

4. 操作方法

(1) 教师取来各种卡片, 散放在工作毯上。

(2) 教师展示图片, 请幼儿一一说出物品名称, 教师修正。

(3) 提出问题：取出这些物品里面的任意两种物品, 如向日葵和猫, 哪个需要食物才能长大, 并且自己就会挪动身体? 哪个是不能自己运动、不吃饭的? 引导幼儿做出正确的选择。

(4) 教师总结并说明：像向日葵这样由一颗小种子长出来的, 它们在一个地方是不动的, 靠吸收太阳的能量长大, 这样的有生命的物体是植物。而像小猫那样会跑的, 由妈妈生出来, 靠吃食物从小长到大, 这样的有生命的物体叫作动物。植物会从一粒小种子长成一棵树、一朵花、一根草, 它们的变化很大很大; 而动物只是个子长大, 其他没有增多, 眼睛、鼻子、嘴巴没有额外长出。动物和植物吃东西也不一样：大动物是要吃小动物, 比如说狼要吃小白兔; 还有的动物要吃植物, 比如说熊猫要吃竹笋, 昆虫要吃树干、树叶。

(5) 教师出示其他图片，请幼儿分类。属于动物的一类放在一起，属于植物的放在一起。

(6) 教师出示动物与植物的字卡，分别放在两类卡片的上方。

(7) 请幼儿根据动植物的特征再说出其他动物和植物的名称，反复练习后将教具归位。

5. 变化与延展

(1) 脊椎动物和无脊椎动物分类。

(2) 哺乳动物与卵生动物分类。

(3) 有籽繁殖和无籽繁殖分类。

(4) 树上生长的植物和土里生长的植物分类。

(5) 可食用与不可食用的植物分类。

(6) 有气味与无气味的植物分类。

6. 注意事项

教师应给予幼儿充分讨论的机会，通过讨论与观察获得经验。在分类过程中的对比也是很重要的引导方式。

(三) 树根的嵌板三步卡

1. 教具构成

树根嵌板、树根三步卡。

2. 适用年龄

3.5岁。

3. 工作目的

(1) 了解根的结构：主根、侧根、根毛、根蒂。

(2) 培养幼儿热爱大自然、热爱花草树木的情感。

4. 操作方法

(1) 取工作毯，铺好，将教具取来放在工作毯上，介绍工作名称。

(2) 教师示范：展示树根的嵌板，在嵌板上指出主根、侧根、根毛、根蒂，然后将每部分嵌板分开摆放在工作毯上。

(3) 将树根结构的三步卡去除，先将有图有文字的卡片一一进行展示，再将第二步卡即图片卡与之进行对应，最后对应文字。中间请幼儿参与工作进行对应。

(4) 将嵌板按照相应部分放入嵌板底座上，边收教具边复习对树根部分的认识。

(5) 教具归位。

5. 变化与延展

(1) 将嵌板放在纸上，用铅笔沿嵌板描写轮廓，然后用蜡笔涂色。

(2) 其他植物嵌板(如：花嵌板、叶嵌板、种子嵌板和果实嵌板)的嵌入及各部分名称的练习。

6. 注意事项

进行三阶段名称练习时要注意卡片呈现的顺序。

(四) 花嵌板的嵌入

1. 教具构成

花嵌板、花的组成三步卡、百合花一朵(要有花冠、花萼、雄蕊、雌蕊)。

2. 适用年龄

3.5岁以上。

3. 工作目的

(1) 帮助幼儿认识花的平面图形,培养图像的复原能力及镶嵌能力。

(2) 培养幼儿手部肌肉的灵活性,增强幼儿对于自然事物的兴趣。

4. 操作方法

(1) 请幼儿观察花嵌板,告知幼儿:"这是花。"

(2) 教师示范把嵌板按顺序取出,并分别介绍各部分名称。然后从左到右放在工作毯的上方。

(3) 再按照顺序将嵌板嵌入原来的位置。在镶嵌时可示范抚摸嵌板的边缘与底面的边缘相对应。

(4) 将花的三步卡取出,先取出有图有文字的卡片一一进行展示,再将第二步卡即图片卡进行对应,最后对应文字。中间请幼儿参与工作进行对应。

(5) 教师取出百合花,向幼儿介绍花的名称,请幼儿观察花的形状,用鼻子闻花的气味,全面认识花。

(6) 教师指导,请幼儿说一说百合花各部位的名称是什么。反复练习后将教具归位。

5. 变化与延展

(1) 认识更多的花,如:月季花、菊花、迎春花等。

(2) 通过观看视频资料,思考并讨论花的作用及对人类的用途。

6. 注意事项

百合花的雄蕊和雌蕊非常明显,所以首先以百合花导入是最好的。

(五) 鱼嵌板

1. 教具构成

鱼嵌板。

2. 适用年龄

3岁以上。

3. 工作目的

(1) 认识鱼的身体部位,练习拼图的能力。

(2) 培养热爱小动物的情感,增进对鱼的了解。

4. 操作方法

(1) 教师展示整个鱼的嵌板,介绍:"这是鱼。"

(2) 将鱼嵌板从左到右依次取出整齐地排列在工作毯的上方。每拿一个可向幼儿介绍说："这是鱼的头部，这是鱼的身体，这是鱼的尾部，这是鱼的鳍……"

(3) 按顺序再将所有嵌板一一放回去。放时可抚摸嵌板的边缘和底面边缘吻合的曲线部分表示是一样的。

(4) 请一位幼儿一起工作，教师提示"请你指出鱼的头部"等，请幼儿辨认鱼的身体部位。

(5) 再请一位幼儿一起工作，教师指出鱼的某一部位，请幼儿说出鱼的部位名称。

(6) 反复练习后将教具归位。

5. 变化与延展

(1) 认识鱼是一种生活在水中、用腮来呼吸、身上有鳞片、用鳍来运动的动物。

(2) 老师用虚线画出鱼，让幼儿用彩色笔画出鱼头、鱼尾、鳞等部位。

(3) 练习鱼的身体构造三步卡。

(4) 自己做鱼身体部位的小书。

(5) 认识其他鱼及其身体构造。

6. 注意事项

如果在做此项工作时，有一条活鱼或者新鲜的冻鱼就最好了，可以请幼儿通过触摸或实际观察获得经验，幼儿能有更深刻的记忆和体会。

(六) 认识乌龟

1. 教具构成

(1) 一只乌龟放在浴缸或水盆里。

(2) 乌龟嵌板。

(3) 乌龟身体构造三步卡。

2. 适用年龄

三岁以上。

3. 工作目的

(1) 认识乌龟及乌龟的身体构造。

(2) 培养幼儿认真观察的品质。

4. 操作方法

(1) 教师选择在桌面上进行此项活动。先将乌龟取来，教师介绍："今天的工作是认识乌龟。"

(2) 教师将乌龟放到桌面上，请幼儿观察一下乌龟是什么颜色的，乌龟有几只脚爪，背部有什么特点，乌龟的脖子在哪里等。

(3) 教师提示并总结：乌龟是爬行动物，身上有鳞片，乌龟的脖子很长，但是藏在乌龟壳里，乌龟背上有甲壳，有四条腿，四只脚爪，可以用来挖洞和爬行，乌龟的尾巴很短，可以缩在乌龟壳里。

(4) 展示乌龟的嵌板，请幼儿找出乌龟的头部、甲壳、脚爪、尾部等部位，将嵌板嵌入放好。

(5) 教师出示乌龟身体构造三步卡，进行各部位名称练习。

(6) 反复练习后将教具归位。

5. 变化与延展

认识其他两栖动物及身体构造。

6. 注意事项

乌龟会咬人，活动要注意安全。

(七) 认识蚂蚁的身体结构

1. 教具构成

蚂蚁的身体构造卡、蚂蚁模型。

2. 适用年龄

三岁以上。

3. 工作目的

了解蚂蚁的身体结构名称。

4. 操作方法

(1) 教师将教具取来放在工作毯上，介绍工作名称。

(2) 取出蚂蚁模型，请幼儿观察并说出这是什么昆虫。教师介绍："这是蚂蚁，今天我们来认识蚂蚁的身体。"

(3) 将蚂蚁放在工作毯的中部，请幼儿看一看蚂蚁的身体都包括哪几部分。教师确认："蚂蚁的身体分为头部、胸部和腹部。我们来看一看蚂蚁头上长了什么？"教师将手指指向蚂蚁的触角，向幼儿介绍："这是蚂蚁的触角，是用来传递信息的。""我们再来看看蚂蚁的胸部有什么？有3对脚。"指向蚂蚁的3对脚。继续介绍蚂蚁的腹部："蚂蚁的腹部是它身体最大的部分，长在身体的最后面。"

(4) 将蚂蚁的身体构造卡放在工作毯的中部，指上面标注的文字向幼儿介绍名称。用"三阶段"教学方法练习名称。

(5) 教师请一位幼儿拿着蚂蚁的模型向其他的幼儿介绍蚂蚁的身体结构。

(6) 将教具归位。

(八) 鸟的身体部位三步卡

1. 教具构成

鸟的身体部位三步卡、鸟嵌板。

2. 适用年龄

三岁以上。

3. 工作目的

了解鸟的身体结构。

4. 操作方法

(1) 教师将教具取来放在工作毯上，介绍工作名称。

(2) 将鸟嵌板放在工作毯的中部，请幼儿说一说这是什么动物。将嵌板放在工作毯的左上角。

(3) 将第一步卡放在工作毯上部，一一说出身体各部位名称："这是鸟喙，这是头部，这是胸腹，这是尾部，这是爪。"

(4) 将第二步卡放在工作毯的左侧，请幼儿与第一步卡配对，引导语："这是鸟的头部，请你找到头部的卡片放在一起。"

(5) 教师将三步卡摆放在工作毯的左侧，请幼儿给第二步卡配上文字。改变三步卡呈现的顺序，反复练习。

(6) 将嵌板放在工作毯的中部，逐一取出嵌板，请幼儿说出每一部分的名称，并找到相应的字卡。

(7) 将教具归位。

5. 变化与延展

(1) 将嵌板放在纸上画出轮廓，然后使用彩笔涂色。

(2) 认识其他鸟及其身体结构。

(3) 制作鸟的身体部位的小书。

(4) 讲丹顶鹤的故事，教育幼儿要保护鸟类。

(5) 用羽毛粘贴图案。

(九) 青蛙身体结构三步卡

1. 教具构成

青蛙身体结构三步卡，青蛙身体部位图文卡。

2. 适用年龄

3岁以上。

3. 工作目的

(1) 认识青蛙的身体部位名称。

(2) 培养幼儿对动物学的兴趣。

4. 操作方法

(1) 教师铺好工作毯，将教具取来放在工作毯上，介绍工作名称。

(2) 教师将青蛙身体部位图文卡放在自己面前，请幼儿说出图片上是什么动物。

(3) 教师出示第一步卡，介绍青蛙的眼睛、鼻孔、嘴、鼓膜、前肢、后肢，并将卡片整齐地摆放在工作毯的上方。教师出示第二步卡，请幼儿与第一步卡配对，继续进行第三步卡的操作。

(4) 结合身体部位图文卡巩固幼儿对青蛙身体部位的认识。

(5) 将教具归位。

5. 变化与延展

(1) 教师可以结合青蛙嵌板认识青蛙的身体结构，在户外活动时可以请幼儿观察活体青蛙。

(2) 教师还可以组织幼儿进行画青蛙的绘画活动，进一步理解青蛙的身体构造。

(3) 认识青蛙的作用，要保护青蛙。

6. 注意事项

教师可以与幼儿一起饲养一只小青蛙供幼儿观察。

(十) 认识鸟的骨骼

1. 适用年龄

5岁以上。

2. 工作目的

(1) 了解鸟的骨骼名称。

(2) 培养幼儿对于动物学的兴趣。

3. 操作方法

(1) 教师选择在桌面上进行此项工作，将教具取来放在桌面上，介绍工作名称。

(2) 取出鸟的骨骼标本，请幼儿猜一猜这是什么动物的骨骼，教师确认是鸽子的骨骼。

(3) 教师指骨骼的头部，请幼儿想一想，头部的骨骼叫什么骨，幼儿得出结论，教师确认，是头骨。依照此方法继续介绍颈椎骨、锁骨、肋骨、龙突骨、尺骨、桡骨、肱骨、髋骨、胫腓骨、耻骨。

(4) 教师以"三阶段"教学法巩固对于骨骼名称的认识。"请指出耻骨在哪里？""请说一说这里是什么骨？"

(5) 教师改变提问的方式反复练习。"鸟脖子位置的骨头叫什么骨？""什么骨在鸟肚子那里？"

(6) 将教具归位。

4. 变化与延展

(1) 认识其他动物的骨骼，如兔子的骨骼、蝙蝠的骨骼等。

(2) 认识人类的骨骼。

(3) 到科技馆观看大型动物的骨骼，如恐龙的骨骼。

(4) 用陶土制作简单的骨骼(鱼骨骼)。

(5) 然后再配对名卡片。

(6) 请孩子读标签来认识各种昆虫。

5. 兴趣点

配对的过程。

6. 语言

各种昆虫的名称。

(十一) 青蛙骨骼

1. 教具构成

青蛙的模型、头骨、脊椎骨、指骨、趾骨、肩胛骨的字卡。

2. 适用年龄

5岁以上。

3. 工作目的

(1) 认识青蛙的骨骼。

(2) 培养幼儿对科学的兴趣。

4. 操作方法

(1) 在桌面上进行此项工作，将教具取来放在桌面上，介绍工作名称。

(2) 教师将青蛙的骨骼放在桌子中部，请幼儿观察。请幼儿猜一猜这是什么动物的骨骼。教师确认是青蛙的骨骼。教师介绍："这是青蛙的头部，头部的骨骼叫作头骨，青蛙背部的大的骨骼叫作脊椎骨，青蛙前爪的骨骼叫作指骨，后爪的骨骼叫作趾骨，我们来看一看青蛙头部后面的两片骨头，它们叫作肩胛骨。"教师一边介绍一边向幼儿出示字卡。

(3) 教师将图片放在桌子的左侧，请幼儿按照青蛙骨骼的名称找到相应的字卡："请告诉老师，这是什么骨？它的字卡在哪里呢？"

(4) 根据字卡说出骨骼名称，找到青蛙骨骼的位置，并重复练习。

(5) 将教具归位。

5. 变化与延展

认识其他动物的骨骼。

(十二) 认识胎生动物与卵生动物

1. 教具构成

猪的成长史图片、鸡的成长史图片。

2. 适用年龄

4岁。

3. 工作目的

(1) 了解胎生动物和卵生动物的区别。

(2) 认识动物的不同繁殖方式。

4. 操作方法

(1) 教师将教具取来放在工作毯上，介绍工作名称。

(2) 取出猪的生长史图片，请幼儿辨认图片上的动物。引出动物的繁殖方式讨论。教师提示："小朋友们请想一想小猪是从哪里来的呢？是猪妈妈生出来的吗？"教师引导幼儿观察图片上的内容，用语言叙述胎生动物的生长过程："小猪是从猪妈妈的肚子里生出来的，刚生出来的小猪很小，眼睛还没有睁开，过一段时间后小猪就会自己睁开眼睛，然后学会走路了，小猪吃妈妈的奶一天天长大，等小猪长大以后就不用再吃猪妈妈的奶了，它们可以吃蔬菜和青草了，慢慢地就长成和猪妈妈一样的大猪了。"教师继续提示："小朋友们，像小猪这样从妈妈的肚子里生出来的，小时候要吃妈妈的奶长大的动物，我们叫它胎生动物。"请幼儿说一说还有什么动物是胎生动物。

(3) 将小鸡的生长史图片呈现给孩子。请幼儿思考："小鸡是从哪里来的呢？为什么鸡妈妈有时候要坐在鸡蛋上面呢？"向幼儿介绍："小鸡是鸡妈妈从蛋壳里孵出来的。小鸡在蛋壳里面把蛋壳啄碎了钻出来就是这个样子的。"指小鸡出壳后的图片给幼儿看。"在太阳底下晒一会儿小鸡身上的毛就被晒干了，小鸡饿了就会自己吃小米和虫子，然后慢慢就长大了。"教师总结："像小鸡这样，从蛋壳里面孵化出来的动物，我们叫它卵生动物。"请幼儿想一想还有什么动物是卵生动物。

(4) 将教具归位。

5. 变化与延展

(1) 认识更多动物的繁殖方式(恐龙、鱼、蛇、蚂蚁等)。

(2) 根据繁殖方式不同为动物分类。

二、科学实验

(一) 沉浮实验

1. 教具构成

塑料水盆、防水围裙、橡皮泥、塑料玩具、泡沫块、玻璃球、火柴、海绵、2个小筐等。

2. 适用年龄

3.5岁以上。

3. 工作目的

(1) 认识有的物体能浮在水面，有的物体会沉到水中。

(2) 体验玩水的快乐。

4. 操作方法

(1) 教师介绍今天的展示是沉浮实验。展示工作在小桌子上进行。

(2) 请小朋友去取水。

(3) 教师出示材料，请幼儿一一辨别。

(4) 教师提示：这些物品放进水里之后，有的会下沉，有的会上升，请小朋友们仔细观察。

(5) 教师轻轻地把选择的物品放在水面上，请小朋友们观察，教师语言提示："浮起来了""沉下去了"。

(6) 请幼儿尝试，观察的同时，说："浮(沉)上来(下去)了。"

(7) 将浮起来的物品和沉下去的物品分类，放在不同的小筐子里。

(8) 收回工作：先把材料一一拿起，用海绵擦干放回托盘，再用海绵清理洒出的水和手上的水，把托盘放回。

5. 变化与延展

根据幼儿兴趣，教师在幼儿自由工作之后组织集体活动，把幼儿分组，每组一个塑料水盆，请幼儿用橡皮泥捏成不同的形状放在水面上，观察沉浮现象。

(二) 水的形状与颜色

1. 教具构成

各种形状的透明玻璃容器、颜料、水、透明玻璃杯(上有红色控制线)、水壶、滴管、色板(每名幼儿一个)、防水围裙、海绵。

2. 适用年龄

3.5岁以上。

3. 工作目的

(1) 认识水是没有颜色的，是透明的液体。

(2) 培养观察和理解能力。

4. 操作方法

(1) 教师介绍今天的活动，请小朋友们说说水是什么样子的。

(2) 教师摆小桌子，请小朋友们用水壶去取水(配班教师观察指导)。

(3) 引入：水有没有形状呢？

(4) 展示实验：教师出示各种形状的容器，请小朋友们观察把水倒入一个容器中，滴一滴颜料，轻轻搅拌，请小朋友们观察水现在的颜色和形状。

(5) 请幼儿思考：为什么分别将不同颜色的颜料滴进水里，水就会变成相应的颜色？水是什么颜色的呢？

(6) 把好看的水倒入另外的容器，观察现在的形状。

(7) 依次倒入不同形状的容器，观察并小结：水没有固定的形状，会随容器形状的变化而变化。

(8) 总结：水是没有固定形状、没有颜色的透明的液体。

(三) 玩沙子(溶解)

1. 教具构成

沙子、砂糖、洗衣粉、石子、托盘、水、透明容器(玻璃杯)、搅拌棒、模型。

2. 适用年龄

3岁以上。

3. 工作目的

(1) 观察溶解现象，并知道沙子是不溶解于水的。

(2) 培养幼儿的观察能力。

4. 操作方法

(1) 在桌面上进行此项活动。

(2) 教师把教具放在托盘中，再轻轻地放在桌面的中部，介绍新的展示工作，并重点提示沙子、糖等材料名称。

(3) 教师往杯中倒入糖和水，用搅拌棒慢慢搅拌，请幼儿观察什么不见了，并伴随语言提示："糖溶解了。"

(4) 同样在杯中加入沙和水，用搅拌棒慢慢搅拌，请幼儿观察并大胆口述。

(5) 教师小结：沙子没溶解，并请幼儿观察杯底沉淀。

(6) 依次示范其他物品放在水中的状况，并总结哪些物品是可以溶解的，哪些是不可以溶解的。

(7) 请幼儿练习操作，反复操作后收回教具。

5. 变化与延展

教师还可以准备蜂蜜、油、奶粉、冰糖块以及各种果粉、小肥皂块、橡皮泥等物品放在水中观察变化。

(四) 认识火的用途

1. 教具构成

火的图片、火的用途图片。

2. 适用年龄

3.5岁以上。

3. 工作目的

了解火的用途。

4. 操作方法

(1) 教师铺好工作毯，将教具取来放在工作毯上，宣布活动名称。

(2) 教师取出火的图片，介绍："这是我们生活中常用到的火。小朋友们说一说火都有什么用途？"

(3) 请幼儿发表自己的看法，教师总结，同时出示火的用途图片："火可以照明，可以取暖，可以做饭烧水，传递信息，火还能烧制瓷器。"

(4) 请不同的幼儿分别描述火的用途，并说出在哪些地方用得到火。反复练习。

(5) 教师宣布结束活动。

5. 变化与延展

制作水的用途的卡片，向幼儿介绍水的用途。

6. 注意事项

教师可以根据幼儿兴趣，将火的用途和水的用途在一次活动中进行。

(五) 空气的存在(气球涨气)

1. 教具构成

一个瓶口套有气球的透明矿泉水瓶。

2. 适用年龄

4岁以上。

3. 工作目的

(1) 认识空气的存在。

(2) 培养积极探索的精神，增强对科学的兴趣。

4. 操作方法

(1) 在桌面上进行此项工作，将教具取来，教师介绍："今天我们来做空气的存在性实验。"

(2) 教师展示教具，请幼儿观察瓶子里有什么，气球是什么状态的。请幼儿思考：如果用力捏瓶身，会发生什么现象？

(3) 将瓶子垂直竖起，快速地捏瓶身，气球会一下子直立起来，瓶子变瘪了，请幼儿摸一摸，捏一捏气球，感觉里面是充满的、有力的。

(4) 请幼儿思考：什么到了气球里，使气球胀起来了？

(5) 及时小结：瓶子里不是空的，里面充满了空气，空气跑到了气球里，气球就胀起来了。

(6) 请幼儿参与工作，反复操作后将教具归位。

5. 变化与延展

教师可以组织幼儿进行"把风装进袋子里"的活动。用透明塑料袋装空气，请幼儿观察，塑料袋中好像什么都没有，但是却鼓鼓的，说明里面充满了空气。

6. 注意事项

教师可准备更多的透明塑料瓶和气球，请幼儿自制这种教具。

(六) 磁铁的魔力之有磁性的铁

1. 适合范围

三岁以上的儿童。

2. 教具构成

(1) 工作毯。

(2) 磁铁。

(3) 神秘袋(里面有被吸和不被吸的东西若干)。

(4) "有磁性"和"无磁性"字卡各一张。

(5) 托盘一个。

3. 基本操作

(1) 先打开工作毯，教师拿住磁铁，让孩子从神秘袋里一一拿出物体，靠近磁铁，孩子会感觉手里的东西有的没反应，有的像有一种力量在拉动(磁力)。

(2) 把字卡"有磁性""无磁性"分别摆在工作毯上方，将物品分成两类成竖列摆放，能吸住就放在字卡"有磁性"下面、不能被吸的就放在字卡"无磁性"下面。

(3) 与孩子讨论为什么有的物品能被吸，而有的却不能，鼓励孩子说出被吸的物品的特征，反复实验。

(七) 磁铁的魔力之拉力

1. 适合范围

3岁以上的儿童。

2. 教具构成

磁铁、曲别针、纸张。

3. 基本操作

(1) 向孩子们介绍实验材料。

(2) 让孩子们试着用磁铁吸起曲别针。

(3) 在曲别针上放上纸，再尝试用磁铁把它吸起，慢慢增加纸张，看看能加到多少。

(4) 与孩子们一起讨论：磁铁的力量有多大？

(八) 磁铁的魔力之磁极

1. 适合范围

3岁以上的儿童。

2. 教具构成

两块马蹄形磁铁、N极和S极标签卡。

3. 工作目的

(1) 增加孩子们对磁力的兴趣，让孩子们了解磁铁的特性(吸引力、穿透力、传导性)。

(2) 培养动手能力，培养观察能力及科学探索精神。

4. 基本操作

(1) 向孩子们介绍实验材料。

(2) 指一块磁铁中的两极，分别介绍名称。

(3) 把两块马蹄形磁铁两极相对放在一起，观察磁铁的现象：有时能紧紧地吸在一起，有时却不管怎么样也无法靠近，好像有一种无形的力量隔在中间。

(4) 反复尝试，让孩子们感受磁铁两极的特点。

5. 变化与延展

(1) 在纸上画上图形，把铁质物品放在图形上，把大磁铁放在纸下，让铁质物品沿着图形移动，让孩子感觉磁铁的穿透力。

(2) 传导性：

① 开火车的游戏：大磁铁做火车头，然后一个铁片连着一个铁片。

② 用铁片先吸回形针，没反应，把铁片拿到磁铁上磨一磨，再吸回形针，短时间内就能吸住。

③ 用磁铁尝试吸生活中的各类物品。

6. 兴趣点

物体被磁铁吸引的现象。

(九) 摩擦起电

1. 教具构成

塑料筷子、塑料梳子、丝绸、小的泡沫屑或碎纸片、木筷子、铅笔。

2. 适用年龄

4岁。

3. 工作目的

(1) 初步感知摩擦起电的现象。

(2) 培养科学探索的精神。

4. 操作方法

(1) 教师铺好工作毯，将教具取来放在工作毯上。

(2) 教师将教具整齐地摆放在工作毯的中部。示范用梳子梳头发，反复梳几次，将梳子的一端放在泡沫屑上方，请幼儿观察发生了什么现象。

(3) 将塑料筷子裹在丝绸里摩擦数次，将筷子的一端放在纸屑或泡沫的上方，请幼儿观察发生了什么现象。

(4) 请幼儿尝试。

(5) 总结：在摩擦的过程中产生了电，才能将纸屑吸起来，这就是摩擦起电。

(6) 请幼儿尝试用木梳和铅笔摩擦，看能不能起电。总结：并不是所有的物体相互摩擦都能起电。

(十) 三原色的变化

1. 教具构成

红、黄、蓝的染料各1支，调色笔1支，涮笔缸1个，调色盘2个。

2. 适用年龄

5岁。

3. 工作目的

认识三原色的变化及颜色的形成。

4. 操作方法

(1) 在桌面上进行此项工作，将教具取来放在桌面上，介绍工作名称。

(2) 将调色板拿到面前，将三原色的颜料挤出适量，分开挤在1个调色盘里。请幼儿说出看到的颜色，将颜料和挤出的颜料一一对应放好。

(3) 取调色毛笔在涮笔缸中浸湿，提示："现在我要把两种颜色调在一起，想一想会怎么样呢？"挤出红色的染料和蓝色的染料，用毛笔将两种颜料调和均匀，请幼儿观察颜色的变化，得到紫色。将毛笔涮干净。

(4) 将红色和黄色挤在一起，调和均匀，请幼儿观察颜色的变化，得到橙色。将毛笔涮干净。

(5) 将黄色和蓝色调和在一起，得到绿色。

(6) 请幼儿尝试将颜料两两调和在一起，观察颜色的变化。

(7) 反复练习后将教具归位。

5. 注意事项

(1) 教师可制作三原色变化的示意图，给幼儿更直观的印象。

(2) 三个圆形中都有相应的颜色填充在相交的部分，填充相应的混合后的颜色。

三、地理学

(一) 认识四季

1. 教具构成

春、夏、秋、冬四季的景象图片，每个季节3张左右，其中本季节的图片要非常明显，与室外的景象符合。

2. 适用年龄

3.5岁。

3. 工作目的

(1) 了解一年分为四季，每个季节都有不同的景象。

(2) 培养时间观念。

4. 操作过程

(1) 教师示范：将一组四季图片放在工作毯的上方，请幼儿选出哪张图片上的景象和现在室外的景象是一样的。提示这张图片上的景象是某季节的景象。

(2) 请幼儿看一看其他几张图片上的景象和这张上面的有什么不同，描述图片上的景象。

(3) 向幼儿介绍一年有四个季节，分别是春、夏、秋、冬，并结合图片介绍：春是暖融融的，是万物复苏的季节，小草和庄稼都发芽了，树木枝头也有了绿色的小芽，春天的颜色像淡淡的绿色；夏是炎热的，人们穿的衣服都很少，夏天的树木呢，也都长着茂盛的叶子，夏天的颜色好像叶子的深绿；秋天是成熟的季节，庄稼都成熟了，农民伯伯在地里忙着收庄稼，秋天的叶子开始变黄，秋天的颜色是金黄的；冬天的北方会下雪，很冷，人们都穿起了很厚的衣服。

(4) 出示其他2组图片，请幼儿找出哪些是春天的景象，哪些是夏天的景象，哪些是秋天的景象，哪些是冬天的景象，把同一个季节的图片放在一起。

(5) 将教具归位。

5. 变化与延展

(1) 了解不同季节开放的花。

(2) 了解不同季节穿着的衣服类型。

(3) 了解不同季节收获的庄稼。

(二) 认识不同的民族

1. 教具构成

民族服饰图片，民族名称三步卡(藏族、朝鲜族、蒙古族、傣族)。

2. 适用年龄

5岁。

3. 工作目的

(1) 了解不同的民族，认识不同的民族服装。

(2) 增长见闻，丰富知识。

4. 操作方法

(1) 教师将不同民族的第一步卡整齐地摆放在工作毯的中部，请幼儿注意图片上人物的穿着，一一介绍："这是傣族"，等等。告诉幼儿世界上有很多民族，有的民族人很少，我们就叫它少数民族，刚刚介绍的这几个民族就是少数民族。我国是一个多民族国家，是由汉族和55个少数民族共同组成的。

(2) 教师出示第二步卡，一一摆放在工作毯的左侧，请幼儿照着第一步卡找到相应的第二步卡进行配对。

(3) 教师找出第三步卡，一一摆放在工作毯的左侧，请幼儿为第二步卡配上相应的名称卡片，用第一步卡修正，反复练习后将教具归位。

5. 变化与延展

(1) 认识更多的民族服饰。

(2) 进行民族与所在地区的配对。

(三) 世界七大洲嵌板

1. 教具构成

地球仪、世界地图嵌板、橘子、水果刀。

2. 适用年龄

5岁以上。

3. 工作目的

认识世界的大洲，有基本的世界概念。

4. 操作方法

(1) 在桌面上进行此项工作，将教具取来，介绍工作名称。

(2) 教师取来地球仪向幼儿介绍："这是地球仪，我们就住在地球上，地球是一个球体。我们一起来找一找我们的祖国在哪里。"和幼儿一起找到中国在地球上的位置。

(3) 教师将世界地图嵌板放在幼儿面前，向幼儿介绍："这是世界地图嵌板，地球仪上的地方都能在这里找到。"

(4) 教师拿出橘子，请幼儿观察橘子的形状，就像圆圆的地球。教师使用水果刀在橘皮上平均画8条线，然后在橘子的中间垂直于这8条线画一圈，将橘皮左右分开。把橘皮从橘子上剥下来，分别整理成两个圆形放在世界地图嵌板的两个半球上。引导幼儿将球形的地球仪与世界地图嵌板联系起来。

(5) 教师提示："我们来看看地球上都有哪些大洲？"向幼儿依次介绍北美洲、南美洲、南极洲、欧洲、亚洲、非洲、大洋洲。边介绍边将嵌板取出放在桌面上。

(6) 教师示范将7大洲嵌板放回。

(7) 指导幼儿一起收回教具，放回玩具架。

5. 变化与延展

教师可根据幼儿兴趣，组织描绘各大洲轮廓的工作，或者设计7大洲的三步卡请幼儿进行配对。

(四) 认识中国

1. 教具构成

中国地图嵌板、字卡。

2. 适用年龄

5岁以上。

3. 工作目的

(1) 了解中国的行政区域。

(2) 了解自己所在的省市。

4. 操作方法

(1) 出示中国地图嵌板，示范找出中国的首都北京。

(2) 介绍中国的各省份，一一将嵌板取出整齐地摆放在工作毯上。

(3) 教师示范按照从北到南的顺序将嵌板放回底座上。

(4) 请幼儿参与操作，反复练习。

5. 变化与延展

(1) 制作地图小书(中国)。

(2) 认识各个省的省会城市。

(3) 了解各省区在空间位置上的关系。

(五) 院子里的东南西北

1. 适合范围

学习过查看地图的儿童。

2. 教具构成

东、西、南、北的指示牌。

3. 工作目的

(1) 认识东、西、南、北方向。

(2) 为认识地图做准备。

4. 基本操作

(1) 本课时需要太阳在东方时进行。

(2) 请孩子们观察太阳，问他们都看到了什么。

(3) 引导："太阳在哪个位置?"并特别说明太阳与幼儿园视野范围内建筑物的位置关系。

(4) 中午和下午各重复一次。

(5) 第二天，重复前一天的练习："谁能说出太阳在天空中的变化地规律？"引导孩子们认识一天中太阳在天空中的位置是不同的，而且有规律地变化着。

(6) 第三天，教师带着东、西、南、北的指示牌到操场上："我们已经观察了天空中的太阳，发现太阳始终从天空中相同的地方升起，并在相同的地方落下。"

(7) "早上我们看到的太阳在哪？"

(8) "每天早上我们看到太阳在哪里？那是它升起的方向，人们命名为'东方'。这是东方的指示牌，我们把它放在院子里东边的位置。"

(9) "傍晚我们看到的太阳在哪？"

(10) "每天傍晚我们看到太阳在哪里？那是它落下的方向，人们命名为'西方'。这是西方的指示牌，我们把它放在院子西边位置。"

(11) 如果已经学过左和右，可以在这里用来介绍南和北。

(12) "还有两个方向是人们常用到的，让我们站起来，向东方伸出右手，向西方伸出左手，我们现在面对的方向被称为'北方'，而背对的方向被称为'南方'。"

(13) 拿出"北"和"南"的指示牌把它们放在院子里相应的位置上。

(14) 整理教具并归位。

5. 语言

东(east)、西(west)、南(south)、北(north)。

6. 错误控制

太阳和教师。

(六) 认识地球仪

1. 适合范围

学习过陆地、空气、水的儿童。

2. 教具构成

(1) 一个装有土壤的褐色瓶子。

(2) 一个装有水的蓝色瓶子。

(3) 一个空的白色瓶子。

(4) 手的缩微图。

(5) 地球仪。

(6) 地球、洲、洋的标签。

3. 工作目的

(1) 了解构成地球的基本地形——陆地和水，认识和使用地球仪。

(2) 初步认识洲和洋，为下一步学习地理做好准备。

4. 基本操作

(1) 教师分别把装有土壤、水、空气的三个瓶子放到孩子面前。

(2) 引导："小朋友，你们说这些瓶子里都有什么？"

(3) "这三个瓶子里有土壤、空气和水。"

(4) 把以上材料放在一边。

(5)"今天我们来观察一下我们赖以生存的地球。"

(6)讨论"地球"这个词的意思。

(7)"我们所看到的陆地和水都只是地球的外部，而且看到的仅仅是地球的一小部分。那么我们怎样才能看到整个地球呢？"

(8)请孩子进行讨论。

(9)"我们可以开车围绕它跑，还可以乘坐飞机围绕它飞，这样做可以看到地球更多部分，但是仍不能看到全部地球。地球太大了，在现实中，我们不可能看到它的全貌。"

(10)出示手的缩微图："画手的轮廓时，我们把它缩小，这样就能够画在小纸上。"

(11)把地球仪放到孩子面前："如果我们想一次看到整个地球，就可以按照它的样子把它缩小，制作成一个模型，这样就能看到全部了。"

(12)教师指着地球仪："这叫地球仪，它不是真实的地球，只是地球的一个模型，当我们转动地球仪时，我们能看到地球的各个部分。"

(13)教师转动地球仪并请孩子进行观察。

(14)教师问："你们看到了什么？"鼓励孩子讨论他们所观察到的东西。

(15)引导："你们知道这些蓝色的区域在地球仪上代表什么吗？"

(16)教师用蓝色瓶子里的水做提示，引导孩子。

(17)"地球仪上的蓝色区域代表的是水。"

(18)提问："你们说这些褐色的区域在地球仪上代表什么呢？"

(19)用装有土壤的褐色瓶子引导："褐色的区域在地球仪上代表陆地。"

(20)"虽然我们看不到，但地球的四周都被空气包围着。"用空气的白色瓶子做提示。

(21)"地球上有广阔的陆地，我们给每一片陆地起一个名字——洲。"

(22)"请小朋友指出一个洲。"

(23)让每个孩子分别指出一个洲。注意：成片的陆地被称为洲，欧洲和亚洲是一片大陆，但由于政治和文化的原因，它们被分为两个洲。

(24)复习："一片大的陆地叫什么？"

(25)讲解："一片大的陆地叫作洲。"

(26)"同样我们给一大片水的区域起一个特殊的名字——洋。"

(27)教师说："请你们指出一个洋。"让所有孩子进行练习。

(28)复习："一大片区域的水叫什么？"

(29)讲解："一大片区域的水叫作洋。"

(30)如果孩子能够阅读，发"地球""洲""洋"的标签，让他们配对。

(31)告诉孩子，地球仪会放在地理架上供他们随时使用。

(32)整理教具并归位。

5.语言

地球仪(globe)、洲(continent)、洋(ocean)。

四、天文学：八大行星嵌板

太阳系中以前总共有九大行星，在2006年的第26届国际天文学联合大会上，科学家一致通过将冥王星降级成矮行星。所以九大行星已经正式走入历史，现在是八大行星，它们是：水星、金星、地球、火星、木星、土星、天王星、海王星。除了这些较大的行星之外，太阳系中还有许多较小的行星。

1. 适合范围

3岁以上的儿童。

2. 教具构成

(1) 八大行星嵌板。

(2) 八大行星标签。

3. 基本操作

(1) 将八大行星嵌板放在工作毯上，说："今天我们要学习太阳系，太阳系里除了太阳之外，还有许多行星，其中比较大的有八个。"

(2) "小朋友们，看这个外面有光芒的红色星球，它是什么星啊？"

(3) "是太阳，太阳是不动的，这八大行星围绕着太阳，沿着自己的轨道不停地转，离它最近的蓝星球是水星，接下来绿色的是金星，黑色的是我们人类居住的地球，旁边黄色的是月亮，它总是绕着地球转，不在八大行星之列。这个小的红色的星球是火星，这个最大的红星球是木星，橘黄色的是土星，这个浅绿色的是天王星，灰色的是海王星。"

(4) 将嵌板里所有的球体拿出来，并在其下方排成一横排。

(5) 教师讲行星的小故事：

① 太阳：八大行星、小行星带、彗星和其他星体都围着我旋转，我是黄色的，由非常非常热的等离子体组成。

② 水星：我是距离太阳最近的行星，也是最热、最小的行星，我是干燥的，没有大气层，我叫"赫尔墨斯"，是众神的使者的意思。

③ 金星：我是距离太阳第二近的行星，长得最像地球，大小和地球相当，我的外围有云包围着，在太阳出来前和下山后可以在天空中看到我，所以我又叫启明星或长庚星，我叫"维纳斯"，是爱神的意思。

④ 地球：我是距离太阳第三远的行星，你们住在我上面，我有卫星——月球，从天空中看我，我像闪亮的蓝色宝珠，目前还是唯一住有生命的行星。

⑤ 月球：我的英文名字是"罗马女神"。

⑥ 火星：我有两颗卫星，我是红色的，我叫"玛尔斯"，是罗马战神。

⑦ 木星：我是最大的行星，我的质量是所有行星之和的两倍，大到足以成为一个恒星，我还有一个神秘的大红点。我叫宙斯，是"众神之王"的意思，我有许多卫星，在我的卫星中，有的表面很凉爽，你可以到那里去旅行。

⑧ 土星：我有许多卫星，我有美丽的光环，一些人称我为"耳朵"的行星，我是红、黄色的，在我的表面有许多风暴。

⑨ 天王星：我是太阳的第七颗行星，我是第三大行星，你必须用望远镜才能看得见我，科学家在我周围发现了很微弱的光环，我的英文名字是"宙斯之子"。

⑩ 海王星：我是一颗冷行星，我是绿色的，我的英文名字是"罗马海神"，我有八个卫星。

(6) 拿八大行星的标签出来，让孩子进行配对。

(7) 整理教具归位。

4. 变化与延展

(1) 利用八大行星嵌板，描出八大行星的轮廓并涂色。

(2) 创编八大行星儿歌，套用"小星星"的旋律。

(3) 用各种材料(橡皮泥、皱纹纸、一次性餐盘、水彩笔等)制作太阳系。

第十一章

语言教育课程及教具操作

【蒙氏格言】

1. 语言是儿童获得的最早能力之一，且将成为儿童在他未来的进步与发展中影响最大的助力。

2. 成人想要学一门新语言的话，就一定会带有外国人说话时不完善的口音。只有七岁以下的儿童可以同时学习几门语言，并且接受和重视所有的腔调和发音的方式。

第一节　蒙台梭利语言教育课程概述

幼儿期是语言发展的关键期，也是一生中语言能力发展最迅速的时期。因此，幼儿期的语言教育对其一生的语言发展都有着重要的影响。语言的发展又与儿童的智力、社会性与个性的发展息息相关，所以加强幼儿语言能力的培养是家长和教师，乃至全社会的长期任务。蒙台梭利语言教育具有相当重要的地位，应贯穿在人的终身教育中，起点是胎儿期，即在人生的起点，语言教育就应该开始。我们在本节内容中会对蒙台梭利语言教育有个概括性的了解。

一、语言教育对儿童的意义

幼儿期是人们语言发展的重要时期，语言是人类的重要交际工具，在学前教育中进行语言教育极为重要。心理学家和心理语言学家通过研究分析发现，幼儿的学前时期是语言发展的关键时期，在学前教育中进行语言教育可以促进幼儿语言能力的提高，而语言教育也会促进儿童以下各方面的发展。

1. 提高幼儿的认知能力

语言的学习在很大程度上可以辅助幼儿认知能力的提高，作为交际的重要工具，语言可以作为一种符号代表一定的事物。通过学前教育中的语言教育，幼儿可以第一时间接触到许多语言资料，这些资料也是获取知识的来源。从某种程度上来讲，语言学习的过程也是幼儿接触和理解知识的过程。通过语言教育幼儿可以将身边接触的事物名称通过语言表达出来，通过语言教育幼儿可以运用语言描述事物的特征，这对于幼儿对事物的理解有重要作用。与此同时幼儿还可以通过语言教育辨别事物的不同特征，加深对事物特征的理解。

2. 促进幼儿语言发展

学前教育中的语言教育的主要目的在于促进幼儿语言能力的发展，由于学前教育是幼儿语言发展的重要阶段，切不可错过这个最佳阶段，否则阻碍了幼儿的语言发展。幼儿在学前教育阶段通过阅读、交往等能力培养，可以促进幼儿语言的全面的发展。

3. 提高幼儿的智力水平

语言作为学习的工具，可以辅助人们智力的发展。因此，在学前进行语言教育对于幼儿智力的提高也有很重要的作用。通过语言教育幼儿可以获得更多的知识信息，这不是其他方式所能替代的。因此，学前教育需要将培养幼儿的语言能力作为重要内容，以提高幼儿的语言能力来提高幼儿的智力水平。

4. 提高幼儿的社会交往能力

现代社会经济高速发展，人们的交往日益频繁，语言运用能力的重要性明显增强。它要求社会成员有较高的口语水平，能在众人面前，用清晰、简洁的语言表达自己的观点，能够适应语言传递现代化技术的要求。这种能力必须从小培养，通过正确、有效的语言教育使幼儿尽快地从用表情、动作与周围人交往，进而用口语与周围人交往，学会用语言表达自己的思想情感，喜欢与人交际，并具有一定的交际能力，以促进社会性发展。

二、蒙台梭利语言敏感期理论

蒙台梭利认为敏感期是一种与成长密切相关的现象并和一定的年龄相适应，它只持续一段短暂的时期，只要消失就永远不可能重新出现。因此，蒙台梭利认为如果不能有效地利用敏感期而虚度这一时光，宝贵的敏感期就会在未成熟的状态下稍纵即逝，造成儿童发展方面的种种障碍，使其无法达到完全的发展。蒙台梭利对敏感期的教育价值给予了极大的重视，蒙台梭利认为儿童发展的各种敏感期与儿童的智力发展有密切关系。

蒙台梭利认为儿童知识的增长不是随年龄增长而以一定速度增加，实际上儿童知识的增加并非随年月日成正比地直线发展，它有时突然呈爆发状态急剧发展，有时呈相对停滞状态缓慢地发展。另外把敏感期的出现仅仅看成与年龄增长有关的现象也是不正确的，实际上敏感期的出现对于同一年龄的儿童来说也存在个别差异，因此蒙台梭利主张不应要求教师按照安排好了的教学计划将预定的内容在预定的时间内强塞给儿童，而是应该开发更有效、更有趣并适合儿童敏感期特点的学习内容和学习速度，不应要求教师按同样的标准要求所有的孩子而是应该以每个儿童自发的学习为中心，重视每个孩子的个性特征，重视对每个孩子的个别辅导。

在蒙台梭利眼中环境是一个重要的因素，是儿童心理发展的必要条件。在敏感期内只要环境与儿童对某种敏感事物的要求协同一致，该种能力就会自然地完美地发展，而如果环境与儿童对某种敏感事物的要求相背离，该种能力就不会得到良好的发展，蒙台梭利要求教育工作者要善于辨别环境是否适应了某种敏感能力的要求，从而更有效地利用各种敏感期。蒙台梭利对儿童心理发展过程中的各种敏感期及其呈现和延续的时间进行了充分的研究，她认为儿童各种敏感期的出现具有一定的顺序性和延续性，儿童就是通过经历一个又一个敏感期不断得到发展的。

蒙台梭利认为语言的敏感期是从出生后 2 个月开始到6岁，其中1～3岁是语言敏感期的高峰时期。儿童在学习语言的过程中先是对人的声音感兴趣，在感受声音的基础上，对词，然后对复杂的语法结构产生兴趣，也就是说在这一敏感期内孩子都经历咿呀学语、说出单词、将两个以上单词组成句子的阶段。后来进步到模仿更复杂的句子结构的阶段，最后学习和掌握复杂的语法形式和谈话技巧。

蒙台梭利关于儿童语言敏感期的理论也解释了儿童语言发展中的"爆发现象"。在儿童语言的发展中，我们经常能够看到儿童总是在某一时期突然就能够准确说出许多词汇，这就让成人常常觉得不可思议。对于大多数儿童来说，这都发生在他们满两周岁的时候。两周岁后，儿童运用句子的能力快速增长，并能把一些新学的词汇进行有序的排列，此时的孩子已经掌握了运用句法的能力。儿童现在已经建立了自己种族所特有的心理结构和语言表达机制。这种能力同时从无意识的状态过渡到了有意识状态。完全具有语言能力的儿童现在已经开始不停地说话了。

三、蒙台梭利语言教育的原则

1. 自然发展原则

蒙台梭利认为：生命的发展是自然而然的发展，这种发展不是随意的，而是由小到大，由简单到复杂，充满秩序与规律。自然犹如人内在的导师，告诉我们成长的逻辑与限制，使无助的幼体充满生长的潜能与创造的敏感力，使儿童能通过自然法则的导引而适应其生存的世界，培养其完美、正常的人格。自然为了语言的目的建立了感觉与运动两个中枢，并且分离了二者，使儿童能学习说话。儿童依自然而行动，自然指引儿童应遵循之路。

2. 尊重幼儿个性化原则

蒙台梭利教育理论的出发点在于实施个性化教育，我国《幼儿园教育指导纲要》也强调了"幼儿的语言学习具有个别化的特点，教师与幼儿的个别交流，幼儿之间的自由交谈等，对幼儿语言发展具有特殊意义"。这说明儿童语言发展既有人类语言的一般规律，又有非常明显的个别差异。蒙台梭利一再强调，幼儿教育要尊重幼儿个性需求，教师要注意观察、捕捉儿童语言的敏感期，注意观察、记录每一个孩子的语言情况，发现孩子语言发展的个体差异。因而我们要给每一个孩子提供个别需要的教育机会，依据每个孩子的发展需求，设计个性化的教育方案和学习内容，使每个孩子都能得到适宜的发展。

3. 情境性原则

蒙台梭利特别强调让孩子在真实的生活情境中学习。因此，教师要给幼儿提供一个自由、宽松、平等的积极应答互动的语言交流环境，也就是给幼儿创设可以帮助他们运用多种语言交流的情境。一方面，让幼儿学习在不同的语言情境中如何运用相应的语言交流方式来与人交往。另一方面，幼儿日常生活中的交往构成了真实而丰富的语言交往环境，幼儿可以有更多的机会与各种各样的人交往，扩展自己的语言经验。

4. 经验性原则

幼儿语言经验是获得语言发展的重要途径，帮助幼儿获得经验也是语言教育的目的之一。在蒙台梭利语言教育的过程中，教师给予儿童的内容要具有挑战性，要注意与旧经验的联结。比如开始"写"的时候，一定要先写孩子们认识的字，"读"的基础是孩子们对生活环境有了一定认知，掌握了一定的词汇。因为知识本身来源于经验，学习是一个建构的过程。所以我们在设计课程前，先要了解哪些内容是孩子已知的，哪些是孩子未知的，然后让孩子尽情地想象，充分地表达，分享他的个人经验。

5. 整合性原则

蒙台梭利教育充分尊重人类认知发展的规律，强调发展幼儿语言的重要途径，通过相互渗透的各领域的教育，使其五大教育领域的学习课程相互关联，相互促进，让幼儿在丰富多彩的工作活动中增加幼儿经验，创造语言发展的条件。幼儿语言教育应渗透在孩子日常生活的各个环节之中，渗透于所有的学习领域之中。

在组织语言教育活动中，应该注意整合原则。这主要包含两方面的含义：一是语言教育活动内容的整合性。如，把语言教育活动与其他各科内容进行整合，在选择语言教育活动内容时，把语言学习内容视为一个整体。二是语言教育活动形式的多样性。在语言教育活动的设计和组织中，教师应为幼儿创设具有真实语言运用机会的不同交流情境，使语言教育活动的过程成为教师和幼儿积极互动的过程。教师还应该注意把语言教育活动渗透到日常生活的各个环节中，帮助幼儿扩展自己的语言经验。如，春天到了，幼儿园内各种植物都发生了变化，户外活动时，让孩子们仔细看一看，找一找幼儿园发生了什么变化。让幼儿在观察中议论、想象，及时地用语言表达出来，在观察过程中，很自然地发展了幼儿的口语表达能力。

6. 家园共育原则

蒙台梭利认为，语言是出生后从环境中得来的，婴幼儿时期是语言发展的敏感期。在这一时期，如果成人能让孩子处在良好的语言环境之中，孩子便容易掌握某种语言。但语言的敏感期具有短暂性，如果错过了这一时期，它将不再回来。孩子从出生到进入幼儿园之前，全部的教育都在家庭中进行，进入幼儿园之后的教育，也是在家庭教育的基础上实施的。因此，家庭中的语言教育显得尤为重要。在蒙台梭利语言教育的过程中，教师应充分挖掘家长的教育资源，让家长在家庭中配合幼儿园开展丰富有趣的语言活动，使家庭、幼儿园的教育相融合，以促进幼儿语言的发展。

四、蒙台梭利语言教育的目标

蒙台梭利幼儿语言教育的目标是明确的，不仅包括培养幼儿语言听说读写能力，还包括对幼儿情感态度、思维方式、行为习惯、想象力的培养。蒙台梭利语言教育的真正目的在于：培养孩子成为具有深厚文化素养的人，推动人类文明的人，能够承担未来世界责任的人。蒙台梭利教育在我国的实施应该结合我国教育的实际情况，因此在语言教育的具体目标上可结合《幼儿园教育指导纲要》的精神。

幼儿园语言教育目标及教育要求

——摘自《幼儿园教育指导纲要》

语言——提高幼儿语言交往的积极性、发展语言能力

(一) 目标

1. 喜欢与人谈话、交流;

2. 注意倾听并能理解对方的话;

3. 能清楚地说出自己想说的事;

4. 喜欢听故事、看图书。

(二) 教育要求

1. 创造一个自由、宽松的语言交往环境,支持、鼓励、吸引幼儿与教师、同伴交谈,体验语言交流的乐趣;

2. 帮助幼儿养成注意倾听的习惯,发展语言理解能力;

3. 鼓励幼儿用清晰的语言表达自己的思想和感受,发展语言表达能力;

4. 教育幼儿使用礼貌语言与人交往,养成文明交往的习惯;

5. 引导幼儿接触优秀的儿童文学作品,使之感受语言的丰富和优美;

6. 培养幼儿对生活中常见的简单标记和文字符号的兴趣;

7. 利用图书和绘画,引发幼儿对阅读和书写的兴趣,培养阅读和书写技能;

8. 提供普通话的语言环境,帮助幼儿熟悉、听懂并学说普通话。少数民族地区还应帮助幼儿学习本民族语言。

五、蒙台梭利语言教育的内容

1. 听的练习

蒙台梭利语言教学倾听练习的目的就是让孩子们的听觉更加敏感,更加准确,这不仅为他们准确的表达能力打下基础,更有助于开发他们的智力。概括地讲蒙台梭利听力练习包括听觉专注练习、方位辨别练习、听力差异性练习、听力解析性练习、听力连接性练习、听力记忆性练习等。

2. 口语的练习

口语练习包括辨别语音的练习、朗读古诗、对答游戏、词语接龙、说反义词等,还有故事接龙、绕口令、看图说话、讲故事等练习。

3. 书写练习

这里所谓的书写并不是指成人那样的高级书写,将自己所要表达的意思或情感用文字表现出来,而是低级或初级的书写——运笔练习。开始的时候,可为幼儿安排书写涂鸦、制作"砂纸字母小书"等工作。如幼儿在制作小书的工作中用油画棒拓印出字幕图形时,可让他们更深切地感受握笔、运笔以及用笔画出各种线条的感觉,按一定顺序的描摹练

习，包括金属嵌图板的练习工作，能让孩子建立字幕符号视觉和肌肉感觉印象，以加强幼儿手部肌肉控制能力，对符号的肌肉记忆，为进入格式书写做充分的准备。

4. 阅读练习

阅读是伴随着语言交流开始的，从入园第一天开始，交流就应被视为教室生活的一部分，让孩子学会与成人交流、与同伴交流。阅读在蒙台梭利博士看来具有特别的意义，它要难于书写，因为它需要逻辑思维的参与，并且能促进逻辑思维的发展。蒙台梭利语言教育中的阅读不同于传统意义上的阅读，它不仅仅是一项技能，更是幼儿与新领域之间的对话。

第二节　蒙台梭利语言教育活动及教具操作

一、听的练习

(一) 安静游戏

1. 示范方式

个体、小组或团体示范。

2. 适用年龄

3～6岁。

3. 工作目的

(1) 培养听觉的专注力。

(2) 认识和感受时间。

4. 教具构成

有秒针转动时发出"滴答"声的计时器。

5. 基本操作

(1) 请小朋友们双手叉腰，闭上双眼，做几次深呼吸，让身体状态逐渐放松。

(2) 老师出示计时器，说明游戏规则："一会儿，我请大家都闭上眼睛，我们每个人都不要发出声音。当你们听到计时器的铃响，请睁开眼睛。"

(3) 请小朋友们闭上眼睛，整个环境安静下来后，老师给定时器设定时间(以2～3分钟为佳)。

(4) 铃响之后，小朋友们睁开双眼。老师提问："刚才你们闭上眼睛后，都听到什么声音啦？"请孩子们用完整的语句说出刚才听到的周围的声音。老师可以示范一下，如："我闭上眼睛的时候听到了计时器的秒针'滴答滴答'的转动声。"

6. 变化与延展

将计时器更换成其他乐器进行此类活动(如：听八音盒的声音)。

7. 有关说明

蒙台梭利博士最早进行安静游戏，是针对那些特殊儿童。方法是：蒙台梭利博士站在教室的后面，轻声地呼唤每个孩子的名字，当孩子听到自己的名字时，再轻轻地走到她那里去，站在她的身边。

后来，这项活动演变为：当孩子注意到老师举起写着"安静"的卡片时，虽然没有人提出来，但是整个教室都迅速安静下来。老师轻声呼唤每个孩子的名字，听到名字被叫的孩子都尽可能安静地走到老师那里去。

(二) 听指令、做动作

1. 示范方式

小组、团体示范。

2. 适用年龄

3～5岁。

3. 工作目的

(1) 培养听觉专注力、训练反应能力。

(2) 认识五官及身体各部分。

4. 教具构成

(1) 动作指令卡：写有动作指令的卡片。

(2) 儿歌卡及相关动作指令卡：(教具设计要与活动主题相关)本活动所选儿歌是《采蘑菇的小姑娘》，儿歌卡片上书写的内容是：采蘑菇的小姑娘背着一个大竹筐，清晨光着小脚丫，走遍森林和山冈，她采的蘑菇最多，多得像那星星数不清……相关动作指令卡的正面写有对孩子的要求，如："伸手采蘑菇"，背面画有与正面所述内容相符的图画。

5. 基本操作一

(1) 邀请一组小朋友围坐在室内地板的走线上。

(2) 老师要重视孩子们对身体部分的认识能力，进行难度调节。有必要的话，老师边发出指令，边示范。

(3) 老师逐一发出动作指令，如："请摸摸你的头"，"请摸摸你的肩膀"，"请指一指眼睛(耳朵、鼻子、嘴巴)在哪里"，请孩子按照指令指示身体相应位置。

(4) 等孩子熟悉活动后，老师可变换指令和方式，增加难度与趣味性。如根据指令做相反动作的游戏。如指令是"起立"，孩子需"坐下"。指令是"拍手"，孩子则"跺脚"等。

(5) 请一位小朋友发出指令，其他小朋友做动作。

6. 基本操作二

(1) 根据动作指令卡做动作：请幼儿随意抽取一张指令卡，由教师读出指令，请小朋友根据卡片上的指令完成相应动作。

指令卡1："请原地跳一下"。

指令卡2："轻拍三下手"。

指令卡3："请把托盘拿给我"。

(2) 根据儿歌卡做听指令做动作的活动：

准备《采蘑菇的小姑娘》的儿歌卡及相关动作指令卡。请小朋友手拉手围成一个圆圈按一定方向走，边走边唱儿歌："采蘑菇的小姑娘背着一个大竹筐，清晨光着小脚丫，走遍森林和山冈，她采的蘑菇最多，多得像那星星数不清……"唱完一遍后，老师拿出一个动作指令卡，请一位幼儿做动作，拿出第二个指令卡，依次进行。

7. 注意事项

(1) 可请各位小朋友互相帮助完成活动，锻炼孩子的协作能力。

(2) 在发出指令让孩子做动作时，应注意安全，防止孩子间做打斗的动作。

(三) 寻声游戏

1. 示范方式

小组团体示范。

2. 适用年龄

3.5～5岁。

3. 教具构成

眼罩。

4. 工作目的

(1) 锻炼幼儿用听觉辨别声音方位的能力。

(2) 提高幼儿的专注力、思考力及反应能力。

5. 基本操作

(1) 邀请一位小朋友戴上眼罩，请其他小朋友站在走线上，围成一个圈将他围在其中。

(2) 小朋友们围绕着"×××小朋友"在圆圈上朝一个方向走，边走边说："×××蒙上眼喽，谁也看不见了，我们和他捉迷藏，请他猜猜我们在哪里！"

(3) 转圈的小朋友说完要立刻蹲下，老师即时指定一位小朋友，让他说"×××！"请"×××"指出声音传来的方向，并顺声跑过去找出发出声音的人。

(4) 请小朋友轮流扮演戴眼罩者，反复进行游戏，直到他们对游戏失去兴趣。

6. 变化与延展

(1) 当"×××"小朋友朝声音传来的方向走过去时，请其他小朋友做拍手的动作，他离发出声音的小朋友越近，大家拍手的声音要越轻，离发声者越远，大家拍手的声音要越重。"×××"小朋友可参考大家拍手的声音判断声音传来的方向。

(2) 请小朋友们持多件相同的乐器围成一圈，另外一位小朋友戴上眼罩站在圈中，老师请站在不同方位的小朋友奏响乐器(每次只请一位)，请戴眼罩的人辨别音响的方向。

7. 注意事项

(1) 开展活动的时候，要避免不安全的因素，以免"戴眼罩者"被绊倒。

(2) 每轮活动只请一位小朋友呼叫戴眼罩者的姓名，其他小朋友保持安静，以保证"戴眼罩者"能准确地判断声音发出的方位。

(四) 猜猜我是谁

1. 示范方式

小组、团体示范。

2. 适用年龄

4～6岁。

3. 工作目的

(1) 锻炼幼儿用听觉辨别声音方位的能力。

(2) 增强声音注意力、专注力。

4. 基本操作

(1) 请五位小朋友参加活动，每个人都自报姓名并说出自己喜爱的水果。

(2) 请四位小朋友围坐成一个圈，余下的一位站在圈中心戴上眼罩做猜者。

(3) 老师暗示四位小朋友中的一位，说出自己喜爱的水果，请中间的猜者指出声音传来的方向，并说出这位小朋友的姓名。

(4) 大家轮流做猜者，反复进行游戏。

5. 变化与延展

猜者戴上眼罩后，其他小朋友悄悄互换位置继续进行活动，还可以换主题内容。

6. 注意事项

为了便于孩子记忆，刚开始进行这类活动时不宜有太多人参加。

(五) 传悄悄话

1. 示范方式

小组、团体示范。

2. 适用年龄

4岁以上。

3. 教具构成

(1) 句卡一张(内容是"把水果模型拿来")。

(2) 玩具若干，其中有汽车模型。

4. 工作目的

(1) 培养听觉记忆力。

(2) 加强听觉专注力，发展幼儿转述话语的能力。

5. 基本操作

(1) 请小朋友们坐在走线上，老师也坐在其中，水果模型放在场地中间。

(2) 老师明确活动规则："活动时，传话的声音要小而清晰，除了下一位小朋友不能让其他人听到。"这种传话的神秘气氛会加强孩子的专注力。

(3) 老师作为游戏的起点，将手中的句卡传给旁边一位小朋友，让他看后收起来，并在他的耳边轻述句卡上的话(注意不要让其他小朋友听见)，并要求他将所听到的话向下一位小朋友轻声传述。

(4) 最后一位小朋友听到传话后，要按所听到的话的内容拿取相应的水果模型。

(5) 活动结束时，可以向孩子出示句卡，请孩子自己判断活动结果的正误。

6. 变化与延展

日常生活中可以让孩子向伙伴或成人转述一些事情，锻炼听觉记忆力及语言表达能力。

(六) 指令接龙

1. 示范方式

小组、团体示范。

2. 适用年龄

4～6岁。

3. 工作目的

(1) 培养听觉连接力。

(2) 加强听觉的专注力与听觉的注意力。

(3) 训练快速反应的能力。

4. 基本操作

(1) 请幼儿围圈站好，先向小朋友说明，要根据老师的指令来变换动作，然后向孩子发出连续指令：拍拍手啊，拍拍手，拍了手呀扭扭腰。扭扭腰呀，扭扭腰，扭了腰呀跺跺脚。跺跺脚呀……

(2) 孩子熟悉游戏后，开始进行指令接龙的游戏，老师明确规则："后一位小朋友发出的第一句指令及所做动作，必须与前一位小朋友发出的最后一个动作指令相同。"

(3) 即一位小朋友发出动作指令，其后的小朋友在完成动作指令后，再说出新的动作指令由下一位小朋友完成，每个小朋友都要边说指令边做动作。如：

第一位小朋友的指令是：跺跺脚呀，跺跺脚，跺了脚呀，拍拍手。

第二位小朋友就要接：拍拍手啊，拍拍手，拍了手呀，按按鼻。

第三位小朋友：按按鼻呀，按按鼻，按了鼻呀，捏捏耳……

以此类推，每人都要边说指令边做动作。

5. 变化与延展

句子连接练习，让孩子们围成圈坐在地上，你说一句，我说一句，句子和句子连接起来，最后连成一个故事。

(七) 乐音的配对

1. 示范方式

小组示范。

2. 适用年龄

3～4岁。

3. 教具构成

活动所选乐器为4种，每种各备两件(如碰钟、木鱼、响板、三角铁各两件)，一共8件。

4. 工作目的

(1) 锻炼幼儿对声音异同的辨别能力。

(2) 培养听觉的专注力。

5. 基本操作

(1) 邀请8位小朋友参加活动，每4人一组，共两组。两组中间用挡板或屏风隔开。(也可以请两8组小朋友背对背地坐在地板上。)

(2) 把8个乐器分给两组小朋友，每组4种乐器，同一组不能出现两个相同的乐器。

(3) 请任一组的一位小朋友奏响手中的乐器，请其他小朋友做出判断，并与这位小朋友进行乐器配对。

(4) 请奏响乐器的两位小朋友同时举起乐器，检验所持乐器是否一样。

(5) 进行其他乐器的配对。

(6) 活动结束后教具归位。

6. 变化与延展

用其他乐器或增加乐器的种类及参加活动的人数进行游戏。

(八) 了解声音

1. 示范方式

小组、团体示范。

2. 适用年龄

4.5～6岁。

3. 教具构成

表情符号、钢琴。

4. 工作目的

(1) 细致地了解声音的特点，加强对声音意义的理解。

(2) 使幼儿了解声音在沟通中的作用，注意表达时的语气。

(3) 为练习配音打基础。

5. 基本操作一

(1) 请孩子们坐到线上，老师说："今天我们来了解声音。"

(2) 老师拿出开心的表情符号，说："这是我们开心时的表情，当我们开心时，我们的声音会变得高，语调欢快。"

(3) 接着拿出悲伤时的表情符号，说："这是我们悲伤时的表情，当我们不开心时，我们的声音会变得低沉，语调缓慢。"

(4) 如果孩子们能理解并且感兴趣，就让他们接着想象生气时的声音、心情平静时的声音和恐惧时的声音。

(5) 老师继续解释说："声音可以代表我们的心情，所以当你们发现谁的声音变得低沉或缓慢时，也许他正在悲伤，我们要关心他。"

6. 基本操作二

(1)老师坐在钢琴前弹奏优美的旋律，问孩子们："你们认为最动听的声音是什么？"请孩子们自由表达。

(2) 在我们的大自然中有很多动听的声音，其中"音乐"就是世界上最动听的声音。

(3) 老师首先弹一首欢快的音乐，然后孩子们随着旋律演唱，然后问孩子们："感受到这首歌的音调是什么样的？"

(4) 再弹一首悲伤的音乐，让孩子们听，问孩子们的感受。

(5) 告诉孩子们："欢快的音乐可以让我们的心情变得更加开心，低沉的音乐会让我们的心情变得悲伤，而柔和的音乐会让我们的心情变得平静，这就是为什么你们做工作时，老师会放柔和的音乐。"

(6) 老师演奏一首柔和的音乐给小朋友们听。

(7) 了解声音的基本特点后，老师要告诉孩子们："说话时你用欢快的声音表达，会让对方开心，如果你说话时很烦躁，那么对方也会心烦。"

7. 变化与延展

欣赏迪士尼动画，感受声音对动画意思表达的重要作用。

二、说的练习

(一) 与别人打招呼

1. 教具构成

小兔、小鸭、小猫的手偶。

2. 适用年龄

3岁。

3. 工作目的

(1) 学习礼貌用语，会和别人打招呼。

(2) 体会上幼儿园的快乐。

4. 操作方法

(1) 教师："今天老师给小朋友们带来了三个新朋友，小朋友来猜一猜谁来了。"

(2) 教师用双手挡住嘴，发出"喵喵喵"的声音，请小朋友猜，同时出示猫的手偶。"你们喜欢小花猫吗？高兴的话就和小花猫打个招呼吧。""小花猫也很喜欢你们，很高兴成为你们的朋友，看，它和我们打招呼呢，小朋友们好！"

(3) 教师伸出两只手，示范两个小动物打招呼的情景。一只手拿手偶点点头："你好，早上好啊。"另一只手上的小动物也说："早上好，小花猫。你要到哪里去啊？""我要去上幼儿园，你去哪里？""我要去姥姥家。""那我们以后再一起玩吧，再见。""再见！"

(4) 同样方法，通过小鸭、小兔，练习"你好！""再见！"。

(5) 请幼儿使用手偶表演练习。

(6) 请幼儿扮演不同的小动物进行问好的练习。

5. 变化与延展

(1) 学习互不认识的两个小朋友之间打招呼和问好的语言。

(2) 学习邀请别人一起玩的语言。

(3) 学习向他人问路、指路的语言。

(4) 学习购物、付款及询问物品的语言。

(二) 语音盒

1. 适用年龄

3～4岁。

2. 教具构成

语音盒：配合孩子发音练习的教具，分为声母盒与韵母盒两类，可自制。一般为长方形盒体，外贴字母，内装与该字母发音相关的实物模型。盒外所贴字母要大而清晰。本活动以汉语拼音的声母"b"为例，准备"b"的语音盒，其中各模型名称发音的第一个字母都是"b"，如"本子""包""菠萝"等。配合"b"的砂纸声母板以加深孩子对这个字母的印象。每次出示的模型以三个为宜。

3. 工作目的

练习声母和韵母的标准发音及实际应用。

4. 基本操作

(1) 取"b"的砂纸声母板与"b"的语音盒并列放在桌子上。

(2) 老师指向砂纸板"b"，并发音。再指向语音盒上的"b"，发音(注意：老师发音时口型要夸张些，让孩子清楚看到)。请小朋友跟着读"b"。

(3) 从语音盒中一一取出实物模型，各模型在桌上要由下至上，从左至右有序排列，体现秩序感。

(4) 利用"三阶段"教学法进行语音教学。

① 命名：取出"本子""包""菠萝"等实物模型，逐个示范正确发音。

② 辨别：请孩子回答提问："请你指一指本子在哪里？""请你把包拿给我好吗？""告诉我菠萝在哪里？"

③ 发音：指向某一模型向孩子提问："这是什么？"请孩子说出物品名称。

(5) 正确发音：如果孩子说得还不够标准，老师要反复示范其正确发音，尤其是声母的标准发音。

(6) 若孩子感兴趣，再取"b"的其他模型示范。

5. 变化与延展

(1) 记忆游戏：请孩子闭上眼睛，老师将某一模型藏起来，请孩子在睁开眼睛后说出哪个模型不见了。

(2) 利用韵母盒进行发音练习。如：贴有韵母"a"的语音盒里可放阿姨、妈妈、马等图片、照片或模型。

(三) 我喜欢吃(水果)

1. 教具构成

猕猴桃、葡萄、草莓、菠萝、香蕉等水果的实物或模型。

2. 适用年龄

3岁以上。

3. 工作目的

(1) 培养幼儿的口语能力。

(2) 增强幼儿对语言的掌握，培养使用语言的习惯。

4. 操作方法

(1) 教师介绍"今天我们来说一说小朋友喜欢吃的水果"。

(2) 将托盘摆放在工作毯的上部，介绍每种水果的名称。

(3) 教师首先说出自己喜欢的水果，并在托盘中找到，说出这个水果的特征，例如："它长得长长的，是黄色的，吃起来有点甜，很香。"

(4) 请幼儿说出自己喜欢的水果，并从托盘中找出，描述这种水果的特征。

(5) 重复练习后教具归位。

5. 变化与延展

(1) 从更多的方面说出水果的特征，如产地，什么时候吃的，谁买回来的，和其他水果相比有什么不一样的地方。

(2) 描述自己喜欢吃的饭菜，说明饭菜的原料、口味，喜欢和什么在一起吃，还有什么其他的吃法。

6. 注意事项

幼儿也可以说出不是教师准备的水果中的一种，请幼儿描述它的特征就可以了。根据幼儿的兴趣，教师也可加入游戏的成分，请幼儿根据对水果的描述猜水果名称。

(四) 故事接龙

1. 适用年龄

5～6岁。

2. 工作目的

(1) 练习用清楚、连贯的语言讲述故事情节。

(2) 训练思维的变通性、逻辑性，锻炼语言表达能力、创造力及想象力。

3. 操作方法

(1) 由老师或一位小朋友讲述故事的开始部分，其他人逐段编排故事内容，小朋友轮流讲故事开头。

(2) 引导幼儿续编故事，可在孩子编故事时做录音，等故事讲完后重复，听录音对故事进行修改。

4. 变化与延展

引导孩子将自己编的故事画下来，制成连环册，再配以故事录音带。

5. 注意事项

别随意否定孩子的想象。

(五) 主持节目

1. 适用年龄

5~6岁。

2. 工作目的

练习用完整、连贯的语言围绕主题谈话，培养表现力、自信心，提高应变能力。

3. 操作方法

(1) 教师请幼儿坐在电视机前，和幼儿一起观看少儿联欢会，看小主持人是怎样主持节目的。

(2) 关闭电视机，教师建议现在举办一个歌唱表演(玩具展览会、音乐会、故事会、新闻热点、每日报道)，老师示范一次："尊敬的各位老师，小朋友们，大家好。接下来有请××小朋友为大家表演一个节目。名字叫作《×××》。欢迎！"带头鼓掌。拉着这位幼儿到"舞台"的位置，请他唱歌或跳舞。

(3) 示范两次以后就可以请幼儿担当主持人的角色。

(4) 将活动进行下去，可以更换主持人，给幼儿尽量多的机会。

4. 变化与延展

家庭可开办家庭电视台，让幼儿做小主持人。

(六) 认识押韵

1. 适用年龄

有一定词汇练习和发音练习基础的幼儿。

2. 教具构成

几组押韵的物体模型或图片：马、妈、衣、笔、火、果等。

3. 工作目的

语音的进一步学习。

4. 基本操作

(1) 老师告诉孩子："现在我们要来学习什么是押韵。"

(2) 将"押韵"工作教具拿到桌子上或地毯上，置于左上角。

(3) 让孩子们从托盘中一一取出物体模型，边取边命名。

(4) 老师说："请小朋友们把发音类似的模型放在一起，进行归类。"

(5) 孩子归类之后，请他们再次发音，确认放置得是否正确。

(6) 老师解释说："马和妈的发音很像，衣和笔的发音很像，火和果的发音很像，我们把这些相似的发音叫作押韵。"

(7) 如果有的幼儿不能感知，则老师发韵母时要语气重一些。

(8) 请幼儿把韵母音加重进行发音练习。

(9) 将教具归位到教具架上。

5. 变化与延展

请幼儿指出环境中相似发音的物品。

(七) 了解反义词

1. 适用年龄

4岁以上。

2. 教具构成

意思相对的图片卡三组以上。(为儿童准备图片时，将图片按词性分类：形容词的放在一起；方位词的放在一起；动词放在一起。)

3. 工作目的

(1) 了解反义词，知道相反概念的表达。

(2) 加强口语表达能力。

(3) 为书写和阅读做准备。

4. 基本操作

(1) 老师说："今天我要介绍反义词。"

(2) 从教具架上取来准备好的代表反义词的图片，放在工作毯的左上角。

(3) 从托盘中取出一张图片。

(4) 请孩子描述图片内容："这位小朋友在笑。"

(5) 从托盘中取出另一张图片，请孩子描述："这位小朋友在哭。"

(6) 老师引导孩子："他们两个相比，一个在哭一个在笑，他们的表情是相反的，所以哭和笑是反义词。"

(7) 其他图片也照此方式引导式地进行，并且尽量让孩子进行口语表达。

(8) 到第三组图片时，就可以让孩子自己说出反义词是什么了。

(9) 完成后请孩子复习一遍。

(10) 工作材料归位。

5. 变化与延展

(1) 从环境中找相对的概念。

(2) 在其他活动时间玩关于动词反义词的游戏，如，教师说："我很生气，相反的是什么呢？"孩子说："我很开心。"

(八) 运用反义词

1. 适用年龄

4.5～6岁。

2. 教具构成

(1) 在日常生活中积累反义词，并制作成词卡(如：大—小，苦—甜，老—少)。

(2) 带有空格的故事。

3. 工作目的

(1) 加强反义词扩充练习及书面反义词的丰富练习。

(2) 培养逆向思维能力。

(3) 为书面语言学习做准备。

4. 基本操作

(1) 老师将反义词卡拿到工作毯上。

(2) 明确游戏规则："老师说一个词，请你说出它的反义词，并找出两个词的词卡配对。"

(3) 如老师说"大"，孩子要对"小"，并让他进行反义词卡配对。

(4) 然后运用这些反义词，请幼儿们一起编故事，老师起个头，如大象和猴子的故事，大象(大)，猴子(小)，他们两个一个爱吃(苦)的，一个爱吃(甜)的……

(5) 完成后，教具归位。

5. 变化与延展

(1) 请孩子说出形容词，成人接反义词。

(2) 还可结合实物累积词汇以增进感性认识，有助于孩子理解词义。如，看见大象积累"重"字，看见羽毛积累"轻"字。

(3) 将反义词放在句子中，让孩子造一个意义相反的句子。如："我要一块重重的石头。"

(九) 我喜欢的动物

1. 教具构成

猫、狗、猪、鱼、乌龟、熊猫、大象、老鼠、鸡、燕子等动物的模型或图片。

2. 适用年龄

3.5岁以上。

3. 工作目的

(1) 会用语言表达具体的动物。

(2) 培养自信的品质和敢于表达的勇气。

4. 操作方法

(1) 取工作毯，铺好，将教具取来放在工作毯上，介绍工作名称。

(2) 教师分别展示动物图片，请幼儿说出是什么动物。

(3) 教师首先在这些动物当中选出自己喜欢的动物，以熊猫为例，将熊猫图片拿在手中说出：熊猫长得胖胖的，浑身只有白色和黑色，它喜欢吃竹子，浑身毛茸茸的，很可爱。在动物园里能看到它。请幼儿在这些动物当中选出自己喜欢的动物，找到相应的图片，并说出这个动物的特征。

(4) 幼儿将所有自己喜欢的动物描述出来。教师可以用语言提示征询幼儿的意见："你喜欢小老鼠吗？喜不喜欢小猫呢？还有什么动物是你喜欢的？"反复练习。

5. 变化与延展

(1) 在教具柜上放置一些介绍动物特点的图画书，幼儿可以看着图画书进行介绍。

(2) 准备《动物世界》的光碟供幼儿观看。

6. 注意事项

鼓励孩子介绍自己了解的各种动物，如恐龙、鲸鱼、海星、蚂蚁、蚯蚓、壁虎等。

(十) 绕口令

1. 适用年龄

4岁以上。

2. 教具构成

《蒙台梭利语言教育幼儿用书》中绕口令《嘴与腿》：嘴说腿，腿说嘴。嘴说腿开跑腿，腿说嘴爱卖嘴，光动嘴不动腿，光动腿不动嘴，不如不长腿和嘴。

3. 工作目的

(1) 对标准发音的加强练习。

(2) 口语表达综合练习。

4. 基本操作

(1) 老师慢速念绕口令。

(2) 告诉幼儿："刚才，我们听到的是一首'绕口令'。绕口令是儿歌的一种，但它比一般的儿歌要念得快一些，而且绕口令里会有好几个字的发音很像，如果不注意就会念错。学习绕口令，可以帮助我们把一些近似的音发准。"

(3) 了解绕口令的内容后，教孩子学绕口令《嘴与腿》。

(4) 慢速说完绕口令后，再加快速度教幼儿。

(5) 速度得加快，促使幼儿熟练掌握每个字的发音，尤其是相近的音。

(6) 如果发音不准，幼儿会更感兴趣来自发练习。

5. 注意事项

注意对发音困难的幼儿的口型引导。

(十一) 介绍家的位置

1. 教具构成

纸笔。

2. 适用年龄

4岁以上。

3. 工作目的

(1) 了解家的具体位置，能清楚地说出家的楼号、单元门、门号、能说出家庭成员的姓名，记住家庭电话号码。

(2) 增强安全意识。

4. 操作方法

(1) 教师提议："今天我们来说一说自己的家住在哪里，我先来说一说我的家住在哪里。"

(2) 描述："我家住在××区，××路，××小区，××号楼，××单元，×楼×××室。现在我要把这个地址写下来。"教师取纸笔将地址一一记在纸上。"我家里有爸爸妈妈，还有一个小妹妹，我家的电话号码是××××××，我的爸爸叫×××。"将电话号码和爸爸的姓名记录在纸上。

(3) 教师请想要参与的幼儿描述自己家的位置、家庭成员、家庭电话、并帮助幼儿记录。

(4) 教师请更多的幼儿参与。每人都用一张纸记录自己的家庭资料。

(5) 请幼儿将自己的家庭资料带回家请爸爸妈妈看看是否正确。

5. 变化与延展

(1) 鼓励幼儿介绍家庭成员，介绍自己的好朋友。

(2) 模拟游戏：一个小朋友迷路了，找到了警察叔叔，警察叔叔向幼儿询问家庭的相关信息。按照一问一答的形式进行，巩固幼儿对于相关信息的记忆。

6. 注意事项

在进行此活动之前的2周，教师要先向家长询问相关的问题，也要求家长主动向幼儿描述具体的家庭信息。

(十二) 口头描绘动物

1. 适用年龄

4岁以上。

2. 教具构成

本活动以"小猫"为例，可收集与小猫相关的书籍、图片、画报、模型等资料供参考。

3. 工作目的

(1) 提高口语表达综合能力。

(2) 培养观察力、记忆力、专注力、思考力。

4. 基本操作

(1) 引出谈论主题。如："很多小朋友家里都有小猫，小朋友们也都认识小猫，今天我们就来讨论它。"

(2) 拿出小猫的画报，请幼儿描述这只小猫。

(3) 老师提问："猫有什么特点？"让幼儿回答。

(4) "猫身上的毛有什么作用呢？"让幼儿回答。

(5) 请有小猫的幼儿讲讲他家小猫的故事。

(6) 此活动可以结合科学文化教育动物部分进行。

5. 变化与延展

(1) 请幼儿围绕"猫"进行书写和阅读训练。

(2) 讲述猫与人类的朋友关系。

6. 注意事项

(1) 选择孩子熟悉的事物作经验讲述的主题。

(2) 要求孩子清晰、大声、完整地表达。

(3) 在孩子讲述过程中，可以引导孩子按一定逻辑顺序描述事物。如：从高到低、从远到近、从外到内、从头到脚、从轮廓到细节、从整体到局部等。

三、写的练习

(一) 描摹砂字母板

1. 教具构成

砂字母板，如图11-1所示。

图11-1 描摹砂字母板

2. 适用年龄

3岁以上。

3. 工作目的

(1) 认识字母并练习正确发音。

(2) 通过视觉与触觉结合的方法，学习字母名称与笔顺。

(3) 为写字作准备。

4. 操作方法

(1) 拿出3个砂字母板字面朝下置于桌面。

(2) 取其一翻转过来，左手扶板，右手食指、中指并拢，按正确笔顺描摹板上的字母，边摸边重复字母的发音，然后请感兴趣的孩子重复教师的操作。

(3) 同样方法描摹其他字母。

(4) 将3个砂字母板字面朝上置于桌面，用"三阶段"教学法进行教学。

命名：依次指认字母发音。

辨别：请孩子根据老师的要求指认字母。

发音：指向某一字母请孩子练习发音。

(5) 活动结束后，教具归位。

5. 变化与延展

用砂数字板进行同样的活动。

6. 注意事项

笔画顺序要正确。

(二) 在谷物上书写笔画

1. 教具构成

(1) 浅的、长方形的托盘内装有小米。托盘的颜色应该和谷物的颜色形成鲜明的对比，这样描摹的痕迹才会鲜明。

(2) 砂纸笔画板。

2. 工作目的

巩固正确描画笔顺的动作。

3. 基本操作

(1) 教师介绍工作："今天我们来做在谷物上书写的工作。"

(2) 将教具放到桌子的中间位置。

(3) 将第一组砂纸笔画板放到桌子上。

(4) 将食指和中指并拢，在砂纸笔画板上描画一个笔画。

(5) 用同样的方式在谷物上描绘一次。

(6) 看一看已经形成的图形，并与砂纸笔画板进行对比。

(7) 轻轻晃动托盘使刚才描绘的印痕消失。

(8) 选择下一个砂纸笔画板，按同样的方法描绘。

(9) 教具归位。

4. 变化与延展

(1) 变换谷物与托盘的颜色。

(2) 在沙盘上书写，方式相同。

(3) 用橡皮泥捏笔画：橡皮泥是练习书写的早期教具，是孩子们喜欢的学习方式。巩固正确描画笔顺的动作。

5. 注意事项

(1) 让孩子感兴趣的是，与单独触摸砂笔画板不同，这次可以自己"写"笔画了，而且可以反复写或随意写而不用担心"破坏"沙盘。但是描写笔画的数量要根据孩子的兴趣与需要决定。

(2) 活动时选择盛放细沙的盘子外沿要高一些，以免细沙洒落，也可以用粗玉米粉盘代替沙盘。

(三) 在白板上书写

1. 适用年龄

4岁左右。

2. 教具构成

(1) 白纸板。

(2) 小白板和板擦。

(3) 砂纸笔画板。

3. 工作目的

进一步巩固笔画，为进入纸上书写做准备。

4. 基本操作

(1) 把小白板放在桌子中央，白板笔和板擦放在托盘的右边，砂纸笔画板放在白板的左边。

(2) 用右手食、中两指并拢在笔画板上描写笔画并发音。

(3) 拿白板笔，老师示范正确握笔方法后，在小白板左上方开始，以从左到右的顺序写笔画，边写边发音。

(4) 请幼儿书写，写满后，用板擦擦掉，重复进行书写练习。

(5) 教具归位。

5. 变化与延展

制作笔画凹槽板：将白纸裁成与凹槽板相同大小，插入凹槽板中间的夹层，用铅笔在凹槽板里描写笔画。

6. 注意事项

在小白板上用笔写字会让孩子觉得自己更"正式"，而且可反复书写，让孩子对书写更感兴趣。

(四) 在沙盘里写字

1. 教具构成

一托盘沙。

2. 适用年龄

3.5岁以上。

3. 工作目的

加强对字母的认识，巩固正确描画笔顺的动作，为书写作准备。

4. 操作方法

(1) 将沙盘放在铺好垫纸的桌上，将砂纸字母板放在沙盘右上方。

(2) 选一块孩子已认识的字母板，放在沙盘右下侧，左手扶板，右手食、中指并拢，在砂字母板上描摹笔顺，并发音。

(3) 用食指在沙盘中以正确笔顺临摹字母板上的字母。

(4) 活动结束后，教具归位。

5. 变化与延展

(1) 在沙盘里练习其他字母或描写汉字。

(2) 练习在黑板上写字。

6. 注意事项

注意沙子不要撒得满地都是。

(五) 在纸上书写

1. 适用年龄

4岁左右。

2. 教具构成

(1) 田字格书写纸。

(2) 铅笔。

(3) 砂纸笔画板。

3. 基本操作

(1) 请孩子拿取工作用教具，放到桌子上。

(2) 端正书写姿势坐好。

(3) 描摹砂纸笔画板。

(4) 指着田字格书写纸，对孩子说："我将用铅笔在这张纸上写这个笔画。"

(5) 用食指和中指拿起铅笔，老师示范正确的握笔方法。

(6) "在这张纸上书写这个笔画。"

(7) 请幼儿描摹、书写。

(8) 继续在其他砂纸笔画的纸上书写。

(9) 教具归位。

(六) 制作蛋壳字母

1. 教具构成

蛋壳、白乳胶、小刷子、硬质纸、砂字母板。

2. 适用年龄

5岁。

3. 工作目的

(1) 巩固正确的书写动作，训练小肌肉灵活度。

(2) 培养对于书写的兴趣。

4. 操作方法

(1) 教师引导小朋友们分组坐：把椅子轻轻拉出，整理衣服坐到椅子上，脊柱挺直，双臂自然放在大腿上。请小朋友坐好。

(2) 教师把托盘放在桌子上，介绍今天的工作。

(3) 教师示范：取一块砂字母板，用右手两指在字母上抚摸。取硬质纸板放在自己面前，用小刷子蘸上白乳胶在纸板上写下这个字母。将碎蛋壳均匀地洒在纸板上。放在桌子边上等待晾干。

(4) 请幼儿参与制作。

(5) 将晾干的蛋壳字母卡反过来，将多余的蛋壳轻轻弹下来。向幼儿展示。

5. 变化与延展

(1) 用米粒或小纸团制作字母。

(2) 用碎蛋壳自制文字。

6. 注意事项

注意蛋壳不要划伤孩子的手，使用胶水时不要弄到衣服上或者身上。

(七) 涂色游戏

1. 教具构成

空心文字、彩色笔。

2. 适用年龄

3.5岁以上。

3. 工作目的

(1) 巩固正确的书写动作，训练小肌肉灵活度。

(2) 培养对于书写和文字的兴趣。

4. 操作方法

(1) 教师示范正确的坐姿引导小朋友们分组坐：把椅子轻轻拉出，整理衣服坐到椅子上，脊柱挺直，双臂自然放在大腿上。请小朋友坐。

(2) 教师把托盘放在桌子上，介绍今天的工作。

(3) 教师示范：取一张空心文字卡片，教师将手指放在空心文字里描一遍文字。用彩色笔将文字空心部分装饰上喜欢的色彩。

(4) 请幼儿参与练习。

5. 变化与延展

制作空心字母供幼儿涂色。

6. 注意事项

(1) 颜色不要涂到文字外面去。

(2) 文字不要太大，以免幼儿感觉面积太大，难以完成。

(八) 认识偏旁部首

汉字的偏旁部首共有52个，组字最多的有：氵、木、艹、钅、扌、口、亻、忄、虫、女、讠、火、米、犭、礻、衤、王、纟、广。老师可以根据幼儿情况设计制作常用的偏旁部首盒，比如有的偏旁部首代表一定的意义，如"犭"代表动物，"忄"大部分代表心情，这样让幼儿把认识的结构字再按照偏旁部首分类，如左右结构的汉字盒里，可以再按照偏旁部首分类。

1. 适用年龄

4岁以上。

2. 教具构成

(1) 偏旁部首盒5～10个。

(2) 可以归到偏旁部首盒里的字卡若干。

3. 工作目的

学习字的结构，掌握书写规律，培养孩子认识汉字的兴趣。

4. 基本操作

(1) 邀请孩子做找偏旁的工作。

(2) 将材料拿到桌子或地毯的右上角。

(3) 拿出偏旁部首盒，呈横向摆到地毯上。

(4) 拿出字卡，让幼儿一个一个归类放在偏旁部首盒里。

(5) 教具归位。

5. 变化与延展

把偏旁部首描成各种颜色，进行偏旁部首组字活动。

(九) 组字练习(左右结构)

1. 教具构成

正面为画、背面为字的字卡沿黑色线剪开，如图11-2与图11-3所示。

图11-2　字卡反面　　　　　　图11-3　字卡正面

2. 适用年龄

4岁。

3. 工作目的

(1) 了解汉字的组字结构。

(2) 培养专注力、思考力，为阅读和书写做准备。

4. 操作方法

(1) 教师出示分开的图片卡，将正面的图案一一拼好整齐地放在工作毯上。请幼儿说出动物的名称。

(2) 逐一将图文卡翻转过来，引导幼儿认识汉字的左右结构。提示语："这个字读作鸭，它可以分成左右两半，这样的字是左右结构。我们把它分开，再把它合起来。"——介绍狗、桃、虾、蛇的左右结构。

(3) 教师将卡片打散，请幼儿重新拼合。反复练习。

5. 变化与延展

认识上下结构、半包围结构、全包围结构的字。

6. 注意事项

准备更多的文字结构卡供幼儿练习。

(十) 制作圣诞节邀请卡

1. 适用年龄

4.5岁以上。

2. 教具构成

卡片若干、剪刀、彩笔等。

3. 基本操作

(1) 收集各种邀请卡让孩子通过欣赏贺卡的图片、颜色、形状，交流分享自己心中的贺卡的样子。

(2) 拿取制作邀请卡的材料。

(3) 请每个幼儿设计制作自己喜欢的邀请卡的样式。

(4) 设计封面图案，并写上"邀请卡"字样。

(5) 在卡片内用彩笔以不同颜色分别写明：举办活动或聚会的时间、名称(主题)、地点、被邀请人的称呼、主办人的姓名、发出邀请卡的时间。如：

2015年12月25日晚上6点将在幼儿园举行圣诞节联欢晚会，特别邀请我的父母参加。

爱你的女儿：圆圆
2015年12月20日

(6) 设计封底。

4. 变化与延展

其他活动的邀请卡，如"新年联欢会""六一游园会""春游""家长开放日"等活动。

(十一) 写日记

1. 教具构成

小日记本、铅笔、橡皮、日记范本。

2. 适用年龄

5岁以上。

3. 工作目的

培养幼儿对于汉字的兴趣，学习写日记，增强阅读和书写能力。

4. 操作方法

(1) 教师将教具取来放在桌面上，介绍工作名称。

(2) 教师取出日记本，介绍："这是一本小日记本，我们可以在里面写日记。"接着将日记范本放在自己面前，向幼儿介绍："这是我写的一篇日记，我们一起来读一读。"

(3) 教师从日期开始读起，将日记读完。图片部分读出文字。提示："不会写的字我就用画来表示了。"

(4) 教师请幼儿参与读日记，并作指导。

(5) 教师介绍："日记就是用文字把每天发生的事情记下来。在写日记时要写上日期，×年×月×日，星期×，还要写上当天的天气。在下面的一行开始记录那天发生的事情。"

(6) 教师提议："小朋友们有什么想要记下来的事情就可以写日记了。"

5. 变化与延展

学习用更多的形容词、成语、谚语、歇后语、名人名言等表达自己的意思。

6. 注意事项

提醒幼儿坐姿和握笔书写的姿势。

四、阅读的练习

(一) 图片的配对

1. 教具构成

卡片。

2. 适用年龄

3岁。

3. 工作目的

(1) 训练视觉分辨能力，强化观察细小物品技巧。

(2) 培养幼儿的观察力、注意力，为阅读作准备。

4. 操作方法

(1) 将一组明信片纵向排列在工作毯上方，另一组一样的明信片散放在工作毯左侧。

(2) 从散放的明信片中随意拿出一张，与排列好的明信片一一比对，找到与之相同的卡片，放在它下面，用同样的方法给每张卡片都进行配对，活动结束时，要从上到下一列列地将卡片整理好。

5. 变化与延展

(1) 相反关系的配对：图案内容一致，大图片与小图片配对。

(2) 日用品关系配对：筷子—勺子，牙刷—牙膏。

(3) 动物食物关系配对：猫—鱼，狗—骨头，羊—草。

(4) 归纳关系配对：医生、宇航员、厨师与各自职业用具的配对。

6. 注意事项

按从上到下、从左到右有序地排列，促进秩序感。

(二) 看口型猜名字

1. 教具构成

卡片。

2. 适用年龄

3岁以上。

3. 工作目的

根据成人口型辨别发音，培养视觉专注力，为阅读做准备。

4. 操作方法

(1) 请幼儿围坐成圈。

(2) 老师说："我现在念一位小朋友名字，但我不发出声音，你们看我口型来猜我在叫谁的名字。"

(3) 慢慢做出口型让孩子猜。

5. 变化与延展

出示孩子学过的字卡、词卡，请幼儿猜口型，找相应的字卡。

6. 注意事项

口型夸张，多重复几次，让幼儿看明白。

(三) 实物模型与文字卡片配对

1. 教具构成

名词盒、实物模型。

2. 适用年龄

3~4岁。

3. 工作目的

(1) 掌握名词并能使其与对应的模型、实物图进行配对。

(2) 培养专注力、思考力。

4. 操作方法

(1) 在桌子上铺好一层布，将名词盒置于垫布上。

(2) 将模型从名词盒中逐个取出，有序地在左侧排成一列，边摆边说出各模型的名称。

(3) 从盒中取出名词卡片散放在垫布右下角，右手取其一，从第一个模型开始一一比对，找到与之相应的模型后放在模型右侧。

(4) 配对完毕后翻看卡片背面的图案是否与模型相一致。

(5) 活动结束后，教具归位。

5. 变化与延展

(1) 日常用品盒中的模型与名词卡片的配对。

(2) 语言盒中的模型与名词卡片的配对。

6. 错误控制

卡片背面有与模型相对应的图案。

7. 注意事项

收教具时，要从上到下，从左到右，收模型，再收名词卡片。

(四) 朗诵古诗

1. 教具构成

《悯农》古诗(李绅)、图片、配乐诗(音乐教材)。

2. 适用年龄

3.5 岁以上。

3. 工作目的

了解古诗的意思，能大声地朗读古诗，培养专注力、思考力、记忆力。

4. 操作方法

(1) 教师介绍："今天的新工作是朗读古诗。"拿取教具并向幼儿介绍名称：《悯农》。

(2) 欣赏古诗，请小朋友听配乐古诗《悯农》。

(3) 理解古诗，依次出示图片，引导幼儿观察图片，用讲故事的形式对诗句的内容进行生动的讲解。

(4) 讲解古诗，完整讲述图片，并对古诗进行解释，如"悯"是怜悯的意思，"锄禾"是说用锄头松禾苗周围的土。

(5) 有韵律地朗读古诗。同时指着文字阅读。

(6) 教师小结，请小朋友们珍惜劳动成果，爱惜粮食。

5. 变化与延展

用古诗三步卡进行句和字的认识的练习。(第一步卡为整首诗，第二步为句卡，第三步为字卡。)

(五) 相关和相反词汇

1. 适用年龄

3～4 岁。

2. 教具构成

具有相反意义的三步卡，分成两组，比如快的、美的、胖的一组，慢的、丑的、瘦的一组。

3. 工作目的

(1) 通过反义词练习扩大形容词词汇量。

(2) 通过相关词的认识增加幼儿对词的相关性的认识。

(3) 扩大词汇量，为幼儿自主阅读做准备。

4. 基本操作

(1) 告诉小朋友："我们在感觉教具中学习到一些形容词，我们继续来学习形容词，并且它们的词义是相反的，我们来给相反的词配对。"

(2) 把第一组控制卡纵列排好，把第二组控制卡分给幼儿，让他们进行相反的图片配对，两组之间空间隔得大些。

(3) 然后把两组的图片卡、字卡分给小朋友们，让他们进行配对。

(4) 收起控制卡，指着图片卡发音，然后指着字卡发音，发音时注意进行反义词的对比发音。

(5) 把两组图片和字卡靠近，指着具有相反意义的图片进行讲解："这是快的，这是慢的，快和慢是相反的，我们称它们为反义词。"

(6) 剩余的让小朋友们试着按照老师的方式进行解释：美的—丑的，胖的—瘦的。

(7) 最后收起图片卡，进行词汇与实物的字卡的认读，并让小朋友们试着互相比比，谁胖谁瘦，进行应用练习。

5. 变化与延展

(1) 相关卡片配对。如动物食物关系的配对：猫—鱼，狗—骨头，羊—草，理发师、护士、厨师与他们所需的职业用具(模型)的配对等。

(2) 整体与部分的配对。

(3) 对已学的词汇进行绘画表现。

(4) 制作形容词词汇盒，把收集的形容词都归类整理放入盒中。

(六) 理解句意

1. 适用年龄
4岁左右。

2. 工作目的
(1) 检查和加强幼儿对句意的理解能力。
(2) 为幼儿进行短文阅读做准备。

3. 基本操作
(1) 告诉孩子："请你按照我书写的内容做动作。"
(2) 老师在白板上书写："请你在线上走一圈。"(老师不要读出来)
(3) 让孩子看完句子后，表现出来。
(4) 写其他的句子让孩子做。
(5) 或者出示句卡，让孩子表现。

4. 变化与延展
老师做动作，让幼儿找出相应的句卡。

(七) 句子三步卡

句子三步卡能够帮助幼儿理解句子的意思，帮助他们进入正式阅读阶段。

1. 适用年龄
4岁以上。

2. 教具构成
句子三步卡若干。

3. 工作目的

理解句意，进入初步阅读阶段。

4. 基本操作

(1) 告诉幼儿："今天我们要进行句子三步卡的工作。"

(2) 把教具拿到地毯上。

(3) 先把控制卡按纵列排好。

(4) 拿出图片卡，分给幼儿，让他们进行配对。

(5) 拿出句卡，分发给幼儿，让他们进行配对。

(6) 请幼儿试着阅读句卡上的句子，再阅读控制卡上的句子，看是否一致。

(7) 进行"三阶段"教学。

(8) 收起控制卡，打乱图片卡和句卡的顺序，进行图片卡和句卡的配对。

(9) 收起图片卡，让幼儿读句卡。

(10) 再试着读完句卡，按句子内容，找出相应的图片。

(八) 给图造句

1. 适用年龄

4岁以上。

2. 教具构成

(1) 3～4张图片。

(2) 根据图片写句卡，但要把句卡剪成三四段。

3. 工作目的

为图造句，增加幼儿对句子的理解能力，帮助他们进入自主阅读阶段。

4. 基本操作

(1) 告诉孩子："今天我们来给图片造句子。"

(2) 拿出图片，横向依次摆好，中间留有空隙。

(3) 把所有句卡拿出来，散放在地毯上。

(4) "请你们找出合适的字卡拼合起来，放在合适的图片下面。"

(5) 排好后，请幼儿阅读。

5. 变化与延展

(1) 让幼儿根据图片表达的意思，书写句子。

(2) 老师说出一个词语，让幼儿造句。

(3) 句子接龙，形成故事。

(九) 短文阅读

1. 适用年龄

4.5岁以上。

2. 教具构成

适合幼儿年龄的故事书。

3. 工作目的

培养自主阅读能力。

4. 基本操作

(1) 拿出幼儿用书，选择一个故事，老师先帮助读第一段。

(2) 然后让幼儿接着读。

(3) 老师在旁边，等着幼儿寻求帮助。

(4) 等幼儿读完后，试着问幼儿，比如："孔融为什么把小的梨留给了自己呢？"

(5) 引发幼儿对故事深层意义的理解。

5. 变化与延展

自主阅读儿歌、童谣。

参考文献

[1] [意]玛丽亚·蒙台梭利. 童年的秘密[M]. 马荣根，译. 北京：人民教育出版社，2004.

[2] [意]玛丽亚·蒙台梭利. 发现孩子[M]. 胡春玉，译. 北京：中国发展出版社，2006.

[3] [意]玛丽亚·蒙台梭利. 有吸收力的心灵[M]. 高潮，薛杰，译. 北京：中国发展出版社，2006.

[4] 晨曦. 蒙台梭利的早教方法与中国的早教的实践[M]. 合肥：安徽人民出版社，2002.

[5] [意]玛丽亚·蒙台梭利. 蒙台梭利教育法[M]. 霍力岩，李敏，胡文娟，等，译. 北京：中国人民大学出版社，2008.

[6] [意]霍力岩，胡文娟，刘霞. 论蒙台梭利教师在儿童主动学习中的角色[J]. 幼儿教育：教育科学，2008，(4).

[7] [意]周静. 浅谈蒙台梭利教育活动中教师的角色定位[J]. 学前课程研究，2007，(4).

[8] [意]卢乐山. 蒙台梭利的幼儿教育[M]. 北京：北京师范大学出版社，1985.

[9] [意]任代文. 蒙台梭利幼儿教育科学方法[M]. 北京：人民教育出版社，1993.

[10] [意]吴振东. 蒙台梭利关于幼儿教师角色论述的启示[J]. 中国教育学刊，2001，(4).

[11] [意]田景正. 略论陈鹤琴教学法与蒙台梭利教学法的一致性及特色[M]. 教师教育研究，2008年1月.

[12] [意]孟瑜. 陈鹤琴幼稚园课程思想研究[D]. 杭州：浙江师范大学，2010.

[13] 田景正，万鑫焱，邓艳华. 蒙台梭利教学法及其在中国的传播[J]. 课程·教材·教法，2014(6).

[14] [意]卢乐杰·蒙台梭利的幼儿教育[M]. 北京：北京师范大学出版社，1985.

[15] [意]玛丽亚·蒙台梭利. 蒙台梭利早期教育法[M]. 北京：中国发展出版社，2006.

[16] 马拉古齐. 孩子的一百种语言——意大利瑞吉欧方案教学报告书[M]. 张军红，等，译. 新北：光佑文化事业股份有限公司，1999.

[17] 周云. 中外教育思想全书(上)[C]. 北京：中国物资出版社，1999.

[18] [意]玛丽亚·蒙台梭利. 童年的秘密[M]. 马荣根，译. 北京：人民教育出版社，2005.

[19] 贾伯尔·L，普鲁纳林，詹姆斯·E.约翰逊. 学前教育课程[M]. 上海：华东师范大学出版社，2005.

[20] 赵祥麟. 外国教育家评传[M]. 上海：上海教育出版社，2003.

[21] 刘文. 跟蒙台梭利学做快乐的幼儿教师(万千教育)[M]. 北京：中国轻工业出版社，2015.

[22] 张红兵. 蒙台梭利教育理论概述[M]. 北京：北京理工大学出版社，2007.

[23] [意]玛丽娅·蒙台梭利. 蒙台梭利早期教育法[M]. 中国妇女出版社，2012.

[24] 官晓清. 蒙台梭利教具及其使用方法研究[D]. 福州：福建师范大学，2013.

[25] 吴晓丹. 蒙台梭利教育思想与方法[M]. 上海：复旦大学出版社，2011年.

[26] 陶红亮. 蒙台梭利的教育智慧——3岁决定孩子的一生[M]. 南昌：江西教育出版社，2012年.

[27] 田景正，万鑫骔，邓艳华. 蒙台梭利教学法及其在中国的传播[J]. 课程·教材·教法，2014，(6).

[28] 段云波. 蒙台梭利感觉教育及教具操作手册[M]. 济南：山东教育出版社，2007.

[29] [意]玛丽娅·蒙台梭利. 童年的秘密[M]. 单中惠，译. 北京：京华出版社，2002.

[30] 霍力岩. 试论蒙台梭利的儿童观[J]. 比较教育研究，2000，(6).

[31] 陈闽光. 浅析蒙台梭利的中国化历程[J]. 现代企业教育，2008，(12).

[32] 刘华. 蒙台梭利[M]. 北京：科学出版社，2009.

[33] 时松. 蒙台梭利教育法引入我国初期的特点分析[N]. 白城师范学院学报，2012，(12).

[34] 赵敏. 蒙台梭利教育法在我国幼儿园运用中的不足[N]. 毕节学院学报，2011，(3).

[35] 刘文，魏玉枝. 蒙台梭利教育实践在中国的发展与展望[J]. 幼儿教育(教育科学)，2008，(3).

[36] 国秀华. 蒙台梭利育儿全书(彩图版)[M]. 北京：化学工业出版社，2008.

[37] 烨子. 蒙台梭利与中国孩子教育[M]. 北京：新华出版社，2012.

[38] E. M. standing. 蒙台梭利的生平及贡献[M]. 徐炳勋，译. 台北：及幼，1991.

[39] Maria Montessori. The Montessori Method. Translated by Anne. George.N.Y：Frederick A. Stoke Company，1912.

[40] Maria Montessori. The Secret of Childhood[M]. 王渝文，等，译. 台南：光华女中，1993.

[41] Maria Montessori. The Absorbent Mind. [M]. 许惠珠，译. 光华女中，1989.

[42] Maria Montessori. 蒙台梭利教学法. 詹道玉，译. 台北：崇文书局，1989.

[43] R. Kamar. Maria Montessori, A Biography.N.Y.：Putnam，1976.

[44] 陈惠虹. 论蒙台梭利体系之感觉教育[D]. 上海：华东师范大学，2006.

[45] Maria Montessori.The Discovery of the Child[M]. N.Y：Ballantie Books, 1972.

[46] 卢梭. 爱弥儿[M]. 李平沤，译. 北京：商务印书馆，1978.

[47] 许慧欣. 蒙台梭利儿童与教育[M]. 台南：光华女中，1980.

[48] 市丸成人，松本静限于. 蒙台梭利教育的比较研究与实践[M]. 赵梯行，译. 台北：台湾新民幼教图书股份有限公司，1998.

[49] 袁梅，倪志勇.蒙台梭利教育思想价值新探[J].比较教育研究，2015，(2).

[50] 蒙台梭利.蒙台梭利幼儿教育科学方法[M].任代文，译.北京：人民教育出版社，2009.

[51] 乔伊·帕尔默.教育究竟是什么：100位思想家论教育[M].北京：北京大学出版社，2011.

[52] 瑞特·克里默.玛丽亚·蒙台梭利传：第二部儿童之家[M].王筱篁，译.新北：及幼文化出版股份有限公司，1998.

[53] George S.Morrison.当今美国儿童早期教育[M].王全志，等，译.8版.北京：北京大学出版社，2001.

[54] 吉拉尔德·古特克.教育学的历史与哲学基础[M].缪莹，译.长沙：湖南教育出版社，2012.

[55] 瑞特·克里默.玛丽亚·蒙台梭利传(第三部蒙台梭利教学法与运动)Ⅶ[M].魏宝贝，译.蒋家语，校.新北：及幼文化出版股份有限公司，1998.

[56] 罗英智.蒙台梭利儿童观与教育观[J].学前教育研究，1995，(6).

[57] 罗瑾.论蒙台梭利的儿童自由教育观[J].西安联合大学学报，2002，(1).